# 中国医药物流发展报告
## (2020)

China Pharmaceutical Logistics Development Report (2020)

中国物流与采购联合会医药物流分会
China Federation of Logistics & Purchasing Pharmaceutical Logistics Branch

京东物流
JD Logistics

中国财富出版社有限公司

图书在版编目（CIP）数据

中国医药物流发展报告.2020／中国物流与采购联合会医药物流分会，京东物流编.
—北京：中国财富出版社有限公司，2020.7
ISBN 978－7－5047－7196－4

Ⅰ.①中⋯ Ⅱ.①中⋯ ②京⋯ Ⅲ.①药品—物流管理—研究报告—中国—2020
Ⅳ.①F724.73

中国版本图书馆 CIP 数据核字（2020）第 128041 号

| | | | | | |
|---|---|---|---|---|---|
| 策划编辑 | 郑欣怡 | 责任编辑 | 邢有涛 张宁静 晏 青 | | |
| 责任印制 | 梁 凡 | 责任校对 | 杨小静 | 责任发行 | 敬 东 |

| | | | | | |
|---|---|---|---|---|---|
| 出版发行 | 中国财富出版社有限公司 | | | | |
| 社 址 | 北京市丰台区南四环西路 188 号 5 区 20 楼 | | 邮政编码 | 100070 | |
| 电 话 | 010－52227588 转 2098（发行部） | | 010－52227588 转 321（总编室） | | |
| | 010－52227588 转 100（读者服务部） | | 010－52227588 转 305（质检部） | | |
| 网 址 | http：//www.cfpress.com.cn | | 排 版 | 宝蕾元 | |
| 经 销 | 新华书店 | | 印 刷 | 天津市仁浩印刷有限公司 | |
| 书 号 | ISBN 978－7－5047－7196－4/F·3178 | | | | |
| 开 本 | 787mm×1092mm 1/16 | | 版 次 | 2020 年 7 月第 1 版 | |
| 印 张 | 19.25 彩 页 12 | | 印 次 | 2020 年 7 月第 1 次印刷 | |
| 字 数 | 367 千字 | | 定 价 | 299.00 元 | |

# 编 委 会

销中心副总

张信红　北京科园信海医药经营有限公司副总经理

陈　巧　昊邦医药集团副总裁

陈光焰　广州医药股份有限公司总裁

罗启辉　山东齐鲁制药集团有限公司集团物资管理中心负责人

金任群　中通快递股份有限公司副总裁

周险峰　华东宁波医药有限公司总经理

赵庆辉　陕西医药控股集团派昂医药有限责任公司副总经理

姜立涛　松下冷机系统（大连）有限公司副总经理

姚创龙　创美药业股份有限公司董事长

徐　伟　天士力控股集团有限公司物流总监

翁　迅　北京邮电大学物流工程系主任兼博士生、硕士生导师

高　戈　开利运输冷冻（中国）总经理

高春明　中外运跨境电商物流有限公司副总经理

黄少杰　瑞康医药集团股份有限公司物流总经理

彭鹏乐　江西五洲医药营销有限公司董事长

楚晨曦　科园信海（北京）医疗用品贸易有限公司总经理

## 耿鸿武 | Geng Hongwu

清华大学老科协医疗健康研究中心执行副主任，九州通医药集团营销总顾问（原业务总裁），中国药招联盟发起人，清华大学、北京大学等EMBA特约讲师，北京大学医学继续教育学院"医药渠道管理"课程主讲老师，中国中药协会中药药物经济学专业委员会委员。《医疗器械蓝皮书：中国医疗器械行业发展报告》《输血服务蓝皮书：中国输血行业发展报告》主编。专著有《渠道管理就这么简单》《新电商：做剩下的3%》。执笔本报告第一章第一节。

## 王宏志 | Wang Hongzhi

北大纵横管理咨询公司资深合伙人、医疗行业中心总经理，中国卫生经济学会会员。有7年从事医疗改革和医院管理咨询工作（北大纵横管理咨询公司）、5年从事药品招标采购和药品流通工作（中国医药集团和海虹控股）、14年从事药品营销推广（重庆葛兰素史克等）工作经验，是为数不多的卖过药、买过药、正参与医改的专业人士。现从事医疗改革政策咨询工作，受各级政府委托的项目有10余项。执笔本报告第一章第二节。

## 于保荣 | Yu Baorong

对外经济贸易大学保险学院教授，健康保险与卫生经济学研究中心常务副主任。研究领域主要有卫生经济与政策、医疗和健康保险、医疗服务成本与支付方式、长期照护制度、经济学评价、卫生系统改革、互联网医疗等。2019年经国务院医改办委托的官方媒体《中国卫生》《健康报》通过大数据筛查，评为"2019年度最受关注医改专家"。执笔本报告第一章第三节。

## 陆维福 | Lu Weifu

法学博士，中国科学技术大学聘任教授，《中国临床保健杂志》编委，安徽省营养保健食品化妆品协会代理会长，原安徽省食品药品监督管理局政法处处长。长期从事食品、药品监管工作，承担法规文件起草、重大案件审核、重大行政许可审核等工作。执笔本报告第一章第四节。

# 执笔专家简介 （按章节顺序排列）

### 高 岩 | Gao Yan

北京时代方略企业管理咨询有限公司市场研究总监，北京师范大学硕士。

先后在跨国制药企业、国内互联网医疗企业担任销售、市场和战略研究工作。参与过国家药监局、科技部多个重大专项研究。研究方向：医药企业战略、互联网医疗模式。执笔本报告第二章第一节。

### 刘小东 | Liu Xiaodong

医疗行为指数研究与评价中心特约研究员，华中科技大学生物学硕士，执业药师，同时持有上海证券交易所董事会秘书资格证书，主要从事医药行业产业及政策研究和生物医药领域投资相关工作。执笔本报告第二章第三节。

### 苏锦锋 | Su Jinfeng

毕业于北京生物制品研究所，医学硕士。曾就职于北京天坛生物制品股份有限公司，现任中国生物技术股份有限公司营销中心预防制品市场部经理。长期从事疫苗市场工作，曾参与部分疫苗流通相关政策的制定。执笔本报告第三章第一节。

### 邵 清 | Shao Qing

北京药赋能科技有限公司 CEO，毕业于北京交通大学，物流管理与电商商务专业硕士学历。从事医药互联网行业 15 年，参与创办九州通医药网、好药师、京东健康、京东到家、饿了么等平台，拥有丰富的医药健康电商领域的经验，对 B2B、B2C 以及 O2O 具有实战经验与行业资源。2015 年以来一直从事医药健康领域的 O2O 实践，助力传统零售的转型升级，为多家知名连锁药店和医药工业企业的电商顾问和特聘专家，多次获得"中国医药电商风云人物奖""医药互联网先锋人物""互联网医药最佳操盘手"等奖项。中国医药互联网大会倡导者、大会主席。执笔本报告第三章第二节。

## 徐 伟 | Xu Wei

中国物流与采购联合会医药物流分会副会长、天士力控股集团物流中心总监，兼任中国管理科学学会高级理事、中国仓储和配送协会中药材仓储分会副会长等职。先后在华为和联想任高管，2014 年跨界加盟天士力控股集团，全面负责天士力控股集团物流战略、物流模式、业务流程和信息系统等设计和部署。率先提出了要利用"跨界和互联网思维"来探索和推动现有医药物流的变革。执笔本报告第三章第三节。

## 秦津娜 | Qin Jinna

北京盛世华人供应链管理有限公司副总经理、全国物流标准化技术委员会医药物流标准化工作组委员。长期从事医药冷链、航空物流等行业标准的编写及相关领域研究，曾主持和组织全国药品冷链物流现状调研项目，致力于根据客户需求规划与提升医药物流供应链体系的效率与敏捷性。在过去的十年间，参与编写《医疗器械蓝皮书：中国医疗器械行业发展报告》； 参与多个行业标准建设，包括《冷链货物空陆联运通用要求》《医药产品冷链物流温控设施设备验证性能确认技术规范》《航空货运销售代理人服务规范》《货物航空冷链运输规范》《危险品安全运行保障能力综合评估体系》等多项行业标准。执笔本报告第四章第二节和第三节部分内容。

## 翁 迅 | Weng Xun

北京邮电大学物流工程系主任兼博士生、硕士生导师。

毕业于北京科技大学，物流工程方向博士。任中国物流工程学会理事、中国仓储机械学会理事、中国大件运输协会资审委专家、中国物流与采购联合会医药物流分会专家委员会委员、中国物流与采购联合会医疗器械供应链分会专家委员会委员、中国医药集团物流工程领域特聘专家等职务。主持和参与了联合国开发计划署"亚洲社区综合减灾合作项目二期"、国家"十二五"科技支撑项目、雄安新区应急救援救灾物资储备项目等近 10 项国家纵向课题。主持了上药科园湖北物流中心、南京医药中央物流中心等近 30 个医药物流中心和生产物流系统规划设计，还负责了冷链、电商、图书、智能制造等领域近 50 个系统规划设计。执笔本报告第四章第四节和第五节。

# 编　辑　部

主　　编：秦玉鸣

副 主 编：郭　威　邓　淼　王晓晓

编辑人员：焦玲艳　曹　慧　李彦丽　马　健
　　　　　赵一宁　刘　洋　周晓萌　陈艾婧
　　　　　李一瑾　常　洋　张兴波　杨文达


联系方式：中国物流与采购联合会医药物流分会
　　　　　中国医药物流网：www. cpl. org. cn
　　　　　电话：010 – 83775831
　　　　　邮箱：jyl@ cpl. org. cn
　　　　　地址：北京市丰台区菜户营南路 139 号院亿达丽泽中
　　　　　　　　心 3 层


支持单位：华润医药商业集团有限公司
　　　　　国药集团医药物流有限公司
　　　　　上药控股有限公司
　　　　　九州通医药集团物流有限公司
　　　　　上海医药物流中心有限公司
　　　　　华东宁波医药有限公司
　　　　　帆软软件有限公司

# 前　言

2020 年，突如其来的新冠肺炎疫情让整个中国都按下了暂停键，在以习近平同志为核心的党中央坚强领导下，经过全国上下和广大人民群众艰苦卓绝努力并付出牺牲，疫情防控取得重大战略成果。

面对新冠肺炎疫情对医药供应链产生的冲击，医药物流行业面临着诸多的机遇和挑战，整个供应链未来还需要在诸多方面进行改善和提升。2020 年是"十三五"收官之年，回首这几年医药物流行业走过的路，风云变幻、五味杂陈。国务院取消药品第三方物流审批、新版 GSP 发布、"两票制"全面推广、集中带量采购不断升级，行业在经历前所未有的洗牌和瓶颈的同时，也不断进行着转型升级。

随着我国医药卫生体制改革的不断深化，以医保为主导的"三医联动"成为改革的主线，医保机制对医药企业的影响已经逐渐显现。2019—2020 年的医药行业政策环境发生重大改变，社会医疗保险、药品集采、药监、医疗等各方面改革政策很多，医药行业经营生态发生根本性变化。2019 年，影响行业的"4＋7"带量采购从试点到扩围，再到全国联采，不仅改变了药品采购的方式，对医药物流行业也产生了深远的影响；医保支付方式改革进一步推进，医保战略购买的作用已经显现；《中华人民共和国药品管理法》的修订出台更是为未来行业的发展指明了方向。2020 年将成为行业发展的一个分水岭。

中国物流与采购联合会医药物流分会在有关部门支持下，在各轮值会长单位、副会长单位、专家委员会及广大会员单位积极参与下，全年持续开展企业调研、行业研究、标准制修订等工作，现就精华部分汇编成册，献给关心、支持我国医药物流行业的企事业单位等相关机构的读者。

《中国医药物流发展报告（2020）》主要反映了 2019—2020 年我国医药物流行业的发展情况、存在的问题及未来趋势。报告共分为六章：第一章是我国 2019 年医改相关政策统计及重点解读，以"三医联动"为主线，深入分析 2019 年医改政策对医药供应链的影响等。第二章是我国医药供应链现状及发展趋势，以供应链各个节点为主线，对工业、商业、终端市场现状进行深入分析，总结我国医药行业发展格局。第三章是行业热点领域深度剖析，包括对疫苗、医药电商、中医药产业的发展现状、存在的问题及趋势深入剖析。第四章是我国医药物流发展现状，包括医药物流产业发展的基本情况，医药冷链物流、药品第三方物流、医药物流中心规划、医药物流标准化等的现状。第五章是医药供应链发展趋势，以发展趋势和企业经典案例结合的方式，深入解读发展趋势的内涵和应用模式。第六章是国际相关内容，包括国外药品流通模式、美国处方药市场现状、国内外 DRGs 发展现状以及国外典型国家应急管理体系的建设现状。最后为本报告的附录部分，包括 2019—2020 年 5 月医改主要政策、全国各省市异地设仓政策汇总等内容。

　　作为市面上独有的医药物流年度发展报告，本报告将会伴随医药物流行业的发展持续出版。在本次编写过程中因经验匮乏和编写水平不足留下的诸多遗憾将是本报告未来改善、提升的方向，也真诚地希望各位读者提出宝贵的意见和建议。

中国物流与采购联合会副会长兼秘书长　崔忠付

2020 年 5 月 18 日

# 目　录

# 第一章

# 政策为本，研判趋势

# 第一节　现阶段我国医药行业政策生态与变化趋势

随着我国医药卫生体制改革的不断深化，尤其是 2018 年大部制改革后，以医保为主导的"三医联动"成为改革的主线，医保机制对医药企业的影响已经逐渐显现。2019 年，震动行业的"4 + 7"带量采购从试点到扩围，再到全国联采，不仅改变了采购的方式，而且改变了企业经营的方法；随着医保支付方式改革的进一步推进，医保战略购买的作用已经显现；DRG（疾病诊断相关分组）试点"三年三步走"也提上日程，临床从价格到价值的转变也已经开始，《中华人民共和国药品管理法》的修订出台更是为未来行业的发展指明了方向。2020 年，政策的"大年"将至，将成为行业发展的一个分水岭。

## 一、2016—2020 年医药行业政策文件分析

### （一）出台的政策文件数量惊人

中国药招联盟（CAPD）收集整理了 2016 年 1 月至 2020 年 3 月国家各部门和各省级地方政府发布的有关医药行业的相关政策。据不完全统计，出台文件的总数达 6342 个，其中国家层面的有 1450 个，占比 22.9%；地方层面的有 4892 个，占比 77.1%。

### （二）国家层面政策文件出台情况

中共中央、国务院等国家机构共发布文件 98 个，占国家层面政策文件的 6.8%，此部分文件多为国家医药行业发展和改革的宏观指导性政策，规划了我国医药行业发展和改革的方向。国家各级相关部门为落实中共中央、国务院发布的相关文件精神，

以联合发布或部门单独发布的方式共发布 1450 个相关文件，其中联合发布的文件多由一个部门牵头、相关部门共同发布，涉及较多的部门包括人力资源和社会保障部/国家医疗保障局、卫生健康委、国家药监（总）局、国家发展改革委、科学技术部、国家税务总局、审计署、工业和信息化部、商务部、司法部等（见表1-1）。

表1-1 　　　　　　　　　国家层面医药行业政策文件发布情况 　　　　　　单位：个

| 部门 | 文件数 | 部门 | 文件数 | 部门 | 文件数 | 部门 | 文件数 |
|---|---|---|---|---|---|---|---|
| 国家发展改革委 | 21 | 工业和信息化部 | 3 | 科学技术部 | 4 | 人力资源和社会保障部/国家医疗保障局 | 88 |
| 国家税务总局 | 1 | 卫生健康委 | 236 | 国家药监（总）局 | 924 | 国家中医药管理局 | 3 |
| 中共中央、国务院 | 98 | 联合发布 | 62 | 商务部 | 1 | 司法部 | 1 |
| 审计署 | 1 | 行业协会 | 7 | | | | |
| 合　计 | | | | 1450 | | | |

注：资料来源于各级政府官方网站，中国药招联盟整理，统计时间为 2016 年 1 月至 2020 年 3 月，文件均为官方发布。

从以上统计看，国家药监（总）局发布的文件数量最多，达到 924 个，占比 63.7%。文件主要涉及的内容包括：药品、医疗器械、化妆品等的注册、审评审批；临床试验；上市许可；生产流通领域的监督管理；飞行检查的通报；说明书修订、认证管理通知；终端产品的使用管理、不良反应监测等多个方面。国家药监（总）局发布的文件涉及产品的整个生命周期的全过程。

卫生健康委发布的文件数量居第二位，共 236 个，占比 16.3%，主要包括公立医院改革、基本药物制度、分级诊疗、家庭医生、现代医院管理、短缺药、定点生产、集中采购等方面，其中 2018 年之前原卫生和计划生育委员会主导的药品集中采购文件数量较多。医保部门发布的文件共 88 个，占比 6.1%。医保部门在机构改革后文件发布的数量明显增多，主要涉及内容为医保措施、医保目录、医保报销、医保支付、城乡医保、医保统筹等；国家医疗保障局成立后又增加了集中采购、价格管理、医疗服务收费、行业监管等方面政策。

### （三）省地层面政策文件出台情况

我国行政管理的体系为国家、省（部）、地市、县乡村；按照国务院颁布的《规章制定程序条例》，可以把医药行业的政策规制分为两级，即国家层面和地方层面。地方层面的医药政策文件共4892个，在整个文件体系中占据的比例相对较高，其中多以实施方法、细则、规定等执行类政策为主，发文部门系统与中央的结构相似，其中有政府发文、联合下发和各部门单独发文等。以省份为单位统计，发布最多的前五个省份分别是甘肃、广西、安徽、广东、辽宁（见图1-1）。

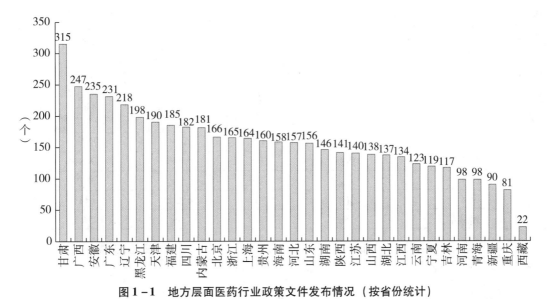

**图1-1 地方层面医药行业政策文件发布情况（按省份统计）**

注：资料来源于各级政府官方网站，中国药招联盟整理，统计时间为2016年1月至2020年3月，文件均为官方发布。

## 二、近年来医药行业政策生态的变化

从2009年新医改以来，医药行业的改革主线没有改变，但不同阶段的主题却略有不同，我们经历了补供方和补需方的争论，经历了基本药物制度的建立和基本药物目录从"307"到"520"，再到"685"的过程，经历了基药、非基药单独招标到分类采购的转化，也经历了从分级诊疗到医联体、医共体、医疗集团的产生，还经历了按项目付费到按病种、人头、总额预控，再到DRG付费的过程。

## （一）从"三医联动"看政策文件

随着改革进入深水区，"三医联动"成为"十三五"新医改阶段的重点。通过对政策文件"三医"分类发布文件数量的分析，我们可以看出，当前医药市场层面的影响依然最大，医药领域出台的文件数量远远超过医疗和医保两个领域（见图1－2）。未来此趋势将会继续延续，或许正印证了目前医药企业所感受到的此阶段医改的重点。

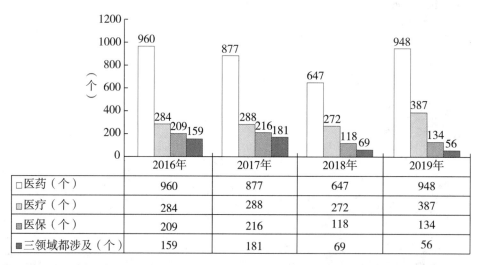

| | 2016年 | 2017年 | 2018年 | 2019年 |
|---|---|---|---|---|
| □医药（个） | 960 | 877 | 647 | 948 |
| □医疗（个） | 284 | 288 | 272 | 387 |
| ■医保（个） | 209 | 216 | 118 | 134 |
| ■三领域都涉及（个） | 159 | 181 | 69 | 56 |

**图1－2　2016—2019年医药行业政策文件发布数量统计（按照"三医联动"统计）**

## （二）从"产业链环节"看政策文件

医药政策生态的变化对医药全产业链都会产生重要的影响，从产业链的研发、生产、流通、使用（终端）四个环节分析，2016—2019年发布的相关政策文件除了全产业链政策外，论发布数量使用环节排在第一位，其次是流通环节，再次是研发注册环节，生产环节排在末位，可以看出最近四年改革的具体方向。尤其是可以观察到，研发注册和流通环节在2015年国家药品监管机制改变以后产生的变化，经过近年的完善，文件发布的高峰期已经过去，而从2017年起逐年在使用环节增加的文件说明终端及终端产品的使用问题成为未来监管的重点（见图1－3）。

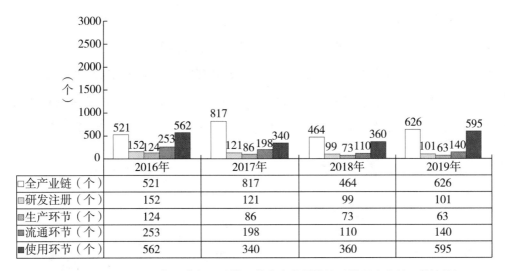

图1-3 2016—2019年医药行业政策文件发布数量统计（按照产业链环节统计）

## （三）从"关键词"看政策文件

通过对文件关键词的分析，可以清晰地认识到这个阶段行业政策生态发生的改变。为此，对于所有文件进行关键词的标定，然后根据关键词出现的频率即可得知这个阶段政策的重点（见图1-4），其中，集中采购、医保政策和飞行检查成为影响行业的重要政策。按关键词统计，排在前十位的政策数量，几乎占据了文件总数量的80%，为医药行业指明了未来的政策变化方向。

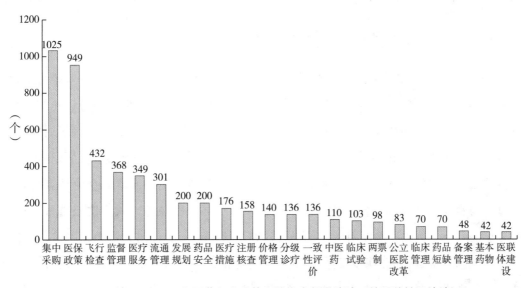

图1-4 2016—2019年医药行业政策文件发布数量统计（按照关键词统计）

上述的每一个政策重点，在每一个年度的情况也不完全一样，也在发生动态的变化，这里仅以排在第一位的集中采购和第六位的流通管理两项政策关键词为例（见图1-5）。可以看出，近年来集中采购成为行业关注的重点，尤其是2019年国家组织带量采购以来，掀起了集中采购的热潮；而以流通领域改革为主导的两票制改革，2016年成为行业的焦点，近年来随着政策的深入和贯彻，已经趋于成熟，标志着医改重点的转移。

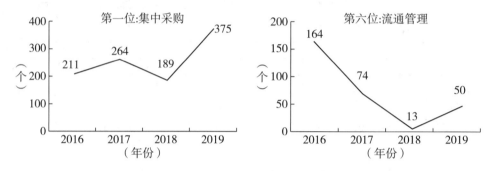

**图1-5 2016—2019年医药行业政策关键词文件发布数量变化统计**

## 三、2020年医药行业的政策重点

2020年是"十三五"规划的收官之年，2019年国家针对医疗改革出台了一整套政策和文件，提出了未来医改的目标及非常具体的措施、要求和时间表，成为2020年和今后2~3年医疗改革的方向。

### （一）树立学习的榜样，对标改革

2019年11月，国务院深化医药卫生体制改革领导小组发布《关于进一步推广福建省和三明市深化医药卫生体制改革经验的通知》（国医改发〔2019〕2号），总结了福建省和三明市医改的经验，从7个方面对下一步的医改提出了要求，并明确了时间表，明确提出：2020年，按照国家统一部署，扩大国家组织集中采购和使用药品品种范围。综合医改试点省份要率先推进由医保经办机构直接与药品生产或流通企业结算货款，其他省份也要积极探索。各地要积极采取单独或跨区域联盟等方式，按照带量采购、招采合一、质量优先、确保用量、保证回款等要求，对未纳入国家组织集中采购和使用的药品开展带量、带预算采购。2020年9月底前，综合医改试点省份要率先进行探索，其他省份也要积极探索。各地要针对临床用量较大、采购金额较高、临床使用较成熟、多家企业生产的高值医用耗材，按类别探索集中采购。2020 年 9 月底前，综合医改试点省份要率先进行探索。文件出台后，各省市纷纷跟进出台了落实的相关细则。

## （二）药品集采作为突破口，深化改革

2019 年 11 月 29 日，国务院深化医药卫生体制改革领导小组印发《关于以药品集中采购和使用为突破口进一步深化医药卫生体制改革的若干政策措施》（国医改发〔2019〕3 号），充分肯定了 2018—2019 年国家医疗保障局牵头的"国家组织的带量采购"模式，并将集中采购和使用问题作为深化医改的突破口，从医药、医保、医疗和行业监管 4 个方面提出了 15 项改革举措，强化了"三医联动"是改革成功的关键，并明确了各项任务的牵头负责部门。文件就药品集中采购和使用改革，优化集中采购模式；构建全国药品公共采购市场和多方联动采购的机制；提升药品质量水平，推进仿制药质量和疗效一致性评价；确保药品稳定供应；提升药品货款支付效率；推动构建全国统一开放的药品生产流通市场格局等提出了规范性的要求。还就医疗服务价格、医疗机构用药和公立医院改革等提出了具体的措施和方法。针对医保方面的重点则是医保支付方式的改革、医保支付价格的标准以及医保基金的监管等。

## （三）医保建立新机制，实现战略转型

2020 年 2 月 25 日，中共中央、国务院《关于深化医疗保障制度改革的意见》（以下简称《医保改革意见》）成文，这是自 1998 年我国颁布《国务院关于建立城镇职工基本医疗保险制度的决定》以来，关于医保改革最高级别的文件，标志着我国医保制度将从以往试验性改革阶段进入定型成熟的发展阶段，成为未来医改的顶层设计和"纲领性"文件。可以预见的是，从 2009 年新医改以来，首次将深化医改的重点转移到支付主战场，将会对医疗体制改革的各参与方，包括医院、医生、医疗器械生产经营零售企业、医保支付方及其他所有支持行业，带来利益格局的重大调整，将重塑未来医药行业的经营生态。

《医保改革意见》是划时代的，勾勒出了"未来中国医保体系"的发展蓝图，到 2030 年全面建成以基本医疗保险为主体，医疗救助为托底，补充医疗保险、商业健康保险、慈善捐赠、医疗互助共同发展的医疗保障制度体系，待遇保障公平适度，基金运行稳健持续，管理服务优化便捷，医保治理现代化水平显著提升，实现更好保障病

有所医的目标。认真地研读此项政策"1＋4＋2"框架下的 8 个方面 28 条，崭新的医保改革大幕已经拉开，它的创新性可以从 6 个方面概括，一是改革职工保险个人账户，建立健全门诊共济保障机制；二是改革医保协议管理，从准入到退出机制，规范管理、考核、评价；三是改革保障待遇清单目录管理，建立统一领导下的医保制度；四是改革医保管理体系，统筹层次上移，提高基金使用效益；五是新增重大突发公共卫生事件的应急医疗救治保障措施；六是改革基金监管机制，医保监管向医药服务的质量监管过渡。

纵观三大文件，医改的政策体系、环境将会发生巨大的改变，与时俱进成为对医药企业的政策要求，只有顺势而为才可以顺应改革的需要。

## 四、政策下的医药行业发展趋势

政策犹如指挥棒，引领着医药产业和企业的发展方向和未来，尤其是经历了 2019 年"4＋7"带量采购的"惊人降价""股市日千亿医药市值蒸发"之后，可以清醒地看到，"专利悬崖"的出现影响的不仅仅是企业产品的中标价格，更是对现行企业经营战略、思路、模式、方法的巨大冲击，医药企业在政策的影响下，必须进行转型升级。

### （一）医药行业政策主题

2020 年，医药行业的政策主题没有改变，可总结为"降价、控费、集采、合规"，经历了 2020 年突如其来的新冠肺炎疫情后，应该加上"创新和数字化"。医药行业虽然当下面临着重大的挑战，但是《"健康中国 2030"规划纲要》勾勒出的蓝图也离我们越来越近。纵观行业发展，可以将未来 3～5 年医药行业的发展总结为六大趋势，"二＋二"条跑道和五个突破点。

### （二）医药行业未来发展的六大趋势

一是政策趋势表现为规则变化更近"凌厉"，"竞资格、争份额"依然是主要的手段，医保机制将改变行业价值的判断标准。集中采购的门槛将越来越高，医疗机构参与的积极性越来越高；流通政策促集中，效率和成本将成为考量的依据；分级诊疗将进一步深化，基层市场结构将发生变化；四个最严的标准下，产品的价值开始回归；

财税严监管的体系将持续。

二是市场趋势表现为市场跟着政策走、服务跟着患者走，新的机制将带来市场规则的变化。主要包括处方进一步院外化；支付进一步多元化；医生、药师、护师执业的多点化；采购方式的电商化；产品、学术、售后服务平台化；组织的合伙化及营销的"圆点"化。

三是行业趋势表现为集中度的提高，包括生产和流通。专业化要求提高，以前粗犷的经营、销售、渠道模式都面临前所未有的挑战；直营化程度提高，尤其是互联网对传统通路中资金流、物流、信息流的改变。

四是产业的趋势表现为未来的格局将会由合规的大型（或可以称为巨型）企业和特色的中小型企业构成，过剩的"多小散乱"的生产和流通企业都将面临重大的挑战，整合、兼并重组、合伙将持续性发展。

五是竞争的趋势将表现为不单纯是产品、渠道、人才的竞争，未来是低成本中的差异化竞争，企业的竞争策略需要改变。

六是企业战略发展的趋势表现为向国际化靠拢，走国际化路径，在企业策略、组织、产品、营销、科研方面，只有"站在巨人的肩上"，才会有发展的机会。尤其是营销方面，"带金销售"虽然不会消失，但是任何一位想构建"百年老店"的医药企业家，估计都不会在这条"不归路"上继续探索；形成以患者为中心的健康知识管理成为企业发展的必然方向。

### （三）医药企业未来发展的"二＋二"条跑道

从化学药发展角度看，中国医药企业必将经历从单纯仿制到仿创，再从仿创到真正创新的过程。目前这个阶段，对于医药企业未来发展只有两条光明大道，一是立足全球，以创新药为主导。二是立足国内，以仿制药为主导，逐渐地 Me－too，Me－better（在仿制中创新）。这两条跑道不是目前中国大多数化学药生产企业所能胜任的，未来竞争的新格局正在形成，"4＋7"带量采购就是最好的例证。

从其他领域角度看，还有两条非常光明的跑道，那就是中医药和医疗器械，这两个领域都有着巨大的潜力。

### （四）医药企业未来发展的五个突破点

要实现医药企业在这个特定历史阶段的生存、发展，如果找不到突破点，就会像温水中的青蛙一样。可以从五个方面进行突破，一是创新，创新将是企业的永恒发展动力，不仅包括新药的研制，也包括经营模式、销售方法的创新，互联网的时代提供了这样的机会。二是成本，经济学的本质就是成本与效益，未来的竞争，成本要素是核心，尤其是在医药这个特殊的领域，全球面临的挑战几乎都是一致的，低成本成为必要要求。三是市场准入，这一概念在中国医药行业的出现仅仅是近几年的事，但是随着法制化社会的发展和制度的逐渐建立，准入的规制将会越来越多，市场准入将成为企业发展中的重要生产力。四是品牌，未来是一个品牌的时代，品牌代表着信用，代表着质量，更代表着财富。五是应变的速度，尤其是在目前变化比计划快的时代，企业面临着诸多的不确定性，应变的速度就显得尤其重要，只有快速变化才能不断生出精彩。

# 第二节　医疗类政策发展路径及重点解析

## 一、相关部门医疗类重点政策及分析

### （一）中共中央、国务院重要文件

2009 年，中共中央、国务院印发《关于深化医药卫生体制改革的意见》，明确建立结构合理、覆盖城乡的医疗服务体系。围绕文件精神，国务院办公厅于 2009—2019 年每年出台当年医改重点工作任务，2019 年，有关部门主要落实国办发〔2018〕83 号文件和国办发〔2019〕28 号文件要求，相关内容见表 1 - 2。

表 1 - 2　　　　　　　　中共中央、国务院重要文件统计（部分）

| 发文机关 | 发布时间 | 文件名 | 相关内容 |
| --- | --- | --- | --- |
| 中共中央、国务院 | 2009/3/17 | 《关于深化医药卫生体制改革的意见》 | （五）进一步完善医疗服务体系。坚持非营利性医疗机构为主体、营利性医疗机构为补充，公立医疗机构为主导、非公立医疗机构共同发展的办医原则，建设结构合理、覆盖城乡的医疗服务体系 |
| | 2016/10/25 | 《"健康中国 2030"规划纲要》 | 第八章 提供优质高效的医疗服务<br>第一节 完善医疗卫生服务体系<br>第二节 创新医疗卫生服务供给模式<br>第三节 提升医疗服务水平和质量 |

| 发文机关 | 发布时间 | 文件名 | 相关内容 |
|---|---|---|---|
| 国务院 | 2017/1/9 | 《"十三五"深化医药卫生体制改革规划》 | （一）建立科学合理的分级诊疗制度<br>1. 健全完善医疗卫生服务体系<br>2. 提升基层医疗卫生服务能力<br>3. 引导公立医院参与分级诊疗<br>4. 推进形成诊疗—康复—长期护理连续服务模式<br>5. 科学合理引导群众就医需求<br>（二）建立科学有效的现代医院管理制度<br>1. 完善公立医院管理体制<br>2. 建立规范高效的运行机制<br>3. 建立符合医疗卫生行业特点的编制人事和薪酬制度<br>4. 建立以质量为核心、公益性为导向的医院考评机制<br>5. 控制公立医院医疗费用不合理增长 |
| 国务院办公厅 | 2018/8/28 | 《深化医药卫生体制改革2018年下半年重点工作任务》 | 一、有序推进分级诊疗制度建设<br>二、建立健全现代医院管理制度<br>五、切实加强综合监管制度建设<br>六、建立优质高效的医疗卫生服务体系<br>七、统筹推进相关领域改革 |
| | 2019/6/4 | 《深化医药卫生体制改革2019年重点工作任务》 | 一、研究制定的文件<br>1. 制定关于实施健康中国行动的意见、健康中国行动（2019—2030年）、健康中国行动组织实施和考核方案<br>2. 制定促进社会办医持续健康规范发展的政策文件<br>6. 制定医疗机构用药管理办法 |
| 国务院办公厅 | 2019/6/4 | 《深化医药卫生体制改革2019年重点工作任务》 | 7. 制定互联网诊疗收费和医保支付的政策文件<br>8. 制定深化卫生专业技术人员职称制度改革的指导意见<br>10. 制定二级及以下公立医疗机构绩效考核办法<br>11. 制定加强医生队伍管理的办法<br>12. 制定医疗联合体管理办法<br>13. 制定公立医院薪酬制度改革的指导性文件 |

## （二）卫生健康委、国家医疗保障局重要文件

根据公开数据统计，2019 年卫生健康委、国家医疗保障局作为主要发文机关的医疗政策共 71 条，其中卫生健康委发文 53 条，国家医疗保障局发文 18 条。从发文时间看，主要集中在 2019 年下半年。从重点任务看，以"十三五"规划中明确的分级诊疗制度和现代医院管理制度为抓手，文件内容主要涵盖分级诊疗与医共体、公立医院绩效考核、社区医院建设、医疗服务价格改革（仅"互联网＋"）和薪酬改革（2019 年无明确文件，仅在其他文件中提及）、"两病"用药、癌症防治及罕见病诊疗、医养结合与老年护理等方面。对其中重要文件进行梳理，详见表 1 - 3。

表 1 - 3　　　　　　　　2019 年医疗领域重要政策（部分）

| 主题 | 主要发文机关 | 发布时间 | 文件名 |
| --- | --- | --- | --- |
| 分级诊疗 | 卫生健康委（办公厅） | 2019/5/22 | 《关于开展城市医疗联合体建设试点工作的通知》 |
| | | 2019/5/24 | 《国家卫生健康委办公厅关于开展 2019 年县医院医疗服务能力调查评估工作的通知》 |
| | | 2019/5/28 | 《关于推进紧密型县域医疗卫生共同体建设的通知》 |
| | | 2019/8/13 | 《关于印发城市医疗联合体建设试点城市名单的通知》 |
| | | 2019/9/2 | 《关于印发紧密型县域医疗卫生共同体建设试点省和试点县名单的通知》 |
| | | 2019/9/9 | 《国家卫生健康委办公厅关于印发国家癌症区域医疗中心设置标准的通知》 |
| | | 2019/11/8 | 《国家卫生健康委办公厅关于印发国家神经疾病中心及国家神经疾病区域中心设置标准的通知》 |
| | | 2019/12/2 | 《国家卫生健康委办公厅关于印发国家呼吸医学中心及国家呼吸区域医疗中心设置标准的通知》 |
| 公立医院绩效考核 | 卫生健康委（办公厅） | 2019/5/31 | 《国家卫生健康委办公厅关于印发国家三级公立医院绩效考核操作手册（2019 版）的通知》 |
| | | 2019/8/13 | 《国家卫生健康委办公厅关于按照属地化原则开展三级公立医院绩效考核与数据质量控制工作的通知》 |
| 社区医院建设 | 卫生健康委（办公厅） | 2019/3/15 | 《国家卫生健康委办公厅关于开展社区医院建设试点工作的通知》 |
| | | 2019/6/12 | 《国家卫生健康委办公厅关于印发社区医院基本标准和医疗质量安全核心制度要点（试行）的通知》 |

续 表

| 主题 | 主要发文机关 | 发布时间 | 文件名 |
|------|------------|---------|--------|
| 医疗服务价格 | 国家医疗保障局 | 2019/8/30 | 《关于完善"互联网＋"医疗服务价格和医保支付政策的指导意见》 |
| 两病用药 | 国家医疗保障局等四部委 | 2019/10/10 | 《国家医保局 财政部 国家卫生健康委 国家药监局关于完善城乡居民高血压糖尿病门诊用药保障机制的指导意见》 |
| 癌症防治 | 卫生健康委（含下设机构） | 2019/7/1 | 《国家卫生健康委办公厅关于印发上消化道癌人群筛查及早诊早治等技术方案的通知》 |
| | | 2019/8/1 | 《关于开展儿童血液病、恶性肿瘤医疗救治及保障管理工作的通知》 |
| | | 2019/8/29 | 《国家卫生健康委办公厅关于成立国家卫生健康委儿童血液病、恶性肿瘤专家委员会的通知》 |
| | | 2019/8/29 | 《国家卫生健康委医政医管局关于公布第一批全国儿童血液病定点医院和恶性肿瘤（实体肿瘤）诊疗协作组的通知》 |
| | | 2019/9/5 | 《国家卫生健康委办公厅关于印发儿童血液病、恶性肿瘤相关10个病种诊疗规范（2019年版）的通知》 |
| | | 2019/9/9 | 《国家卫生健康委办公厅关于印发国家癌症区域医疗中心设置标准的通知》 |
| | | 2019/9/23 | 《关于印发健康中国行动——癌症防治实施方案（2019—2022年）的通知》 |
| 罕见病诊疗 | 卫生健康委（办公厅） | 2019/2/15 | 《国家卫生健康委办公厅关于建立全国罕见病诊疗协作网的通知》 |
| | | 2019/2/27 | 《国家卫生健康委办公厅关于印发罕见病诊疗指南（2019年版）的通知》 |
| | | 2019/10/15 | 《国家卫生健康委办公厅关于开展罕见病病例诊疗信息登记工作的通知》 |
| 医养结合与老年护理 | 卫生健康委（办公厅） | 2019/10/25 | 《关于深入推进医养结合发展的若干意见》 |
| | | 2019/11/1 | 《关于建立完善老年健康服务体系的指导意见》 |
| | | 2019/12/20 | 《关于印发老年护理专业护士培训大纲（试行）和老年护理实践指南（试行）的通知》 |
| | | 2019/12/20 | 《关于加强老年护理服务工作的通知》 |

## 二、以政策为主线看医疗改革重点

### （一）分级诊疗逐步推进，医疗联合体建设进一步发展

**1. 政策发展路径**

分级诊疗政策统计如表 1-4 所示。

表 1-4 　　　　　　　　　　　　　　分级诊疗政策统计

| 主要发文机关 | 发布日期 | 文件名 | 相关内容 |
|---|---|---|---|
| 国务院办公厅 | 2015/9/11 | 《国家院办公厅关于推进分级诊疗制度建设的指导意见》 | 到 2020 年，分级诊疗服务能力全面提升，保障机制逐步健全，布局合理、规模适当、层级优化、职责明晰、功能完善、富有效率的医疗服务体系基本构建，基层首诊、双向转诊、急慢分治、上下联动的分级诊疗模式逐步形成，基本建立符合国情的分级诊疗制度 |
| | 2017/4/26 | 《国务院办公厅关于推进医疗联合体建设和发展的指导意见》 | 开展医疗联合体（以下简称"医联体"）建设，是深化医改的重要步骤和制度创新，有利于更好实施分级诊疗和满足群众健康需求。到 2020 年，在总结试点经验的基础上，全面推进医联体建设，形成较为完善的医联体政策体系。所有二级公立医院和政府办基层医疗卫生机构全部参与医联体 |
| 卫生健康委、中医药局 | 2018/8/9 | 《卫生健康委、中医药局关于印发医疗联合体综合绩效考核工作方案（试行）的通知》 | 建立促进优质医疗资源上下贯通的考核和激励机制，引导三级医院履行责任、完善措施，主动帮扶基层，切实发挥引领作用，充分调动各级各类医疗机构参与医联体建设的积极性。通过合理设定绩效考核指标，强化考核和制度约束，推动落实公立医院的公益性，建立起引导公立医院主动下沉资源、与基层医疗卫生机构分工协作的机制 |
| | 2018/8/10 | 《关于进一步做好分级诊疗制度建设有关重点工作的通知》 | 各级卫生健康行政部门要积极协调医保部门推进医保支付方式改革，探索对城市医疗集团和县域医共体实行医保总额付费，制定相应的考核办法，引导医联体内部形成顺畅的转诊机制，真正形成共同体 |

| 主要发文机关 | 发布日期 | 文件名 | 相关内容 |
|---|---|---|---|
| 卫生健康委、中医药局 | 2019/5/22 | 《关于开展城市医疗联合体建设试点工作的通知》 | 积极推进以医联体为单元实行医保总额打包付费等支付方式改革，建立结余留用、超支合理分担机制，结余的医疗收入可用于开展业务工作和提高医务人员待遇，引导医联体规范诊疗行为，主动做好健康管理和疾病诊治工作，提高医保基金使用绩效。完善不同级别、不同类别医疗机构医保差异化支付政策。在医联体内同一次住院转诊连续计算起付线，引导群众基层就医 |
| | 2019/5/28 | 《关于推进紧密型县域医疗卫生共同体建设的通知》 | 按照"两个允许"的要求，推进基层医疗卫生机构逐步建立"公益一类保障与公益二类激励相结合"的运行新机制，进一步完善基层医疗卫生机构绩效工资政策，逐步建立符合医疗卫生行业特点、有利于人才下沉和医共体发展的薪酬制度 |

**2. 政策内容分析**

（1）开展城市医联体试点，推进紧密型县域医共体建设。

国办发〔2017〕32号文件要求到2020年，在总结试点经验的基础上，全面推进医联体建设，形成较为完善的医联体政策体系，在城市主要组建医疗集团，在县域主要组建医疗共同体。2019年，卫生健康委落实国务院文件要求，一方面开展城市医联体建设试点，确定试点城市名单；另一方面推进紧密型县域医共体建设，确定试点省和试点县名单，医联体建设有了进一步发展。

（2）支付方式改革推进不平衡，群众基层就医动力不强，"共同体"未真正形成。

2018年，《关于进一步做好分级诊疗制度建设有关重点工作的通知》要求完善保障措施，推动落实医保支付方式改革等配套政策，《城市医疗联合体建设试点工作方案》也明确要完善不同级别、不同类别医疗机构医保差异化支付政策，引导群众基层就医。然而，由于部门分工职能不同，2018年国家医疗保障局成立，2019年陆续出台DRG付费试点等方案，医保支付方式改革与分级诊疗推进不平衡，医联体内转诊支付等方式未同步调整，群众基层就医动力不强，"共同体"未真正形成。

## （二）建立健全现代医院管理制度，构建公立医院绩效评价体系

**1. 政策发展路径**

现代医院管理制度重点政策统计如表1－5所示。

表1-5　　　　　　　　　　　现代医院管理制度重点政策统计

| 主要发文机关 | 发布日期 | 文件名 | 相关内容 |
|---|---|---|---|
| 中共中央、国务院 | 2009/3/17 | 《中共中央 国务院关于深化医药卫生体制改革的意见》 | 建立信息公开、社会多方参与的监管制度，鼓励行业协会等社会组织和个人对政府部门、医药机构和相关体系的运行绩效进行独立评价和监督，加强行业自律 |
| 国务院 | 2017/1/9 | 《国务院关于印发"十三五"深化医药卫生体制改革规划的通知》 | 建立以质量为核心、公益性为导向的医院考评机制，健全医院绩效评价体系 |
| 国务院办公厅 | 2015/5/8 | 《国务院办公厅关于全面推开县级公立医院综合改革的实施意见》 | 建立科学的县级公立医院绩效考核制度。根据国家关于医疗卫生机构绩效评价的指导性文件，以公益性质和运行绩效为核心，突出功能定位、公益性职责履行、合理用药、费用控制、运行效率和社会满意度等考核指标，开展县级公立医院绩效考核 |
| | 2015/5/17 | 《国务院办公厅关于城市公立医院综合改革试点的指导意见》 | 建立以公益性为导向的考核评价机制。卫生计生行政部门或专门的公立医院管理机构制定绩效评价指标体系，突出功能定位、职责履行、费用控制、运行绩效、财务管理、成本控制和社会满意度等考核指标，定期组织公立医院绩效考核以及院长年度和任期目标责任考核，考核结果向社会公开，并与医院财政补助、医保支付、工资总额以及院长薪酬、任免、奖惩等挂钩，建立激励约束机制 |
| | 2017/7/25 | 《国务院办公厅关于建立现代医院管理制度的指导意见》 | 健全绩效考核制度。将政府、举办主体对医院的绩效考核落实到科室和医务人员，对不同岗位、不同职级医务人员实行分类考核。建立以公益性为导向的考核评价机制，定期组织公立医院绩效考核以及院长年度和任期目标责任考核，考核结果与财政补助、医保支付、绩效工资总量以及院长薪酬、任免、奖惩等挂钩 |
| | 2019/6/4 | 《国务院办公厅关于印发深化医药卫生体制改革2019年重点工作任务的通知》 | 建立全国公立医院绩效考核信息系统，按照属地原则，全面开展三级公立医院绩效考核工作，考核结果以适当方式向社会公布。推动开展二级及以下公立医疗机构绩效考核工作。制定二级及以下公立医疗机构绩效考核办法（国家卫生健康委负责，2019年11月底前完成） |

| 主要发文机关 | 发布日期 | 文件名 | 相关内容 |
| --- | --- | --- | --- |
| 卫生健康委 | 2018/8/9 | 《卫生健康委 中医药局关于印发医疗联合体综合绩效考核工作方案（试行）的通知》 | 通过合理设定绩效考核指标，强化考核和制度约束，推动落实公立医院的公益性，建立起引导公立医院主动下沉资源、与基层医疗卫生机构分工协作的机制。<br>逐步将考核评价结果作为人事任免、评优评先等的重要依据，并与医务人员绩效工资、进修、晋升等挂钩，有效调动医院和医务人员参与医联体建设的积极性 |
| | 2018/12/20 | 《关于开展建立健全现代医院管理制度试点的通知》 | 进一步完善医院管理制度，建立健全医院治理体系，加强医院党的建设，加快构建权责清晰、管理科学、治理完善、运行高效、监督有力的现代医院管理制度 |
| | 2019/5/31 | 《国家卫生健康委办公厅关于印发国家三级公立医院绩效考核操作手册（2019 版）的通知》 | 科学开展三级公立医院绩效考核工作，保证绩效考核数据客观可比 |
| | 2019/8/13 | 《国家卫生健康委办公厅关于按照属地化原则开展三级公立医院绩效考核与数据质量控制工作的通知》 | 为确保绩效考核数据客观真实可比，各地要对辖区内三级公立医院报送国家三级公立医院绩效考核管理平台的数据进行质控 |

**2. 政策内容分析**

（1）强调公立医院公益性导向，逐步完善绩效评价指标。

"十三五"规划明确"建立以质量为核心、公益性为导向的医院考评机制。健全医院绩效评价体系"。随后，卫生健康委以现代医院管理制度建设为切入点，制订并印发医联体综合绩效考核工作方案、三级公立医院绩效考核操作手册并注重质量控制，并将陆续制订二级及以下公立医疗机构绩效考核办法。

（2）绩效评价与院长薪酬考评挂钩，激励约束机制仍待完善。

新医改以来，公立医院院长薪酬挂钩管办分开是推动公立医院法人治理的重要环节，2017 年人力资源和社会保障部等四部门发布的《关于开展公立医院薪酬制度改革试点工作的指导意见》（人社部发〔2017〕10 号）进一步细化负责人薪酬管理制度，"推进公立医院主要负责人薪酬改革。公立医院主管部门根据公立医院考核评价结果、个人履职情况、职工满意度等因素，合理确定医院主要负责人的薪酬水平"，但2019年国家层面仅就三级公立医院绩效考核出台了相关政策，院长薪酬改革及激励约束机制仍不明确。

## （三）薪酬制度指导文件尚未出台，公立医院结余留用渠道不明确

### 1. 政策发展路径

薪酬制度改革重点政策统计如表1-6所示。

表1-6　　　　　　　　　　　　薪酬制度改革重点政策统计

| 主要发文机关 | 发布日期 | 文件名 | 相关内容 |
|---|---|---|---|
| 国务院办公厅 | 2017/7/25 | 《国务院办公厅关于建立现代医院管理制度的指导意见》 | 公立医院在核定的薪酬总量内进行自主分配，体现岗位差异，兼顾学科平衡，做到多劳多得、优绩优酬。按照有关规定，医院可以探索实行目标年薪制和协议薪酬。医务人员薪酬不得与药品、卫生材料、检查、化验等业务收入挂钩。<br>建立适应医疗行业特点的薪酬制度，着力体现医务人员技术劳务价值 |
| | 2019/6/4 | 《国务院办公厅关于印发深化医药卫生体制改革2019年重点工作任务的通知》 | 制定公立医院薪酬制度改革的指导性文件（人力资源和社会保障部负责，2019年12月底前完成）。<br>深入推进公立医院薪酬制度改革，落实"两个允许"要求，使人员经费支出占公立医院业务支出的比例达到合理水平 |
| 人力资源和社会保障部 | 2017/1/24 | 《人力资源社会保障部 财政部 国家卫生计生委 国家中医药管理局关于开展公立医院薪酬制度改革试点工作的指导意见》 | 按照"允许医疗卫生机构突破现行事业单位工资调控水平，允许医疗服务收入扣除成本并按规定提取各项基金后主要用于人员奖励"的要求，在现有水平基础上合理确定公立医院薪酬水平和绩效工资总量，逐步提高诊疗费、护理费、手术费等医疗服务收入在医院总收入中的比例 |
| | 2017/12/12 | 《人力资源社会保障部 财政部 国家卫生计生委 国家中医药管理局关于扩大公立医院薪酬制度改革试点的通知》 | 各省（自治区、直辖市）结合本地实际，进一步积极、自主扩大公立医院薪酬制度改革试点范围，除按照《关于开展公立医院薪酬制度改革试点工作的指导意见》明确的试点城市外，其他城市至少选择1家公立医院开展薪酬制度改革试点。<br>新纳入试点的城市自发文之日起组织开展试点，为期1年 |

| 主要发文机关 | 发布日期 | 文件名 | 相关内容 |
|---|---|---|---|
| 卫生健康委 | 2018/12/20 | 《关于开展建立健全现代医院管理制度试点的通知》 | 支持试点医院开展薪酬制度改革，允许试点医院突破现行事业单位工资调控水平，允许医疗服务收入扣除成本并按规定提取各项基金后主要用于人员奖励。试点医院建立健全现代医院管理制度，重点任务为调动医务人员积极性。科学制订医院内部绩效分配办法，探索实行年薪制、协议工资制、项目工资制等多种分配方式 |
| | 2019/5/22 | 《关于开展城市医疗联合体建设试点工作的通知》 | 积极推进以医联体为单元实行医保总额打包付费等支付方式改革，建立结余留用、超支合理分担机制，结余的医疗收入可用于开展业务工作和提高医务人员待遇，引导医联体规范诊疗行为，主动做好健康管理和疾病诊治工作，提高医保基金使用绩效。完善不同级别、不同类别医疗机构医保差异化支付政策。在医联体内同一次住院转诊连续计算起付线，引导群众基层就医 |
| | 2019/5/28 | 《关于推进紧密型县域医疗卫生共同体建设的通知》 | 按照"两个允许"的要求，推进基层医疗卫生机构逐步建立"公益一类保障与公益二类激励相结合"的运行新机制，进一步完善基层医疗卫生机构绩效工资政策，逐步建立符合医疗卫生行业特点、有利于人才下沉和医共体发展的薪酬制度 |

**2. 政策内容分析**

（1）落实"两个允许"，探索多种薪酬分配方式。

2017 年国务院办公厅发布的《关于建立现代医院管理制度的指导意见》明确要求建立适应医疗行业特点的薪酬制度，着力体现医务人员技术劳务价值。2019 年医改重点方案首次明确落实"两个允许"要求，深入推进公立医院薪酬制度改革。

（2）指导文件尚未出台，薪酬制度改革落实进度慢。

国务院办公厅的 2019 年医改重点工作中要求人力资源和社会保障部于 12 月底前完成指定公立医院薪酬制度改革指导文件，然而继 2017 年薪酬改革试点和扩大试点后，截至 2020 年 5 月，尚无更新文件出台，可能会限制公立医院薪酬改革整体进度。

（3）结余渠道不明确、不充分，人才下沉和工作激励不到位。

卫生健康委、中医药管理局发布的《城市医疗联合体建设试点工作方案》和卫生健康委发布的《关于开展紧密型县域医疗卫生共同体建设试点的指导方案》均提出结余留用、落实"两个允许"的薪酬制度，但由于结余渠道不明确、不充分，医联体和医共体内绩效工资改革未真正落实，导致分级诊疗动力不足，也影响了人才下沉和医共体发展。

## （四）开展 DRG 付费试点，建立多元复合医保支付体系

### 1. 政策发展路径

DRG 付费改革重点政策统计如表 1-7 所示。

表 1-7　　　　　　　　　　　　　DRG 付费改革重点政策统计

| 主要发文机关 | 发布日期 | 文件名 | 相关内容 |
| --- | --- | --- | --- |
| 国务院办公厅 | 2019/6/4 | 《国务院办公厅关于印发深化医药卫生体制改革 2019 年重点工作任务的通知》 | 加快推进医保支付方式改革，开展按疾病诊断相关分组付费试点，继续推进按病种为主的多元复合式医保支付方式改革 |
| | 2017/6/28 | 《国务院办公厅关于进一步深化基本医疗保险支付方式改革的指导意见》 | 各地要选择一定数量的病种实施按病种付费，国家选择部分地区开展按疾病诊断相关分组（DRG）付费试点，鼓励各地完善按人头、按床日等多种付费方式 |
| 卫生健康委 | 2018/12/20 | 《关于开展建立健全现代医院管理制度试点的通知》 | 持续推进医疗服务价格改革，加快建立医疗服务价格动态调整机制。积极推进以按病种付费为重点的支付方式改革，扩大按病种付费的病种数量。建立健全医保经办机构与试点医院公开平等的谈判协商机制 |
| 国家医疗保障局 | 2018/12/10 | 《国家医疗保障局办公室关于申报按疾病诊断相关分组付费国家试点的通知》 | 通过 DRG 付费试点城市深度参与，共同确定试点方案，探索推进路径，制定并完善全国基本统一的 DRG 付费政策、流程和技术标准规范 |
| | 2019/6/5 | 《国家医保局 财政部 国家卫生健康委 国家中医药局关于印发按疾病诊断相关分组付费国家试点城市名单的通知》 | 各试点城市在开展 DRG 试点的同时，要进一步完善医保总额预算管理制度，对不能采用 DRG 结算的病例，进一步推进依据大数据的按病种付费、按床日付费和按人头付费工作，建立多元复合医保支付体系 |
| | 2019/10/24 | 《关于印发疾病诊断相关分组（DRG）付费国家试点技术规范和分组方案的通知》 | 各试点城市应遵循《国家医疗保障 DRG 分组与付费技术规范》确定的 DRG 分组基本原理、适用范围、名词定义，以及数据要求、数据质控、标准化上传规范、分组策略与原则、权重和费率确定等要求开展有关工作 |

**2. 政策内容分析**

（1）坚持统分结合，开展按疾病诊断相关分组付费试点。

医保支付是基本医保管理和深化医改的重要环节，是调节医疗服务行为、引导医疗资源配置的重要杠杆。国办发〔2017〕55号文件要求开展按病种付费和DRG付费试点工作，2018年年底，国家医疗保障局办公室印发《关于申报按疾病诊断相关分组付费国家试点的通知》（医保办发〔2018〕23号），首次在国家层面推进落实DRG付费试点。2019年，四部门联合发文确定了30个国家试点城市。在具体实施上，国家医疗保障局设立技术指导组别，印发DRG付费国家试点技术规范和分组方案，同时要求各试点城市按照统一的分组操作指南，在不改变主要诊断分类和核心DRG分组的情况下，制定本地的细分DRG。

（2）进一步完善医保总额预算管理制度，建立多元复合医保支付体系。

在印发DRG试点城市清单的同时，医保发〔2019〕34号文件同时要求各试点城市进一步完善医保总额预算管理制度，对不能采用DRG结算的病例，进一步推进依据大数据的按病种付费、按床日付费和按人头付费工作，建立多元复合医保支付体系。

## （五）完善"两病"保障，减轻患者门诊用药负担

2019年，国务院第64次常务会议专门研究部署完善城乡居民高血压、糖尿病门诊用药保障机制有关工作，会后，国家医疗保障局、财政部、卫生健康委、国家药品监督管理局联合印发了《关于完善城乡居民高血压糖尿病门诊用药保障机制的指导意见》（医保发〔2019〕54号），对保障对象、用药范围和保障水平进行了明确。在医疗用药上，要求按最新版国家医保目录所列品种，优先选用目录甲类药品、国家基本药物、通过一致性评价的品种及集中招标采购中选药品。除对医疗机构用药进行要求外，也要求医保部门逐步完善支付标准，加强基金监管，推动三医联动。

## 三、政策对医药供应链产生的影响

### （一）慢性病用药价格仍将下降，基层医疗机构或成慢性病用药最大市场

一方面，第二批国家组织药品集中采购多为慢性病用药，随着集采常态化推进，

"两病"药品价格将进一步降低；另一方面，医保发〔2019〕54号文件明确"两病"患者以二级及以下定点基层医疗机构为依托，坚持预防为主、防治结合，落实基层医疗机构和全科医师责任，加强"两病"患者健康教育和健康管理，基层医疗机构未来或成慢性病用药最大市场，这也为医药物流企业的基层覆盖能力带来了新的机遇和挑战。

### （二）薪酬制度与支付方式改革联动推进，药价水分或将进一步降低

在国家层面已明确落实"两个允许"背景下，随着未来相关薪酬制度文件的出台和绩效评价体系的完善，DRG、按病种付费等医保支付方式将改变按服务收费的现状，医生多开药逐步变为"不划算"之举，部分原有价格虚高的药品将受到挤占，药品质量及疗效将在未来价格竞争中发挥主要作用。

### （三）高度关注癌症防治及罕见病诊疗，药品研发和医保准入开启新格局

随着慢性病用药及抗感染药物领域竞争趋于饱和，医保目录逐渐建立健全创新药、独家药谈判准入机制，加之国家层面对癌症和罕见病患者诊疗及保障的重视，未来抗肿瘤及罕见病用药将成为医疗行业关注重点之一，新形势下相关药品的研发及医保准入将开启创新药企业竞争新格局。

## 第三节 2019年医保重点政策及其影响

2018年3月，十三届全国人大一次会议表决通过了关于国务院机构改革方案的决定，组建中华人民共和国国家医疗保障局，将原来人力资源和社会保障部的城镇职工与城镇居民基本医疗保险、生育保险职责，原国家卫生和计划生育委员会的新型农村合作医疗职责，国家发展改革委的药品和医疗服务价格管理职责，民政部的医疗救助职责整合。国家医疗保障局内设待遇保障、医药服务管理、医药价格和招标采购、基金监管、规划财务和法规等业务司局，体现了国家医疗保障局的工作重点和方向。

在做好日常及年度医疗保险管理工作的基础上，2019年中国医保政策主要集中在

医保药品目录的管理、药品集中带量采购、DRG 医保支付方式收费的试点改革、医疗保障标准化和信息化建设、医疗服务与药品价格管理、加强医保基金监管等方面。现将政策及对医药供应链的影响梳理归纳如下。

## 一、医保药品目录的管理

### （一）抗癌药的谈判

**1. 省级专项集中采购**

2018 年 7 月 18 日，国家医疗保障局和卫生健康委联合印发《关于开展抗癌药省级专项集中采购工作的通知》，提出的工作目标是：实施以抗癌药为重点的重大疾病药品专项集中采购工作，通过集中带量采购，降低用药价格，在降税基础上进一步实现降价效应，满足群众用药需求。主要任务是：2018 年 8 月底前，各省份出台抗癌药省级专项集中采购实施方案；2018 年 9 月底前，全面启动专项采购工作；2018 年年底前，专项集中采购工作完成，挂网、采购、使用监测和终端售价等全部到位，患者受益。

**2. 国家专项谈判**

2018 年 8 月 17 日国家医疗保障局发布了《关于发布 2018 年抗癌药医保准入专项谈判药品范围的通告》，将 18 种抗癌药纳入谈判范围。2018 年 10 月 10 日国家医疗保障局印发了《关于将 17 种抗癌药纳入国家基本医疗保险、工伤保险和生育保险药品目录乙类范围的通知》。经过 3 个多月的谈判，17 种抗癌药纳入医保报销目录，大部分进口药品谈判后的支付标准低于周边国家或地区市场价格，极大减轻了我国肿瘤患者的用药负担。

本次纳入药品目录的 17 种抗癌药包括 12 种实体肿瘤药和 5 种血液肿瘤药，均为临床必需、疗效确切、参保人员需求迫切的肿瘤治疗药品，涉及非小细胞肺癌、肾癌、结直肠癌、黑色素瘤、淋巴瘤等多个癌种。

17 种谈判药品与平均零售价相比，平均降幅达 56.7%，大部分进口药品谈判后的支付标准平均低于周边国家或地区市场价格 36%。

2018 年 11 月 21 日，国家医疗保障局、人力资源和社会保障部、卫生健康委联合发出了《关于做好 17 种国家医保谈判抗癌药执行落实工作的通知》，要求各地高度重视谈判药品的落地工作、做好挂网采购和支付工作及完善相关管理政策。

## （二）医保目录调整

2019 年 4 月 17 日，国家医疗保障局公布《2019 年国家医保药品目录调整工作方案》，提出本次目录调整：以国家药品监督管理局批准上市的药品信息为基础，不接受企业申报或推荐，不收取评审费和其他各种费用；工作分为准备阶段（2019 年 1—3 月）、评审阶段（2019 年 4—7 月）、常规目录发布阶段（2019 年 7 月）、谈判阶段（2019 年 8—9 月）和发布谈判准入目录阶段（2019 年 9—10 月）。

2019 年 8 月 20 日，国家医疗保障局与人力资源和社会保障部发布了《国家基本医疗保险、工伤保险和生育保险药品目录》的通知，新目录采用常规准入和谈判准入两种方法。

（1）2019 版目录调整的常规准入部分比 2017 版目录新增了 148 个品种，包括新增重大疾病治疗用药 5 个、糖尿病等慢性病用药 36 个、儿童用药 38 个，将 74 个国家基本药物由乙类调整为甲类；调出了品种 150 个，包括 79 个临床价值不高、滥用明显、有更好替代的药品和 71 个被国家药监部门撤销文号的药品。同时，中药饮片的纳入由既往的排除法改为准入法；对抗生素、营养制剂、中药注射剂等类别的药品限定了支付范围，并对部分主要用于门诊治疗的药品限定门诊和个人账户支付；明确地方政府不得自行制定目录或用变通的方法增加目录内药品，也不得自行调整目录内药品的限定支付范围。

（2）对于临床价值高但价格昂贵或对基金影响较大的独家专利药品，确定 128 个药品纳入拟谈判准入范围，包括 109 个西药和 19 个中成药。这些药品的治疗领域主要涉及癌症、罕见病等重大疾病，丙肝、乙肝以及高血压、糖尿病等慢性病等。许多产品是近几年国家药品监督管理局批准的新药，亦包括国内重大创新药品。谈判按程序征求拟谈判药品企业意愿，组织企业按要求提供材料，由测算专家进行药物经济学和基金承受能力评估，确定谈判底线，由谈判专家与企业谈判。

对于 2017 年谈判准入的、协议将于 2019 年年底到期且尚无仿制药上市的 31 个药品的续约谈判，将与 128 个拟谈判药品的准入谈判同步进行。

2019 年 11 月 28 日，国家医疗保障局与人力资源和社会保障部发布了《关于将2019 年谈判药品纳入〈国家基本医疗保险、工伤保险和生育保险药品目录〉乙类范围的通知》，最后谈判成功 97 个药品，其中从 128 个纳入拟谈判准入范围的药品中新增 70 个；31 个续约谈判药品中，27 个续约成功，4 个续约未成功。

## 二、药品集中带量采购

### （一）"4+7" 城市国家药品集中带量采购试点

**1. 政策背景**

2018 年全球医药产业规模约 1.2 万亿美元，其中仿制药市场规模 3202 亿美元，占比 26.68%；美国、中国、日本的仿制药分别占本国医药产业规模的 21.4%、68.1% 和 16.5%，而处方量占比分别为 90%、79% 和 73%（注：中国的仿制药价格远远高于美国和日本，国外非专利药普遍存在的"专利悬崖"现象，而在中国就没有出现）。

有研究对以色列的梯瓦制药、美国的迈兰制药、中国的正大天晴和石药集团的 2018 年第三季度的仿制药盈利能力进行了分析，发现其毛利率分别为 45%、36%、80% 和 65%，销售费用率分别为 16%、22%、40% 和 35%（注：中国的仿制药毛利率和销售费用率均远远高于国外制药企业）。

**2. 主要内容**

2019 年 1 月 17 日，《国务院办公厅关于印发国家组织药品集中采购和使用试点方案的通知》发布，选择北京、天津、上海、重庆和沈阳、大连、厦门、广州、深圳、成都、西安 11 个城市（"4+7" 城市），对通过质量和疗效一致性评价的 31 个仿制药进行集中采购。具体方式为：入围生产企业在 3 家及以上的，采取招标采购的方式；入围生产企业为 2 家的，采取议价采购的方式；入围生产企业只有 1 家的，采取谈判采购的方式。

与既往的药品集中招标采购相比，本次采购的特点：①带量采购，以量换价。按照试点地区所有公立医疗机构年度药品总用量的 60%~70% 估算采购总量，进行带量采购；剩余用量，各公立医疗机构仍可采购省级药品集中采购的其他价格适宜的挂网品种。②招采合一，保证使用。试点地区公立医疗机构应优先使用集中采购品种，确保 1 年内完成合同用量。③保证回款，降低交易成本。严查医疗机构不按时结算药款问题，医保基金在总额预算的基础上，按不低于采购金额的 30% 提前预付给医疗机构，有条件的城市可试点医保直接结算。

**3. 集采结果**

在 31 个试点通用名药品中，有 25 个中选，成功率 81%，其中：通过一致性评价的仿制药 22 个，占 88%；原研药 3 个，占 12%；仿制药替代效应显现。与试点城市2017 年同种药品最低采购价相比，拟中选价平均降幅 52%，最高降幅 96%，降价效果明显。据《中国基金报》2018 年 12 月 8 日报道：医药中标价骤降 52%，超级黑天鹅夺走近 4000 亿元市值。

政府组织药品集中采购试点的目的是实现药价明显降低，减轻患者药费负担；降低企业交易成本，净化流通环境，改善行业生态；引导医疗机构规范用药，支持公立医院改革；探索完善药品集中采购机制和以市场为主导的药品价格形成机制。

**4. 后续政策**

2019 年 3 月 5 日，国家医疗保障局下发了《关于国家组织药品集中采购和使用试点医保配套措施的意见》，提出对试点地区的要求。

（1）在医保基金预算中明确国家组织药品集中采购和使用试点药品专项采购预算，医保经办机构在试点工作正式启动前，按照不低于专项采购预算的 30% 提前预付医疗机构，并要求医疗机构按合同规定与企业及时结算，鼓励医保经办或采购机构与企业直接结算或预付药款。

（2）做好医保支付标准与采购价的协同，非中选药品 2018 年年底价格为中选价格2 倍以上的，2019 年按原价格下调不低于 30% 为支付标准，并在 2020 年或 2021 年调整到以中选药品价格为支付标准；非中选药品 2018 年年底价格在中选价格和中选价格2 倍以内（含 2 倍）的，原则上以中选价格为支付标准；低于中选价格的，以实际价格为支付标准。同一通用名下未通过一致性评价的仿制药，不设置过渡期 2019 年支付标准不高于中选药品价格。

（3）完善医保支付方式，鼓励使用集中采购药品。

（4）建立医院集中采购考核机制，各试点地区医保部门按照"按月监测、年度考核"的方式监测定点医疗机构执行国家试点药品集中采购的情况。

## （二）"4＋7"城市国家药品集中带量采购扩围

2019 年 9 月 1 日，联盟地区药品集中采购文件正式下发，"4＋7"试点正式官宣扩围。此次联盟地区包括山西、内蒙古、辽宁、吉林、黑龙江、江苏、浙江、安徽、江西、山东、河南、湖北、湖南、广东、广西、海南、四川、贵州、云南、西藏、陕西、甘肃、青海、宁夏、新疆（含新疆生产建设兵团）25 个省、自治区，联盟地区 "4 + 7" 城市除外。2019 年 9 月 30 日，国家医疗保障局等九部门联合下发了《关于国家组织药品集中采购和使用试点扩大区域范围实施意见》。

"4 + 7" 城市药品集采扩围的特点：①25 个药品品种不变；②地区范围：11 个试点城市之外相关地区，以解决 "4 + 7" 带量采购后，出现的药品 "价格洼地"；③以省为单位形成联盟，委托联合采购办公室，开展跨区域联盟集中带量采购；④每个通用名药品由原来的单个企业中标改为 3 个企业中标；⑤协议期限为 1 ~ 3 年。

结果：①77 家企业参加，中标 45 家，中选产品 60 个，原 "4 + 7" 城市采购的 25 个药品中的 7 个品种 6 个厂家落选。②与联盟地区 2018 年最低采购价格相比，中选药品价格平均降幅为 59%；与 "4 + 7" 试点中选价格相比平均降幅为 25%，最高降幅为 78%，最低降幅为 0（与 "4 + 7" 中选价格一样，"4 + 7" 集采中最低降幅 28%）。

## （三）第二批国家药品集中招标采购

2020 年 1 月 16 日，国家医疗保障局、卫生健康委、药监局、工业和信息化部和中央军委后勤保障部联合印发《关于开展第二批国家组织药品集中采购和使用工作的通知》，提出：①第二批国家组织药品集中采购和使用工作不再选取部分地区开展试点，由全国各省份和新疆生产建设兵团组成采购联盟，联盟地区所有公立医疗机构和军队医疗机构全部参加，医保定点社会办医疗机构、医保定点零售药店可自愿参加。②国家统一组织，各省份和新疆生产建设兵团组成采购联盟，委托联合采购办公室作为集中采购平台负责组织实施。③联合采购办公室根据中选企业的数量按采购总需求的 50% ~ 80% 确定约定采购量，实施带量采购。④联盟集中采购产生结果后，即在全国范围同步实施。

第二批全国药品集中采购，于 2010 年 1 月 21 日公布结果，32 个药品顺利进入带量采购。根据米内网数据分析，第二批全国药品集中采购中，32 个中标药品价格与 2019 年全国最低中标/挂网价相比，平均降幅为 68.25%，最高降幅为 97.44%。这些带量采购药品在各地区加速挂网而惠及全国患者后，预计将为国家节约数百亿元的医保费用。除了节约医保费用，药品带量采购还被视为深化医改、推进医药产业供给侧改革的突破口。

## 三、推行 DRG 医保支付方式改革

2018 年 12 月 10 日，国家医疗保障局发布了《国家医疗保障局办公室关于申报按疾病诊断相关分组付费国家试点的通知》，提出：按照"顶层设计、模拟测试、实施运行"三步走的工作部署，通过 DRG 付费试点城市深度参与，共同确定试点方案，探索推进路径，制定并完善全国基本统一的 DRG 付费政策、流程和技术标准规范，形成可借鉴、可复制、可推广的试点成果；各省份可推荐 1～2 个城市（直辖市以全市为单位）作为国家试点候选城市。

2019 年 6 月 5 日，国家医疗保障局与有关部门发布了《按疾病诊断相关分组付费国家试点城市名单》，确定了 30 个城市作为 DRG 付费国家试点城市，要求确保 2020 年模拟运行，2021 年启动实际付费。具体任务：①各试点城市在统一使用国家制定的疾病诊断、手术操作、药品、医用耗材和医疗服务项目编码的基础上，完善医保付费信息系统；②在核心 DRG（A–DRG）的基础上，制定地方 DRG 分组体系和费率权重测算等技术标准；③统一 DRG 医保信息采集；④完善医保支付政策和经办管理流程，健全 DRG 支付体系；⑤指导参与 DRG 试点的医疗机构完善内部医疗管理制度，强化医疗行为、病案编码、服务质量等方面的监管，发挥医保支付的激励约束作用。

2019 年 10 月 24 日，国家医疗保障局发布了《关于印发疾病诊断相关分组（DRG）付费国家试点技术规范和分组方案的通知》，要求各试点城市：①要严格执行《国家医疗保障 DRG（CHS–DRG）分组方案》，确保 26 个主要诊断分类（MDC）和 376 个核心 DRG 分组（A–DRG）全国一致，并按照统一的分组操作指南，结合各地实际情况，制定本地的细分 DRG 分组（DRG）。②统一使用医保疾病诊断和手术操作、医疗服务项目、药品、医用耗材、医保结算清单 5 项信息业务编码标准，加快推进与 DRG 付费国家试点有关的信息系统改造工作，提高数据管理能力。③组建专家队伍，提供技术支撑。

## 四、医疗保障标准化和信息化建设

中国医疗保障制度建立运行 20 多年来，一直没有形成统一的标准化体系，难以适

应医疗保障治理现代化要求。

2019 年 6 月 27 日，国家医疗保障局印发了《医疗保障标准化工作指导意见》的通知，提出到 2020 年，在全国统一医疗保障信息系统建设基础上，逐步实现疾病诊断和手术操作等 15 项信息业务编码标准的落地使用。"十四五"期间，形成全国医疗保障标准清单，启动部分医疗保障标准的研究制定和试用完善。同时，发布了医保疾病诊断和手术操作、药品、医疗服务项目、医用耗材四项信息业务编码规则和方法。

同日，国家医疗保障局发布《关于开展医保药品、医用耗材产品信息维护的通知》，要求各药品、医用耗材企业登录国家医疗保障局官网，对产品信息进行数据维护，信息经审核通过后纳入国家医保信息业务编码标准数据库，供各地医疗保障部门使用。

2019 年 10 月 8 日，国家医疗保障局发布《关于印发医疗保障定点医疗机构等信息业务编码规则和方法的通知》，规定了定点医疗机构、医保医师、医保护士、定点零售药店、医保药师 5 项；医保系统单位和医保系统工作人员 2 项；医保门诊慢特病病种、医保按病种结算病种、医保日间手术病种 3 项；共 10 项信息业务的编码规则和方法，同时统一了医疗保障基金结算清单。至此，从国家层面上，完成了 15 项信息业务编码标准工作。

## 五、医疗服务与药品价格管理

医疗服务与药品价格管理一直是医保管理中重要的工作。国家医疗保障局成立以来的主要精力放在降低药品价格的工作上；医疗服务价格管理，一是往往多年调整一次，二是推行的单病种和 DRG 的按疾病诊断相关分组收费方式，相比按项目付费的医疗服务价格调整效果更好，因而医保局在医疗服务价格调整上没有做太多工作。多数省市区在 2017 年取消药品零加成、2019 年取消医用耗材零加成的改革中，对医疗服务项目进行了不同程度的调整。

2019 年 8 月 30 日，在"互联网＋"的大背景下，国家医疗保障局印发了《关于完善"互联网＋"医疗服务价格和医保支付政策的指导意见》，项目政策按医疗机构经营性质分类管理的原则，提出非营利性医疗机构依法合规按项目管理，未经批准的医疗服务价格项目不得向患者收费；营利性医疗机构开展的"互联网＋"医疗服务，可自行设立医疗服务价格项目。

在药品集中带量采购的大背景下，2019 年 12 月，国家医疗保障局印发了《关于做好当前药品价格管理工作的意见》的通知，重点提出以下三点。

第一，衔接完善现行药品价格政策，具体内容包括：①坚持市场调节药品价格的总体方向，麻醉药品和第一类精神药品实行政府指导价，其他药品实行市场调节价……使药品价格反映成本变化和市场供求；②发挥医保对药品价格的引导作用，深化药品集中带量采购制度改革，探索实施按通用名制定医保药品支付标准并动态调整，健全公开透明的医保药品目录准入谈判机制，强化对医保基金支付药品的价格监管和信息披露；③推进形成合理的药品差价比价关系，综合考虑临床效果、成本价值、技术水平等因素；④麻醉药品和第一类精神药品价格继续依法实行最高出厂（口岸）价格和最高零售价格管理。

第二，建立健全药品价格常态化监管机制，具体内容包括：①建立价格供应异常变动监测预警机制；②通过函询、约谈等手段加强日常管理；③完善药品价格成本调查工作机制；④探索建立守信激励和失信惩戒机制；⑤运用信息披露等手段强化社会监督。

第三，做好短缺药品保供稳价相关的价格招采工作。

## 六、加强医保基金监管

2018 年 8 月 24 日，卫生健康委、国家医疗保障局等 9 部门发布《关于印发 2018 年纠正医药购销领域和医疗服务中不正之风专项治理工作要点的通知》，从以下几方面提出纠风工作重点：规范药品耗材产销用行为，健全供应保障体系；加强医疗服务监管，规范医务人员行为；推进医药代表备案管理，构建回扣治理体系。

在媒体曝光有关机构骗取医保基金的大环境下，2018 年 11 月 28 日，国家医疗保障局发布了《关于当前加强医保协议管理确保基金安全有关工作的通知》。2018 年 12 月，国家医疗保障局与财政部发布了《欺诈骗取医疗保障基金行为举报奖励暂行办法》。

2019 年，国家医疗保障局于 2 月 26 日印发了《关于做好 2019 年医疗保障基金监管工作的通知》，6 月 6 日发布了《关于开展医保基金监管"两试点一示范"工作的通知》。

# 第四节　2019 年医药政策对医药物流企业的影响

医药行业对政策的依赖程度很高，药品合格、新药上市、药品采购、渠道销售等都与政策密切相关。近年来我国接连推出多项医药相关政策，如创新药物优先审批等，对医疗医药行业 IPO（首次公开募股）起到了推动作用，越来越多的医药企业拟加入 IPO。与此同时，如"两票制"改革也对医药流通行业产生了深远影响，直接影响医药公司销售模式以及营业收入。"带量采购"让竞争优势明显的龙头药企可利用此次改革契机获取更大的市场份额。医药法律政策带来的医药产业变革，对医药物流企业产生了巨大影响。

## 一、两票制和带量采购持续推行

"两票制"是指药品从药厂卖到一级经销商开一次发票，经销商卖到医院再开一次发票，以"两票"替代目前常见的"七票""八票"，减少流通环节，并且每种药品的一级经销商不得超过 2 个。2020 年"两票制"正在持续推进，虽然全国范围内暂缓在医疗器械领域推行"两票制"，但是局部省市在医疗器械领域推行"两票制"试点还在加快。"两票制"将促使当前药品流通格局发生重大改变，对于做临床产品分销业务的商业来说，中间多余的商业都将被压缩掉，包括过票商业和二级及以下商业。"两票制"促使医药供应链扁平化，去中心化，全行业渠道下沉，向终端客户聚焦。据相关统计，2019 年上半年，药品销售三大终端销售额为 9087 亿元，其中第二大终端零售药店的销售额占比为 23.1%。此外，开放网售处方药这部分市场，医药电商有望成为终端的"黑马"。

"4 + 7"带量采购及扩围当属医药行业的"重头戏"，医药企业进一步调整营销模式；价格传导效应持续显现，促使流通企业进行相应的战略调整。2019 年 9 月 24 日晚，上海阳光医药采购网发布《国家组织药品集中采购和使用试点全国扩围产生拟中选结果》，25 个"4 + 7"试点药品扩围采购全部成功。与"4 + 7"试点中选价格水平相比，平均降幅为 25%。集采扩围的名额与周期均发生变化。在新的规则下，集采名额由原本的 1 家扩展到 1～3 家；此外，中选企业为 3 家的品种，本轮采购周期原则上为两年，且视实际情况可延长一年。新规一方面避免出现"一家独大"的现象；另一方面，由于赛道逐渐拥挤，竞争趋于激烈，对于企业的成本控制能力提出了更高的要求，集采倒逼企业提升自主创新能力。集采扩围结果公布后，信立泰、京新药业出局，二级市场顿时反响剧烈，股民纷纷"用脚投票"。而 7 家外企中标的结果亦标志着外企在面对集采这块"超级蛋糕"时，不惜"壮士断腕"以保销量。而在仿制药价格不断冲破"地花板"，利润不断摊薄的大背景下，企业提升自主创新能力已成为唯一出路。有专家预测，仿制药（一致性评价品种）终究会被政策碾压致死，腾笼换鸟做创新药的时代已来临。

将带量采购和"两票制"结合起来，医药商业流通格局正在重构。产业集中度提高，大中型医药经营企业和医药物流企业面临更多的发展机遇。业界普遍认为，尽管药品流通寡头的形成已是必然趋势，但各地的区域龙头也颇具实力，未来将形成"若干家全国龙头＋X 个区域龙头"的全新格局。

## 二、新一轮医保谈判成功

2019 年 11 月 11 日，国家医疗保障局启动为期 3 日的新一轮医保药品的准入谈判。新医保目录分为常规准入和谈判准入，谈判准入主要是针对独家或受专利保护的高价药品。谈判成功的药品将会被纳入国家医保乙类目录。本次谈判大幅降低药品价格，医疗保障能力显著提升。谈成新增药品 70 个，价格平均降幅为 60.7%，多个"贵族药"开出"平民价"。其中，三款丙肝用药（择必达、丙通沙和夏帆宁）平均降价超85%，肿瘤、糖尿病等药品降幅达 65%。而对于企业而言，降价进医保绝不是"只谈奉献不求回报"，而是看中医保强大的"带货"效应。2017 年，罗氏的"三驾马车"（美罗华、赫赛汀、安维汀）纳入医保谈判体系。尽管价格降幅分别达 29%、65% 和62%，但是销量同比大幅提升，以量换价的模式最终带来实际销售额分别同比增长13%，48% 和74%。因此，对于企业而言，进入医保后最核心的顾虑在于激增的销量带来产能的跃升，加快建设产能高、效率好的生产线方是当务之急。

## 三、新《中华人民共和国药品管理法》颁布实施

新《中华人民共和国药品管理法》（以下简称新《药品管理法》）于 2019 年 12 月 1 日起正式实施，全面贯彻落实党中央有关药品安全"四个最严"的要求，明确了保护和促进公众健康的药品管理工作使命，确立了以人民健康为中心，坚持风险管理、全程管控、社会共治的基本原则，要求建立科学、严格的监督管理制度，全面提升药品质量，保障药品安全、有效、可及。

在新《药品管理法》中，最引人注目的莫过于优化药品审评审批流程与推进药品上市许可持有人制度。新《药品管理法》将默示许可制上升至法律层面，意味着自药品监督部门受理临床试验申请后 60 日，未给出否定或质疑意见即视为同意。这种"非否定即肯定"的审批方式大幅提升了临床审批效率，为企业开展创新创制争取了时间。药品上市许可持有人制度将上市许可与生产许可分离，降低新药研发门槛，促进医药行业专业化分工。药品上市许可持有人制度除落实了药品全生命周期的主体责任，还可以激发市场活力、鼓励创新、优化资源配置，使药品研发、生产和销售分离成为可能，更有利于实现市场各要素灵活流动，推动我国制药工业分工细化和产业链重构。总的来说，新《药品管理法》是我国新药研发的一盏明灯，为释放我国生物医药产业的创新活力增添了动能，助力制药企业的原始创新。

在新《药品管理法》中，设置了不少条款用于鼓励创新。对临床急需的短缺药品、防治重大传染病和罕见病等疾病的新药、儿童用药品优先审评审批；对治疗严重危及生命且尚无有效治疗手段的疾病以及公共卫生方面急需的药品，药物临床试验已有数据显示疗效并能预测其临床价值的，可附带条件批准，并在药品注册证书中载明相关事项。

这是《中华人民共和国药品管理法》自 1984 年制定以来进行的第二次全面修订。新《药品管理法》作为基本法，融合多年医药领域创新改革的成果，奠定了产业发展的基调，进一步健全了覆盖药品研制、生产、经营、使用全过程的制度。

## 四、取消 GMP、GSP 认证

在新《药品管理法》中，明确规定自 2019 年 12 月 1 日起，我国取消药品 GMP

（《生产质量管理规范》）、GSP（《药品经营质量管理规范》）认证，不再受理 GMP、GSP 申请，不再发放 GMP、GSP 证书。这意味着 GMP 和 GSP 在我国的旅程已画上完美的句号。而随着新《药品管理法》落地，GMP 与 GSP 认证落幕，GCP（《药物临床试验质量管理规范》）与 GLP（《药物非临床研究质量管理规范》）的取消也近在咫尺了。

简化行政审批，进行简政放权，极大地降低了医药生产和物流企业运营成本，有效激发医药产业活力，有利于药品安全与行业创新。

取消 GMP、GSP 认证和落实药品上市许可持有人制度是相互促进的。以往药品在申报前就和有 GMP 认证的药厂绑定了，认证的取消使药企可在申报新药后，再委托任何一个符合条件的药厂去加工生产，这对于鼓励药品的研发生产具有促进意义。

可以看到，GMP 与 GSP 认证取消后，未来会将药品生产许可和经营许可一并检查，且相关部门可随时对 GMP、GSP 的执行情况进行检查，对医药企业和医药物流企业的要求更严格了。

GMP、GSP 强制认证制度曾在淘汰重复低效产能方面作出重要贡献，是规范国内药企"小散乱"的利器。如今，GMP、GSP 取消认证，并不意味着放松监管，而是逐渐转型为动态的事中事后监管，对企业的监管力度反而更强。

国家加大了检查队伍建设力度。2019 年 7 月 18 日，国务院办公厅发布《国务院办公厅关于建立职业化专业化药品检查员队伍的意见》，文件显示，职业化专业化药品（含医疗器械、化妆品）检查员是指经药品监管部门认定，依法对管理相对人从事药品研制、生产等场所、活动进行合规确认和风险研判的人员，是加强药品监管、保障药品安全的重要支撑力量。

国家建立药品检查员队伍的目的在于构建起基本满足药品监管要求的职业化专业化药品检查员队伍体系，进一步完善以专职检查员为主体、兼职检查员为补充的职业化专业化药品检查员队伍，形成权责明确、协作顺畅、覆盖全面的药品监督检查工作体系。

今后监管部门将"随时对执行情况进行检查"，在此动态的飞检背景下，医药的生产、经营、物流将面临更为严格的监管，医药企业和医药物流企业更不能掉以轻心了。

## 五、建立健全药品追溯制度

新《药品管理法》第十二条提出，国家建立健全药品追溯制度。国务院药品监督管理部门应当制定统一的药品追溯标准和规范，推进药品追溯信息互通互享，实现药品可追溯。第三十六条与第三十九条再次规定，药品上市许可持有人、药品生产企业（包括中药饮片生产企业）、药品经营企业和医疗机构应当建立并实施药品追溯制度，按照规定提供追溯信息，保证药品可追溯。

新法将实现"药品可追溯"写入法律，并且用三条反复强调。而利用电子化管理系统记录药品生产、购销、存储是现行药品生产、经营质量管理规范的强制性要求。新法更是用第五十七条规定，药品经营企业购销药品，应当有真实、完整的购销记录。购销记录应当注明药品的通用名称、剂型、规格、产品批号、有效期、上市许可持有人、生产企业、购销单位、购销数量、购销价格、购销日期及国务院药品监督管理部门规定的其他内容。因此可以得出结论，医药全行业实施电子化管理的时代即将到来，购销任何一环节的弄虚作假，包括虚开数量、金额与实际不一致的发票，都将暴露无遗。

在现阶段，由于全行业的数据联通尚未实现，因此出现了部分医药经销企业篡改电子进销存系统数据，制造销售假象，虚开增值税专用发票牟利的现象，对医药行业的健康发展产生不良影响。新法实施后，全行业正在利用电子系统建立药品可追溯联通机制，加之医药行业"两票制"的作用，企业在电子数据上篡改、造假的行为将显而易见。可以说，电子化管理系统或成为税务机关查处虚开发票的突破口。

医药企业和医药物流企业应当建立、完善进销存电子管理系统定期检查机制，确保软件运行正常，账号专人专用，相互制约监督，防止人为篡改。同时，在有条件的情况下，定期对仓库进行盘点，核查库存与系统数据是否保持一致，若存在误差，及时排除以做到账实相符。

医药企业和医药物流企业还应当完善合同审查机制。在药品购销以及药材采购方面，完善合同的内部审批流程，确保签章真实、条款有效。对企业付款使用对公账户，对私人现金付款注意留存相关信息。在营销服务合同方面，关注对服务提供商的选择与考核条款，明确服务内容、流程、期限、费用、成果、考核等要素，留存《服务清单》《阶段服务报告》《验收考核单》等资料备查。

## 六、首部《中华人民共和国疫苗管理法》颁布实施

《中华人民共和国疫苗管理法》（以下简称《疫苗管理法》）是为了加强疫苗管理，

保证疫苗质量和供应，规范预防接种，促进疫苗行业发展，保障公众健康，维护公共卫生安全而制定的法律。2019 年 6 月 29 日，第十三届全国人大常委会第十一次会议表决通过了《中华人民共和国疫苗管理法》，于 2019 年 12 月 1 日开始施行。

作为我国首部疫苗管理领域的专门立法，《疫苗管理法》坚持以"最严谨的标准、最严格的监管、最严厉的处罚、最严肃的问责"的"四个最严"为立法宗旨，全面强化了对疫苗的监管，落实了主体责任。

疫苗研制过程中的生物安全控制和菌毒株、细胞株等管理要求被强调，对疫苗临床试验也作出了特别的管理规定，对受试者的选择要求审慎，疫苗临床试验也提出了具体要求，应当由三级以上医疗机构或者是省级以上的疾控机构来组织实施。

严格的企业生产准入管理。从事疫苗的生产活动，除了要符合药品管理法的一般要求之外，还应该符合行业的发展规划和产业政策，要具备适度规模和产能储备，也要具备保证生物安全的制度和设施。生产企业的法定代表人、主要负责人应该具有良好的信用记录，其他关键岗位的人员也应该具备相应的专业背景、从业经验。

疫苗作为一种特殊的药品，又属于国家战略性、公益性产品。《疫苗管理法》要求药品监管部门和卫生行政部门建立信息共享机制，实行疫苗安全信息统一公布制度；建设国家和省两级职业化、专业化检查员队伍；强化对监管部门和地方政府的责任追究。

《疫苗管理法》在新《药品管理法》的基础上，对生产销售假疫苗、劣质疫苗提高了罚款限额，明确处罚到人，对违法者给予严厉的资格罚、财产罚和自由罚。

《疫苗管理法》对冷链物流提出了更高的要求，促使疫苗物流配送更加规范。

## 七、DRG 支付取得突破

2019 年 10 月 24 日，国家医疗保障局发布《关于印发疾病诊断相关分组（DRG）付费国家试点技术规范和分组方案的通知》。与此同时，《国家医疗保障 DRG 分组与付费技术规范》（以下简称《技术规范》）和《国家医疗保障 DRG（CHS - DRG）分组方案》（以下简称《分组方案》）正式发布。《技术规范》和《分组方案》是在国家统一指导下制定的权威、专业性文件，形成了国家医保 DRG（CHS - DRG）的基本遵循规范。在国家医疗保障局召开的解读会上，国家医疗保障局医药服务管理司司长熊先军表示，此举目的就是要打造试点"一盘棋"，精准"本地化"，具体付费符合各地实际，使 CHS‒DRG 成为国家医保领域的"通用语言"。

DRG 促进了精准用药、科学用药，将对药品和医疗器械的配送方向、规模提出新的要求。

我国医药产业正处于高速发展阶段，新冠肺炎疫情、人口老龄化等都在推动医药行业的发展。因此，国内制药企业须不断增强自主创新能力，提升企业核心竞争力。医药物流事关全民用药保障及安全，2019 年医药物流行业整体发展相对可观，市场规模持续增长。2019 年医药物流费用总额为 680 亿元左右。医药温控市场潜力巨大，值得关注。医药物流企业面临发展机遇，需要顺应医药产业发展趋势，及时调整企业自身结构，提高技术标准。

# 第二章

# 市场为镜，把握方向

# 第一节　2019 年我国医药工业发展现状分析

## 一、医药制造企业整体发展平稳，但收入和利润增长受到挑战

根据工业和信息化部统计，截至 2019 年年底，我国共有在册医药制造企业 8745 家，其中化学药品原料药制造企业 1236 家，化学药品制剂制造企业 1108 家，中药饮片加工企业 1264 家，中成药生产企业 1580 家，生物药品制造企业 853 家，卫生材料及医药用品制造企业 892 家，医疗仪器设备及机械制造企业 1688 家。

根据国家统计局和工业和信息化部公布的数据，2019 年我国规模以上医药制造企业实现主营业务收入 26147.4 亿元，按照可比因素计算同比增长 8.0%，增速较上年下降 4.6 个百分点。实现销售利润 3457.0 亿元，按照可比口径计算同比增长 7.0%，增速较上年下降 2.5 个百分点（见图 2-1）。

从细分领域来看，化学药品制剂制造依然是增长最快的领域，2019 年全年实现主营业务收入 8576.1 亿元，同比增长 11.5%，带动了整个行业的增长。化学药品制剂制造、生物药品制造、制药专用设备制造和医疗仪器设备及器械制造领域主营业务收入增长率超过两位数，分别达到 11.5%、10.3%、12.6% 和 11.6%。中药饮片加工行业领域受到较大挑战，全年实现主营业务收入 1932.5 亿元，较 2018 年下降 4.5%，是所有子行业中唯一出现同比下降的领域，具体如表 2-1 所示。

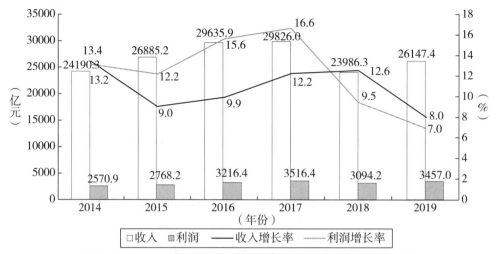

图 2-1 2014—2019 年我国规模以上医药制造企业收入增长情况

资料来源：国家统计局、工业和信息化部，中物联医药物流分会整理。

注：根据国家统计局说明，规模以上工业企业利润总额、主营业务收入等指标的增速均按可比口径计算。报告期数据与上年所公布的同指标数据之间有不可比因素，不能直接相比计算增速。其主要原因是：①根据统计制度，每年定期对规模以上工业企业调查范围进行调整。每年有部分企业达到规模标准纳入调查范围，也有部分企业因规模变小而退出调查范围，还有新建投产企业，破产、注（吊）销企业等变化。②加强统计执法，对统计执法检查中发现的不符合规模以上工业统计要求的企业进行了清理，对相关基数依规进行了修正。③加强数据质量管理，剔除跨地区、跨行业重复统计数据。根据国家统计局最新开展的企业组织结构调查情况，2017 年第四季度开始，对企业集团（公司）跨地区、跨行业重复计算进行了剔重。④"营改增"政策实施后，服务业企业改交增值税且税率较低，工业企业逐将将内部非工业生产经营活动剥离，转向服务业，使工业企业财务数据有所减小。以下关于主营业务收入计算如无特殊说明，均依据本注释。

表 2-1　　　　2019 年我国规模以上医药制造企业主营业务收入完成情况

| 行业 | 主营业务收入（亿元） | 同比增长（%） | 比重（%） |
|---|---|---|---|
| 全国合计 | 26147.4 | 8.0 | 100 |
| 化学原料药制造 | 3803.7 | 5.0 | 14.5 |
| 化学药品制剂制造 | 8576.1 | 11.5 | 32.8 |
| 中药饮片加工 | 1932.5 | -4.5 | 7.4 |
| 中成药生产 | 4587.0 | 7.5 | 17.5 |
| 生物药品制造 | 2479.2 | 10.3 | 9.5 |
| 卫生材料及医药用品制造 | 1781.4 | 5.3 | 6.8 |
| 制药专用设备制造 | 172.7 | 12.6 | 0.7 |
| 医疗仪器设备及器械制造 | 2814.8 | 11.6 | 10.8 |

资料来源：国家统计局、工业和信息化部。

2019 年，规模以上医药制造企业实现利润总额 3457.0 亿元，同比增长 7.0%，增速较上年同期下降 2.5 个百分点。细分领域方面，化学药品制剂制造、生物药品制造、卫生材料及医药用品制造、制药专用设备制造和医疗仪器设备及器械制造利润同比增长率均超过两位数，分别达到 14.6%、14.0%、10.0%、55.7% 和 13.3%。中药饮片加工和中成药生产利润出现下降，降幅分别为 25.5% 和 1.8%，具体如表 2-2 所示。

表 2-2　　　　　　　2019 年我国规模以上医药制造企业利润完成情况

| 行业 | 利润（亿元） | 同比增长（%） | 比重（%） |
|---|---|---|---|
| 全国合计 | 3457.0 | 7.0 | 100 |
| 化学原料药制造 | 449.2 | 4.1 | 13.0 |
| 化学药品制剂制造 | 1172.7 | 14.6 | 33.9 |
| 中药饮片加工 | 162.8 | -25.5 | 4.7 |
| 中成药生产 | 593.2 | -1.8 | 17.2 |
| 生物药品制造 | 485.4 | 14.0 | 14.0 |
| 卫生材料及医药用品制造 | 184.0 | 10.0 | 5.3 |
| 制药专用设备制造 | 5.2 | 55.7 | 0.2 |
| 医疗仪器设备及器械制造 | 404.4 | 13.3 | 11.7 |

资料来源：国家统计局、工业和信息化部。

同时，我国药品出口稳步增长。以人民币计算，2019 年我国药品出口交货值达到 2117 亿元，同比增长达到 7.0%，其中化学原料药制造仍然是占据出口份额最多的领域，占比达到 33.9%，如表 2-3 所示。

表 2-3　　　　　　　　　　2019 年我国药品出口交货值

| 行业 | 出口交货值（亿元） | 同比增长（%） | 比重（%） |
|---|---|---|---|
| 全国合计 | 2117 | 7.0 | 100.0 |
| 化学原料药制造 | 717.7 | 4.5 | 33.9 |
| 化学药品制剂制造 | 201.5 | 4.6 | 9.5 |
| 中药饮片加工 | 27.9 | -6.9 | 1.3 |
| 中成药生产 | 44.7 | 7.0 | 2.1 |
| 生物药品制造 | 205.6 | 11.1 | 9.7 |
| 卫生材料及医药用品制造 | 178.4 | 1.2 | 8.4 |
| 制药专用设备制造 | 17.0 | -2.6 | 0.8 |
| 医疗仪器设备及器械制造 | 724.2 | 11.7 | 34.2 |

资料来源：国家统计局、工业和信息化部。

"两票制"相关工作基本完成。医药行业增速放缓受多方面因素的影响，包括中国整体经济增速放缓、带量采购持续拓展等。其中，"两票制"实施后，医药企业低开变高开带来的销售收入增加影响逐渐消失也是一个重要的原因。这说明，中国医药企业已经逐步适应"两票制"以后的市场环境，工业企业增长情况逐步与企业真实业务情况匹配。"两票制"实施以来，为药品流通领域带来多方面挑战。首先，医药生产企业需要面对经销商数量增加的新局面。有些企业所面对的经销商数量增加到原来的三倍，随之而来的是企业对于整个供应链、物流、财务、质量、法规等方面的管理复杂度直接上升，成本也会大大提高。随着经销商数量的增加，回款和管理的难度明显提高。其次，医药企业需要面对渠道下沉的局面。渠道下沉意味着订单处理人员增多，物流运输成本也随之提高，这对医药企业客户管理能力提出挑战，需要企业利用自身的信息系统来进行优化。

"一票制"已经箭在弦上。2019 年 11 月，国务院下发的《关于进一步推广福建省和三明市深化医药卫生体制改革经验的通知》指出，2020 年按照国家统一部署，扩大国家组织集中采购和使用药品品种范围。综合医改试点省份要率先推进由医保经办机构直接与药品生产或流通企业结算货款，其他省份要积极探索。2020 年 3 月 5 日中共中央、国务院发布的《关于深化医疗保障制度改革的意见》中再一次确认未来医保基金的货款结算方式：推进医保基金与医药企业直接结算。这意味着医药行业一直关心的"一票制"已经开始逐步推出。区别于"两票制"的付费方为医疗机构，当前"一票制"主要是医药企业与医保经办机构的结算。这意味着相关企业的药品将更多通过"国家医保谈判""带量采购"等方式进入医院，势必对未来医药产品营销格局带来巨大变化。未来，医药企业营销的主要方向将转变为临床专项政府事务、招标谈判等，因此产品质量、成本、生产和运输效率等才是医药企业真正能在"一票制"当中胜出的关键。

## 二、药品进出口强势反弹

2019 年，在全球经济增长乏力、经贸格局深度调整、各国政策不确定性因素增加等种种艰难环境中，中国医药外贸强势反弹，进出口额均创历史新高。2019 年，我国医药保健品进出口总额 1457 亿美元，同比增长 26.9%。其中，出口 738 亿美元，同比

增长 14.6%；进口 719 亿美元，同比增长 42.5%；对外贸易顺差超过 19 亿美元，下降
85.9%。具体如图 2-2 和图 2-3 所示。

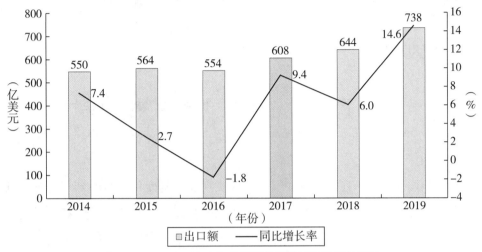

**图 2-2　2014—2019 年我国医药保健品出口增长情况**

资料来源：海关总署、中国医药保健品进出口商会。

**图 2-3　2014—2019 年我国医药保健品进口增长情况**

资料来源：海关总署、中国医药保健品进出口商会。

出口方面，原料药仍然是出口的主要品类，受到印度原料药需求增加等因素的影
响，我国原料药出口 337 亿美元，同比增长 12.1%。此外，医疗器械和诊断设备出口
同比增长率均超过 20%，带动了整体医药保健品出口的增长。进口方面，在经历了
2018 年西药类产品进口价格大幅下降导致全年进口负增长后，2019 年我国医药保健品

进口迅速反弹。其中，西药类产品表现最佳，同比增长 62.6%，占比 59.7%。这主要是由于创新药在中国上市数量快速增长，同时国家医保谈判等因素促进创新药在临床应用规模逐渐扩大。

## 三、药品质量水平与保障能力稳步提升

仿制药一致性评价工作逐渐成熟。2019 年，仿制药质量和疗效一致性评价进展加快。全年共有 544 个品规通过（或视同通过）一致性评价，涉及 206 个品种，较上年年底增加近两倍。

基本医保的保障水平稳步提升，国家医保谈判逐渐制度化。2019 年《国家基本医疗保险、工伤保险和生育保险药品目录》共收录药品 2709 个，调入药品 218 个，调出药品 154 个，净增 64 个。新版目录结构优化，优先考虑国家基本药物、癌症及罕见病等重大疾病治疗用药、慢性病用药、儿童用药、急救抢救用药等新药需求，减轻了参保人员负担，提升了患者临床用药可及性和获得感。同时，通过准入谈判，纳入 97 个国产重大创新药品和进口新药并确定了支付标准，新增的 70 个药品价格平均下降 60.7%。

短缺药保供能力得到增强。国务院办公厅发布《关于进一步做好短缺药品保供稳价工作的意见》，明确加强市场监测、规范用药管理、完善采购机制、加大价格监管和健全多层次供应体系等措施，保障短缺药稳定供应。工业和信息化部等联合认定了第二批小品种药（短缺药）集中生产基地建设单位 3 个，总数达到 6 个。针对重大疾病治疗用药、罕见病用药、儿童用药等短缺药，以及应对突发公共卫生事件的特需药物的保供能力进一步增强。

药品出口质量进一步提升。随着我国医药产品质量提高，逐渐获得国际认可，我国出口医药产品水平呈现不断提高的趋势。近年来，我国获批美国 ANDA（简略新药申请）的药品数量实现突破式增长，2019 年达到 92 个，依然保持高速增长，说明我国药品制剂竞争力正在逐年提高，具体如图 2-4 所示。

一致性评价等工作的开展，将中国药品的质量拉到"同一起跑线"，过去在质量差异下通过营销等手段推动药品销售增长的现象将会逐渐减少，患者为质量选择付款的情况将会逐渐增多。同时，在带量采购等战略性购买推动下，便宜的好药将会更多出

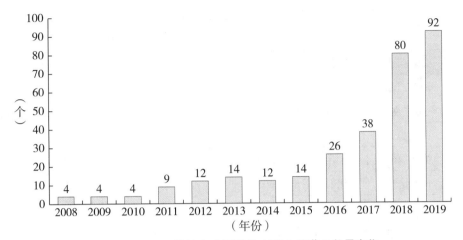

**图 2 - 4　2008—2019 年中国获批 ANDA 的药品数量变化**

资料来源：药智网、米内网，中物联医药物流分会整理。

现在患者面前。医药企业若想持续发展，必须走生产集约化、产品高质量、营销学术化的道路。这种趋势也将进一步推动中国医药行业集中度的提高。在这种趋势下，传统医药制造企业将更倾向于与高效低价的专业化物流公司合作，从而进一步增加药品竞争力。

## 四、药品研发水平和能力快速提升

经过多年改革，我国药品研发基础扎实，重大创新成果加速产业化。2019 年，国家药品监督管理局（NMPA）批准了 14 个国产新药，包括化学药 7 个，生物药 PD - 1 抗体 2 个，生物制品疫苗 3 个，6.1 类中药 2 个（见表 2 - 4）；其中，第一类新药 10 个。创新价值瞩目的新药有聚乙二醇洛塞那肽注射液、本维莫德乳膏、甘露特钠胶囊（有条件批准）、甲磺酸氟马替尼片、注射用甲苯磺酸瑞马唑仑、甲苯磺酸尼拉帕利胶囊（附条件批准）、13 价肺炎球菌多糖结合疫苗、双价人乳头瘤病毒疫苗等。同时，16 个临床急需境外新药和一批首仿药快速上市，国产重磅首仿药包括全球年销售额排前 10 的利妥昔单抗注射液、阿达木单抗注射液和贝伐珠单抗注射液 3 个生物类似药（见表2 - 5）以及阿哌沙班化学首仿药等。

表 2 - 4 　　　　　　　　**2019 年 NMPA 批准上市的新药**

| 排名 | 企业 | 通用名 | 适应证或用途 | 备注 |
|---|---|---|---|---|
| 1 | 豪森药业 | 聚乙二醇洛塞那肽注射液 | 糖尿病 | 化学药 |
| 2 | 豪森药业 | 甲磺酸氟马替尼片 | 白血病 | 化学药 |
| 3 | 金迪克 | 四价流感病毒裂解疫苗 | 预防疫苗 | 生物制品疫苗 |
| 4 | 中昊药业 | 本维莫德乳膏 | 银屑病 | 化学药 |
| 5 | 恒瑞医药 | 注射用卡瑞利珠单抗 | 淋巴瘤 | 生物药 PD - 1 抗体 |
| 6 | 恒瑞医药 | 注射用甲苯磺酸瑞马唑仑 | 胃镜检查镇静剂 | 化学药 |
| 7 | 同联制药 | 可利霉素片 | 抗生素 | 化学药 |
| 8 | 绿谷制药 | 甘露特钠胶囊 | 阿尔茨海默病 | 化学药 |
| 9 | 再鼎医药 | 甲苯磺酸尼拉帕利胶囊 | 抗肿瘤 | 化学药 |
| 10 | 百济神州 | 替雷利珠单抗注射液 | 淋巴瘤 | 生物药 PD - 1 抗体 |
| 11 | 万泰沧海 | 双价人乳头瘤病毒疫苗 | 宫颈癌疫苗 | 生物制品疫苗 |
| 12 | 沃森生物 | 13 价肺炎球菌多糖结合疫苗 | 预防疫苗 | 生物制品疫苗 |
| 13 | 天士力 | 芍麻止痉颗粒 | 抽动障碍 | 6.1 类中药 |
| 14 | 方盛制药 | 小儿荆杏止咳颗粒 | 儿科止咳用药 | 6.1 类中药 |

表 2 - 5 　　　　　**2019 年 NMPA 批准上市的国产首仿药（生物类似药）**

| 排名 | 企业 | 通用名 | 适应证 |
|---|---|---|---|
| 1 | 复宏汉霖 | 利妥昔单抗注射液 | 淋巴瘤 |
| 2 | 百奥泰 | 阿达木单抗注射液 | 类风湿关节炎、强直性脊柱炎 |
| 3 | 齐鲁制药 | 贝伐珠单抗注射液 | 结直肠癌 |

另外，新药国际化取得突破。国产新药在境外开展临床研究和上市申报增多。百济神州的泽布替尼、石药集团的马来酸左旋氨氯地平片 2 个新药上市申请（NDA）获得美国 FDA（食品药品监督管理局）批准。其中，百济神州自主研发的治疗淋巴瘤的 BTK 抑制剂泽布替尼（zanubrutinib）获批 FDA 加速上市，实现了国产创新药境外注册"零突破"。

随着创新环境的逐渐改善，我国医药行业积累起来的资本基础和人才技术基础将会进一步推动中国医药创新成果的涌现。预计未来 3 ~ 5 年，中国医药创新成果将会集中出现，使未来十年中国出现具有国际竞争力的本土制药企业。与传统化学药相比，近年来新研发的创新药中生物药占据较大比例，这类药品对于流通环节的环境和技术要求较高，对于追溯的要求也相应提高。因此，医药物流企业面对创新医药产品应着重提升冷链运输能力和基于新技术的产品追溯能力。

## 五、热点医药细分领域发展情况

### （一）中成药发展遇到挑战

#### 1. 中成药

在中成药审批趋严、医保控费等背景下，2014年以来中成药企业收入及增速整体下滑，如图2-5所示。2019年我国规模以上中成药制药企业实现总营业收入4587.0亿元，按可比口径计算同比增长7.5%，连续五年增速低于10%。实现利润总额593.2亿元，首次出现了利润下滑。按可比口径计算，同比下降1.8%。

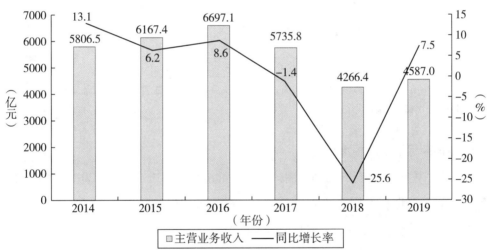

**图2-5 2014—2019年我国规模以上中成药制药企业主营业务收入及增长率**

资料来源：国家统计局，中物联医药物流分会整理。

中药注射剂使用限制对中成药行业影响巨大。2009年的医保目录中，中药注射剂被限于二级以上医院使用的产品有6个，2017年的新版医保目录对中药注射剂使用进行了进一步严格的限制，将20个中药注射剂品种的适用范围调整至限二级以上医疗机构使用。2019年7月1日，国家重点监控药品目录出台，其中虽然没有包括中成药产品，但是规定西医医师未经过培训不能开中药对于中成药销售影响巨大。

### 2. 中药饮片

2019 年，中药饮片行业发展迎来巨大挑战。如图 2-6 所示，2019 年，规模以上中药饮片加工行业实现主营业务收入 1932.4 亿元，按照可比口径同比下降 4.5%，实现利润总额 126.8 亿元，按照可比口径同比下降 25.5%。中药饮片行业收入下降除了受到行业的整体影响以外，也受到部分企业财务数据调整的影响。

图 2-6 2014—2019 年我国规模以上中药饮片加工行业主营业务收入及增长率

资料来源：国家统计局。

### 3. 中医药促进政策相继出台

2019 年一些对中成药有推动作用的政策相继出台。2019 年 10 月 20 日，中共中央、国务院发布《中共中央 国务院关于促进中医药传承创新发展的意见》提出六大任务：健全中医药服务体系；发挥中医药在维护和促进人民健康中的独特作用；大力推动中药质量提升和产业高质量发展；加强中医药人才队伍建设；促进中医药传承与开放创新发展；改革完善中医药管理体制机制。2019 年 12 月 16 日，国家中医药管理局发布《关于印发〈中共中央 国务院关于促进中医药传承创新发展的通知〉重点任务分工方案的通知》，主要内容包括：分批遴选中医优势明显、治疗路径清晰、费用明确的病种实施按病种付费，合理确定付费标准；研究取消中药饮片加成相关工作；大力发展中医诊所、门诊部和特色专科医院，鼓励连锁经营；彰显中医药治疗优势，加快中医药循证医学中心建设，用 3 年左右时间，筛选 50 个中医治疗优势病种和 100 项适宜技术、100 个疗效独特的中药品种，及时向社会发布；加强中药材质量控制，规划道地药材基地建设，引导资源要素向道地产区汇集，推进规模化、规范化种植；促进中药饮片和中成药质量提升，加强中成药质量控制，促进现代信息技术在中药生产中的应用，提高智能制造水平；《国家基本药物目录》和《国家基本医疗保险药品目录》的发布对于中药经典名方、罕见病药物起到了积极的引导作用，但具体实施仍然需要规范和探索。一系列纲领性文件和具体落地措施的出台表明，国家对于中医药的重视程度仍然很高，企业须抓住机会提升发展质量和技术水平。

## （二）疫苗生产流通增长缓慢，监管逐渐规范

### 1. 疫苗生产流通增长缓慢

我国疫苗市场由第一类疫苗（免疫规划）和第二类疫苗（自费）两部分构成。第一类疫苗，是指政府免费向公民提供，公民应当依照政府的规定受种的疫苗，包括国家免疫规划确定的疫苗，省、自治区、直辖市人民政府在执行国家免疫规划时增加的疫苗，以及县级以上人民政府或者其卫生主管部门组织的应急接种或者群体性预防接种所使用的疫苗。第二类疫苗，是指由公民自费并且自愿受种的其他疫苗。如甲肝疫苗、HIb（侵袭性 b 型流感嗜血杆菌）疫苗、流感疫苗、狂犬病疫苗和人类乳突病毒疫苗等。第一类疫苗由国家定点计划生产，国家财政统一拨款，集中招标采购，采购数量随出生人数浮动，价格低廉，利润较低。第二类疫苗由消费者自愿选择，自费接种，该类疫苗价格相对较高，利润较高。20 世纪 90 年代以安万特·巴斯德为代表的跨国制药企业携带其高品质的疫苗进入我国，开辟了我国第二类疫苗市场。自第二类疫苗市场开辟以来，其市场规模迅速扩张。尽管目前自愿接种第二类疫苗的需求量还远低于免疫规划用的第一类疫苗，但随着公众对预防的关注提升，第二类疫苗市场将快速发展。

如图 2-7 所示，疫苗的生产，尤其是第一类疫苗的生产受新生儿数量的影响较大，随着我国人口出生率不断下降，疫苗接种量也在下降。2016 年后，受到全面放开二胎政策影响，疫苗接种有过短暂增长，但随后又出现下降。2016 年我国出生人口达到 1786 万人，人口增长小高潮带来 2017 年疫苗批签发数量的增加。然而，2017—2019 年中国出生人口数量连续三年下降。据国家统计局发布的数据显示，2019 年我国新增人口 1465 万人，比 2016 年减少 321 万人，受此影响，2019 年，我国全年疫苗批签发数量约为 5.6 亿人份。

另外，频发的安全质量事件对疫苗领域产生了极大的影响。2016 年，受到"山东疫苗事件"的影响，第二类疫苗当年批签发量同比下降 37.1% 至 1.34 亿人份。2019 年 7 月的"长春长生疫苗事件"对于疫苗生产产生更大的影响，造成 2018 年 1—10 月，狂犬疫苗批签发数量较上年同期下降 3.2% 至 6016.04 万人份。

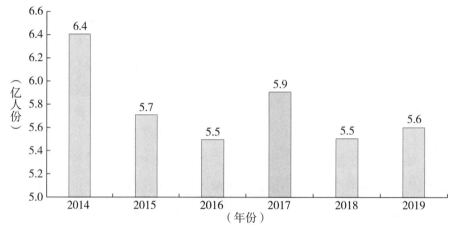

图 2 - 7　2014—2019 年我国疫苗批签发数量情况

资料来源：中国食品药品检定研究院，中物联医药物流分会整理。

### 2. 疫苗监管逐渐规范

我国疫苗监管将进一步严格规范。2019 年 12 月 1 日，新《疫苗管理法》实施，从疫苗研制和上市许可、疫苗生产和批签发、疫苗流通、上市后研究和管理等十一个方面对疫苗监管提出具体要求。新《疫苗管理法》中明确疫苗实行上市许可持有人制度。上市许可持有人依法对疫苗研制、生产、流通的安全、有效和质量可控负责。同时，国家实行疫苗全程信息化追溯制度。疫苗上市许可持有人应当建立疫苗信息化追溯系统，实现疫苗最小包装单位的生产、储存、运输、使用长期全过程可追溯、可核查。对疫苗管理单独立法，不仅体现出疫苗作为国家战略性、公益性产品的特点，还体现了对疫苗管理不同于一般药品管理的特殊性，解决了目前有关疫苗的规定分散在多部法律法规中的问题。在新的法规中，关于疫苗的研制、生产、流通、预防接种等形成全链条、全要素、全生命周期监管体系。

# 第二节　2019 年我国医药商业现状分析

## 一、医药流通市场销售规模平稳增长

根据国家药品监督管理局《2018 年度药品监管统计年报》数据显示，截至 2018 年 11 月底，全国共有《药品经营许可证》持证的企业约 50.8 万家，其中批发企业 1.4 万家；零售连锁企业 5671 家，零售连锁企业门店 25.5 万家；零售药店 23.4 万家。

经中物联医药物流分会推算，2019 年全国医药销售规模为 23105.65 亿元，较 2018 年增长 7.04%，同比增长率回落 0.66 个百分点，整体保持平稳增长态势（见图 2 - 8）。受"两票制"等医改政策的影响，从 2018 年开始，全国医药销售规模增速开始放缓。2019 年药品集中带量采购持续扩围扩面，且药品价格空前下降，虽然集采品种不多，但对医药市场整体的影响不容忽略。

图 2 - 8　2015—2019 年我国医药流通市场规模

## 二、行业集中度持续提高

"两票制"实施以来，医药流通行业进入整合期，虽然每年药品经营企业数量在不断增加，但是行业头部企业市场集中度仍保持提高的趋势。2019 年，4 大全国医药商业企业主营业务收入占全国医药流通市场销售总额的 38.81%，较 2018 年提高 1.21 个百分点。4 大企业依托完善的物流网络体系和企业内部强大的供应链管理体系，2019 年主营业务收入平均业务增长率为 16.88%，远高于行业整体增长率，头部优势明显。随着药品带量采购的不断推进，行业集中度将会大幅度提升。

零售药店连锁率持续提高。受药品集采等政策的影响，根据《2019—2020 年度中国药店发展报告》显示，全国药店总数将从 2018 年度的 489000 家缩减至 2019 年度的 479780 家，净减少 9220 家，降幅为 1.89%，改写了零售药店总数一直以来持续增长的历史。虽然零售药店数量有所减少，但是 2019 年全国市场的零售连锁率约为 55.74%，远高于 2017 年的 50.44% 和 2018 年的 52.15%，零售药店连锁化经营已成为必然发展趋势。

## 三、医药商业分销业务持续下降

分销业务是流通药企利润的主要来源，带量采购对医药流通企业的直接冲击体现在医疗终端的分销业务下降。"两票制"以及集中带量采购模式下，医药流通企业的药品销售和推广的优势被大大削弱，改变了传统赚中间价的业务模式。在药品集采中，医药流通企业从分销商彻底转变为配送商，而配送服务毛利很低，因此，医药流通企业药品集采分销业务会大幅度下降。

## 四、药品集中带量采购挤压零售药店生存空间

由于集中带量采购，药品价格大幅度下降，但是目前带量采购的范围为公立医疗机构，也就是说，同样的集采药品在医院和药店的价格相差甚大，因此有很大一部分患者由零售药店回流到了医院，集采对零售药店产生了较大的冲击。带量采购政策对全国性连锁药店的影响也在显现。老百姓大药房连锁股份有限公司 2019 年的半年度报告中提到，国家药品带量采购联动降价且降价范围逐步扩大已成为大势所趋，行业产业链利润压缩，医院药价与药店药价形成了巨大的差别，药品终端承压。因此，医保带量采购扩容势必挤压零售药店的生存空间，零售端的生存压力将来自医保控费压力

的传导。

分级诊疗和处方外流都将直接受零售药店药品结算价格是否与医院医保结算价格一致所影响，在后来的医保准入谈判中，根据国家医疗保障局的部署安排看，未来至少对于通过带量采购、医保谈判实现大幅降价的药品，在医院、药店将实现同药同价，医院端和药店端结算价格一致将是大概率事件，零售药店可能会扭转价格高压的困境。

## 五、"互联网＋"催生终端配送新模式

互联网诊疗、处方流转比以往任何时期发展得更快，但是 to C（对消费者）的问题需要更好的解决方案，目前市场上形成三种模式——①"医院＋药店＋快递"模式：医院通过网上诊疗，把处方流转到零售药店，零售药店负责 to C 的终端配送，一般情况下药店是交给快递公司负责配送，这也是目前较成熟的模式。②"医院＋物流公司/快递"模式：医院通过网上诊疗为患者开出处方，处方发送至医院门诊药房并分装药品，然后委托医药物流公司或快递公司负责 to C 的配送，这一模式不是一个简单寄快递的流程，整体流程相对复杂。③"医院＋医药商业公司"模式：医院与医药商业公司建立长期的合作，医院远程开出处方后，处方流转到医药商业公司，由医药商业公司负责 to C 的配送。这一模式的特点是药品出库不在医院和药店进行，导致出库零拣的工作将会面临更大的挑战，所需药品可能从不同仓库发出，相应的药店或医院的配送效率可能会下降。

据了解，第三种模式已有部分医院和企业在尝试和探索，这三种模式各有利弊，需要行业逐步地探索，而且这些模式的发展和监管也需要进行探讨。

## 六、收并购持续发酵，加快拓展业务布局

回顾 2019 年，企业通过收并购扩大市场规模、提升竞争力仍然是医药流通行业的主要发展特征之一。全国性商业龙头企业根据自身业务情况，积极开展收并购，整合资源（见表 2－6）。

表 2-6　　　　　　　　2019 年商业龙头企业主要收并购活动统计

| 收购方名称 | 所属板块 | 被收/并购方名称 | 所收购权益百分比 | 影响 |
|---|---|---|---|---|
| 国药控股股份有限公司 | 医药分销 | 安徽省医药（集团）股份有限公司 | 100% | 有效推动了安徽及贵州两省业务网络补强，实现了该区域内市场份额的跃升 |
| | | 贵州意通医药股份有限公司 | 70% | |
| | 器械分销 | 中国科学器材有限公司 | 100% | 进一步完善器械网络布局，推动器械板块的快速发展 |
| 上海医药集团股份有限公司 | 工业板块 | 重庆慧远药业有限公司 | 并购 | 进一步拓展了上海医药在西南地区的中药饮片业务 |
| | 商业板块 | 四川省国嘉医药科技有限责任公司 | 并购 | 不断运用资本力量扩张版图，完善网络布局，提升市场影响力 |
| | | 湖北、四川、天津等公司 | 少数股权收购 | |
| 华润医药集团有限公司 | 工业板块 | 四川三九医药贸易有限公司 | 100% | — |
| | | 铁岭春天药业有限公司 | 51% | — |
| | | 华润淮安医药有限公司 | 70% | — |
| | | 华润泸州医药有限公司 | 70% | — |
| | | 华润南充医药有限公司 | 70% | — |
| | — | 华润滁州医药有限公司 | — | — |
| | — | 华润潍坊远东医药有限公司 | — | — |
| | — | 浙江英特集团股份有限公司 | 20% | 双方的合作将实现优势互补及强强联合，有助于华润医药进一步拓展销售流通渠道、深化业务布局，特别是提升在华东区域的综合竞争力 |
| 华润三九医药股份有限公司 | 工业板块 | 澳诺（中国）制药有限公司 | 100% | 通过持续丰富产品线、整合行业优质资源，不断拓展业务、创新和升级产品，提升品牌影响力 |
| 华润医药商业集团有限公司 | — | 四川、江苏等省份若干地市级流通公司 | — | — |

# 第三节 2019 年我国医药终端市场现状及趋势

## 一、2019 年三大终端数量增减并存

销售终端是药品从各类医药服务机构流向患者的关键环节，既包括各级公立医院，也包括基层医药服务机构、各类零售药店以及未纳入主流研究机构统计的民营医院、私人诊所、村卫生室等。基于特殊的医疗体制和各自不同的市场特征表现，行业普遍将药品销售终端市场分为公立医院终端、基层医疗机构终端和零售药店终端三大终端。根据《中国药店》统计①，2019 年我国共有各类药品终端销售机构约 147.3 万个，如表 2-7 所示。

表 2-7 　　　　　　　　　近 5 年三大终端数量变化情况　　　　　　　单位：个

| 终端类别 | 2015 年 | 2016 年 | 2017 年 | 2018 年 | 2019 年 |
|---|---|---|---|---|---|
| 公立医院 | 27587 | 29140 | 31056 | 33009 | 34000 |
| 基层医疗机构 | 920770 | 926518 | 933024 | 943639 | 960000 |
| 其中：门诊部（所） | 208572 | 216187 | 229221 | 249654 | 267000 |
| 其中：村卫生室 | 640536 | 638763 | 632057 | 622001 | 621000 |
| 其中：乡镇卫生院 | 36817 | 36795 | 36551 | 36461 | 36000 |
| 其中：街道卫生院 | 524 | 446 | 543 | 526 | 1000 |
| 其中：社区卫生服务中心（站） | 34321 | 34327 | 34652 | 34997 | 35000 |
| 零售药店 | 448057 | 447034 | 454000 | 489000 | 479780 |

资料来源：《中国药店》。

根据米内网 2020 年 3 月底发布的最新数据显示，以终端平均零售价计，2019 年度我国公立医院、零售药店和基层医疗机构三大终端销售金额 17955 亿元，同比增长 4.8%，终端销售增速持续放缓。如果加入未统计的"民营医院、私人诊所、村卫生

---

① 基础数据来源于国家药品监督管理局和国家统计局；2015—2018 年药店总数均截至当年 11 月底，2019 年数据为《中国药店》测算值，不含港澳台地区；基层医疗卫生机构包括社区卫生服务中心（站）、街道卫生院、乡镇卫生院、村卫生室、门诊部（所）等。

室"，则 2019 年我国药品销售终端总销售额超过 20000 亿元，如图 2 - 9 所示。

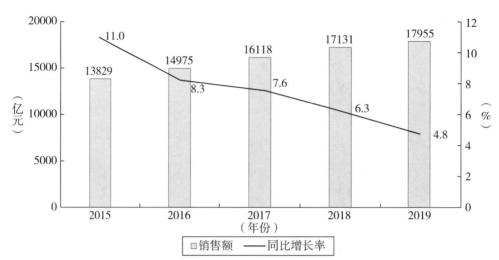

图 2 - 9　近 5 年三大药品销售终端销售额及增长率

资料来源：米内网。

从药品销售的三大终端的销售额分布来看，公立医院终端市场份额最大，2019 年销售占比为 66.6%，较 2018 年下降 0.8 个百分点，市场份额继续走低，但是仍然居于绝对主导地位；零售药店终端市场份额为 23.4%，较 2018 年提升 0.5 个百分点，终端销售金额持续提升；受医改强基层和分级诊疗政策的影响，基层医疗机构终端 2019 年市场份额较 2018 年提升 0.3 个百分点，首次达到 10%，市场份额连续 5 年持续提升，如图 2 - 10 所示。

图 2 - 10　近 5 年三大药品销售终端销售占比

资料来源：米内网。

总体来看，由于宏观经济下行，以及医药终端市场规模的不断扩大和药品销售价格下降等因素的影响，国内医药终端市场发展同样从高增长时代进入高质量发展阶段，"慢增长"或者"低增长"成为行业常态。从终端结构来看，虽然公立医院终端居于绝对主导地位，但是市场份额呈持续下滑态势。因政策影响，以基层医疗机构为代表的广阔市场，市场份额持续提升。这与其他领域企业重视以三线以下城市、县镇与农村地区为代表的下沉市场逻辑一致。

不得不说的是，虽然全终端药品销售金额增速呈下滑态势，但是受医保"腾笼换鸟"政策的影响，终端市场特别是公立医疗机构用药结构在不断优化，被纳入医保目录的创新药特别是抗肿瘤药的增速明显加快。

## （一）公立医院数量持续增加

在公立医院终端，按照医院所处地区的不同，行业一般分为城市公立医院和县级公立医院两大市场。据米内网统计，2019 年公立医院终端销售额保持稳定增长态势，达 11951 亿元，较 2018 年增长 3.6%。其中城市公立医院市场 2019 年销售额 8739 亿元，同比增长 3.0%；县级公立医院市场 2019 年销售额 3212 亿元，同比增长 5.1%；虽然县级公立医院市场同比增长率明显大于城市公立医院，但是增速同样呈下滑态势。如表2－8所示。

表 2－8　　　　　　近 5 年公立医院终端药品销售额及同比增长率

| 年份 | 公立医院终端 | | 其中：城市公立医院 | | 其中：县级公立医院 | |
|---|---|---|---|---|---|---|
| | 销售额（亿元） | 同比增长率（%） | 销售额（亿元） | 同比增长率（%） | 销售额（亿元） | 同比增长率（%） |
| 2015 | 9517 | 10.7 | 7233 | 9.0 | 2284 | 16.4 |
| 2016 | 10240 | 7.6 | 7675 | 6.1 | 2565 | 12.3 |
| 2017 | 10955 | 7.0 | 8120 | 5.8 | 2835 | 10.5 |
| 2018 | 11541 | 5.4 | 8485 | 4.5 | 3056 | 7.8 |
| 2019 | 11951 | 3.6 | 8739 | 3.0 | 3212 | 5.1 |

资料来源：米内网。

另据国际咨询公司 IQVIA 发布的 2019 年《中国医院药品统计报告》，受医保谈判及带量采购政策落地实施影响，2019 年国内百床以上医院药品市场总销售额达到 8473

亿元人民币，全年同比增长 9.4%，同比增速远高于 2018 的 3.5%；产量销量的提升和新产品的上市是市场规模增长的主要驱动力。

从不同企业的表现来看，跨国企业 2019 年销售额同比增长率超过 15%；本土企业也呈增长态势，销售增速达到 7.3%。从地域上看，跨国药企不断加大下沉的力度，在二、三、四线城市的渗透效果明显，跨国药企在四线城市的销售增速超过 22%，彰显了以县域医疗为代表的广阔市场的巨大前景。

总体来说，虽然国家从政策层面鼓励医疗机构处方外流，同时大力推行分级诊疗，不断地在政策方面降低公立医院的药品销售占比；但是由于公立医院在医疗体系中的中流砥柱地位和企业新产品的不断推陈出新，公立医院终端在未来较长的时间内仍然是药品销售的主要渠道，只是产品的销售结构会因为政策的影响发生相应调整。

## （二）基层医疗机构数量持续增加

基层医疗机构终端包括各类门诊部（所）、村卫生室以及占主导地位的乡镇（街道）卫生院和城市社区卫生服务中心（站）。据米内网统计，2019 年基层医疗机构终端①实现药品销售额 1808 亿元，同比增长 8.2%；增速不仅高于全终端整体情况，也明显高于公立医院终端和零售药店终端。其中：城市社区卫生服务中心（站）2019 年销售额达 696 亿元，较 2018 年增长 10.7%；乡镇卫生院市场销售额 1112 亿元，同比增长 6.8%，如表 2-9 所示。

表 2-9　　　　　　　近 5 年基层医疗机构终端药品销售额及同比增长率

| 年份 | 基层医疗机构终端 | | 其中：城市社区卫生服务中心（站） | | 其中：乡镇卫生院 | |
|---|---|---|---|---|---|---|
| | 销售额（亿元） | 同比增长率（%） | 销售额（亿元） | 同比增长率（%） | 销售额（亿元） | 同比增长率（%） |
| 2015 | 1201 | 16.3 | 438 | 17.5 | 763 | 15.6 |
| 2016 | 1359 | 13.2 | 501 | 14.3 | 859 | 12.6 |
| 2017 | 1517 | 11.6 | 563 | 12.5 | 953 | 11.0 |
| 2018 | 1671 | 10.2 | 629 | 11.8 | 1042 | 9.3 |
| 2019 | 1808 | 8.2 | 696 | 10.7 | 1112 | 6.8 |

资料来源：米内网。

---

① 仅含乡镇卫生院和城市社区卫生服务中心（站）。

随着医改强基层和分级诊疗政策的推行，以及带量采购政策降价导致的价格敏感型患者回流，短期内基层医疗机构终端增长将继续保持相对较高的速度。

## （三）零售药店数量有所下降

除了各类医疗机构外，以实体药店和网上药店为主体的零售终端是药品销售十分重要的主渠道。综合考虑 2019 年以来市场变化等，虽然国家药品监督管理局（NMPA）尚未公布《2019 年度药品监管统计年报》，但根据《2019—2020 年度中国药店发展报告》显示，全国药店总数将从 2018 年的 489000 家缩减至 2019 年的 479780 家，净减少 9220家，降幅为 1.89%；2019 年全国市场的零售药店连锁率约为 55.74%，远高于 2017 年的 50.44%、2018 年的 52.15%，而且提升幅度更大——一年间提升 3.59 个百分点。

连锁率的提升也导致连锁企业的数量大量增加，从 2018 年 11 月底的 5671 家增至 2019 年年末的 6023 家，净增 352 家，增幅为 6.21%。同时，这些连锁企业控制的门店从 255000 家进一步增至 267450 家，净增 12450 家，增幅 4.88%。全国药店数量减少，而连锁企业控制的门店数却在上升，这一减一增背后压缩的正是单体药店的发展空间，如表 2-10 所示。

表 2-10　　　　　　　　　近 5 年全国零售药店发展情况

| 年份 | 2015 | 2016 | 2017 | 2018 | 2019 |
|---|---|---|---|---|---|
| 药店总数（家） | 448057 | 447034 | 454000 | 489000 | 479780 |
| 其中：连锁门店数（家） | 204895 | 220703 | 229000 | 255000 | 267450 |
| 其中：单体门店数（家） | 243162 | 226331 | 225000 | 234000 | 212330 |
| 连锁企业数（家） | 4981 | 5609 | 5409 | 5671 | 6023 |
| 总数增幅（%） | 3.02 | -0.23 | 1.56 | 7.71 | -1.89 |
| 其中：连锁门店数增幅（%） | 19.52 | 7.72 | 3.76 | 11.35 | 4.88 |
| 其中：单体门店数增幅（%） | -7.71 | -6.92 | -0.59 | 4.00 | -9.26 |
| 连锁企业数增幅（%） | 25.37 | 12.61 | -3.57 | 4.84 | 6.21 |

资料来源：《中国药店》。

根据《中国药店》资料显示，2019 年绝大部分省份的连锁率都较 2018 年有所提升，另外，超过 13 个省份 2019 年的连锁率高于全国水平。其中，上海、四川与重庆位列前三名，连锁率分别高达 91.43%、87.86%、77.46%。如果以连锁率 50% 为分水岭，可以发现，低于这一水平的有 13 个省份。由于 2019 年全国药店数量在 2018 年的基础上减少了 1.89%，而同期全国人口自然增长率为 3.34‰，因此店均服务人口指标有所回升，从 2018 年的 2854 人提升到 2019 年的 2918 人，市场洗牌、汰弱留强的正效应正在显现。

在终端销售额上，米内网指出 2019 年全年零售药店终端销售额达 4196 亿元，同比增长 7.1%；虽然增速低于基层医疗机构终端，但是增速约为公立医院终端的 2 倍。不得不说的是，药店销售依然呈现高速发展态势，如表 2 - 11 所示。

表 2 - 11　　　　　　　　近 5 年零售终端药品销售额及同比增长率

| 年份 | 零售药店终端 | | 其中：实体药店 | | 其中：网上药店 | |
|---|---|---|---|---|---|---|
| | 销售额（亿元） | 同比增长率（%） | 销售额（亿元） | 同比增长率（%） | 销售额（亿元） | 同比增长率（%） |
| 2015 | 3111 | 10.0 | 3097 | 9.7 | 32 | 52.4 |
| 2016 | 3375 | 8.5 | 3327 | 7.4 | 48 | 50.0 |
| 2017 | 3647 | 8.1 | 3577 | 7.5 | 70 | 45.8 |
| 2018 | 3919 | 7.5 | 3820 | 6.8 | 99 | 41.3 |
| 2019 | 4196 | 7.1 | 4057 | 6.2 | 138 | 40.0 |

资料来源：米内网。

此外，专注于零售市场研究的中康咨询、《中国药店》甚至 IQIVA 都发布了各自对于 2019 年零售市场的销售观点，虽然各家数据有所差异，但是对于行业增速下行趋势的判断是一致的，如表 2 - 12 所示。

表 2 - 12　　　　　　　　各市场研究机构对零售终端的观点

| 年份 | 中康咨询 | | 《中国药店》 | | IQIVA | |
|---|---|---|---|---|---|---|
| | 销售额（亿元） | 增速（%） | 销售额（亿元） | 增速（%） | 销售额（亿元） | 增速（%） |
| 2018 | 3842 | 4.90 | 4002 | 7.49 | 1883 | 4.2 |
| 2019 | 4008 | 4.30 | 4258 | 6.40 | 1957 | 3.9 |
| 备注 | 1. 中康咨询统计的是零售药店总体销售规模，包括药品类和保健品、医疗器械和日用品等非药品类；2.《中国药店》统计口径是药品零售市场销售额，包括了传统实体药店、B2C、微商、O2O、电话等各类渠道面向消费者的销售，也部分纳入健客网、药房网、康爱多等垂直医药电商的相关数据，但并未把各大互联网巨头（如阿里健康、京东、美团、拼多多等）的平台及药品销售统计在内；3. IQIVA 的统计口径是全国地级市零售药店市场数据 | | | | | |

资料来源：中康咨询、《中国药店》、IQIVA。

## 二、零售终端发展影响因素与挑战

作为重要的药品销售终端之一，零售的价值备受行业关注。但是由于医改政策的作用和新技术、新业态的出现，零售市场的发展态势时有反复。在特定时段的驱动因素影响下可能加速发展，也可能受某些因素的干扰迟滞不前。但是总体来说，受益于医药终端市场的持续扩容和新型业态的出现，零售市场发展整体上呈现稳中向好的态势。

### （一）医改政策的扰动

2015年以来，受医改控费的影响，国家先后在公立医疗市场出台了零差率政策，同时控制医疗总费用增长率（原则上增速不得超过10%）和药占比（不高于30%），一时之间处方外流趋势凸显，给零售市场带来了难得的市场扩容机会。2018年以来，由于上述政策未能取得降低医疗费用的实质性效果，加之国家医疗保障局成立后推动的医保谈判药品和带量采购药品在落实过程中不纳入药占比考核，有关部门逐步放弃甚至是弱化了药占比控制政策。国家医疗保障局在公立医疗市场控费的同时，在零售市场也要求医保定点药店下架保健品、日用品等商品，通过严厉打击骗保套保、医保卡盗刷行为杜绝医保资金浪费，在一定程度上对零售市场的发展带来冲击。

2019年3月下旬开始，"4＋7"带量采购试点工作进入落地实施阶段；2019年年底，"4＋7"带量采购试点全面扩容。在带量采购积极推进的背景下，中标产品降价之后按照通用名确定医保支付价格，引起零售市场患者趋于分化，理性驱使价格敏感型患者回流到医院市场购买低价格中标产品[①]，落标原研药及仿制药转战零售药店市场，这一变化必将导致药品经营品类发生变化。随着带量采购范围的不断扩大，如何在与公立医疗机构的竞争中获得优势成为零售药店不得不面对的问题。

2020年4月29日，国家医疗保障局发布了《基本医疗保险用药管理暂行办法（征求意见稿）》，提出乙类OTC药品、保健品或将不能用医保。如果该条政策最终被采纳

---

① 根据中康CMH数据显示，56岁以上中老年人群在购药者中的占比明显下滑；从购药（仅药品）的客单价和购买频次上，该群体都明显高于青壮年人群，中老年客流的流失势必对零售药店的经营造成巨大冲击。

推行，必将对零售市场该类产品的销售造成冲击。

### （二）医药电商的冲击

医药行业作为准入型行业，受到严格的政策监管，行业企业通过互联网技术重塑医药流通格局的初衷没有改变过，医药电商的快速崛起对实体店的发展造成冲击。

中康 CMH 数据显示，2019 年全国药店订单数共计 60.4 亿笔，相较 2018 年下滑 0.5%。与药店订单数下滑趋势相反的是各电商平台快速增加的订单数量和成交额。例如阿里健康大药房 2019 财年实现营收 42.27 亿元，较 2018 财年提高 91.3%，2020 年第一季度实现营收 34.45 亿元，较 2019 年第一季度提高 114.6%。"八点健闻"甚至报道称，2019 年京东健康零售占全国医药零售 15% 的市场份额，京东大药房已经成为全国规模最大的医疗零售渠道。

而 2020 年暴发的新冠肺炎（COVID – 19）疫情更是加速医药电商的崛起，疫情期间医药电商因为全程无接触的购药体验受到社会的青睐，各医药类 App 的用户活跃度呈爆发性增长。以"1 药网"App 为例，"1 药网"App 的日安装量同比大增约 229%，增速位于同类之首。易观千帆的数据也显示，2020 年春节期间，医药电商平台活跃人数同比平均增长 5.44%。疫情使广大用户培养了线上消费习惯，为医药电商带来了明显的客流量和用户增长的契机，叠加政策利好，由此进入新的释放期。

此外，2020 年 1 月 22 日，国家医疗保障局制定的《零售药店医疗保障定点管理暂行办法（征求意见稿）》公开向社会征求意见，其第五条明确提出互联网药店、有药品网络销售业务或通过药品网络交易第三方平台开展药品网络销售的零售药店，依托其实体药店申请定点。此政策一旦正式成文发布，意味着此后患者在网上购药有望使用医保支付，大大有利于互联网售药的发展。

### （三）消费者行为变化

2019 年全国居民人均可支配收入 30733 元，比上年增长 8.9%。其中，城镇居民人均可支配收入 42359 元，比上年增长 7.9%；农村居民人均可支配收入 16021 元，比上年增长 9.6%。全年全国居民人均消费支出 21559 元，比上年增长 8.6%。其中，城镇居民人均消费支出 28063 元，比上年增长 7.5%；农村居民人均消费支出 13328 元，比上年增长 9.9%。全国居民人均医疗保健支出 1902 元，占消费支出的 8.8%，无论是支出金额还是占比，均较2018年有所增加。

从图2-11可以看出年龄较大的药店顾客群正在持续流失，带量采购的实行有可能加剧这一趋势。一直以来，药店25岁以下的顾客快速增加，但2019年第一季度后受电商等新零售渠道崛起的影响也掉头向下。药店客流量持续下滑，依赖药品单价驱动增长，消费者结构和对药店需求期望的变化，需要终端根据高价值人群画像变化来提升自己的核心优势，并做好高价值人群服务，挖掘商机。

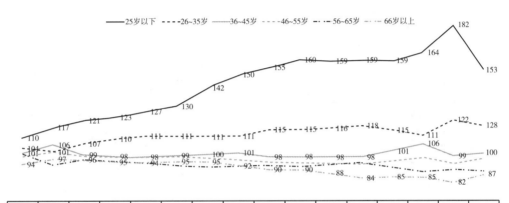

**图2-11　药店客群指数[①]的变化**

资料来源：中康咨询。

# 三、2020年零售终端发展趋势探讨

## （一）低增长加剧行业集中度快速提升

前文提到，虽然各主要市场研究机构对零售终端的销售金额判断各不相同，但是对于低增长的判断乃是行业共识。在低增速的"冰山"之下，零售药店各类门店表现分化的情况突出，根据中康CMH数据显示，2019年零售药店35.3%的门店销售额同比增长5%以上，而44%的门店销售额同比下滑5%以上。月营业额为5万元以下的小型门店超6成出现显著的负增长，优胜劣汰加剧。

在此大背景下，行业内部分化加剧，头部企业凭借着规模优势，发展速度远超过

---

① 客群指数是选定周期下，成交用户数指数化后的指标。客群指数越高，代表成交用户数越高。指数之间的差值不代表实际指标差值，仅代表高低。

行业平均发展速度。低增速冲击对企业的抗风险能力要求进一步提升，大型连锁企业借助资本力量加快并购扩张速度，实现跨区域的发展和规模的提升。四大龙头上市零售连锁企业先后推出了加盟业务，巩固自身的优势地位；在龙头企业的挤压之下，部分中小型零售连锁企业选择以重组或者联盟等方式实现连锁化经营，行业集中度明显增加。龙头企业近年来营收及同比增长率如表2-13所示。

表2-13　　　　　　　　　龙头企业近年来营收及同比增长率　　　　　　　　单位：亿元

| 企业 | 2018年 | | 2019年 | | 2019年Q1 | | 2020年Q1 | |
|---|---|---|---|---|---|---|---|---|
| | 营业收入 | 同比增长率（%） | 营业收入 | 同比增长率（%） | 营业收入 | 同比增长率（%） | 营业收入 | 同比增长率（%） |
| 一心堂 | 91.76 | 18.39 | 104.79 | 14.20 | 25.88 | 18.77 | 30.87 | 19.28 |
| 大参林 | 88.59 | 19.38 | 111.41 | 25.76 | 25.79 | 26.77 | 33.62 | 30.36 |
| 益丰药房 | 69.13 | 43.79 | 102.76 | 48.65 | 24.69 | 66.67 | 30.48 | 23.45 |
| 老百姓 | 94.71 | 26.26 | 116.63 | 23.14 | 27.27 | 23.37 | 32.82 | 20.35 |

资料来源：Wind。

在中小药店经营举步维艰的情况下，2020年暴发的新冠肺炎疫情无疑加剧了这一状况。由于疫情防控工作的需要，全社会商品流通受到了一定的影响，导致中小药店商品供应和配送难度加大，而政府有关部门出台的疫情防控补贴和减免税、信贷资金等更倾向于大型连锁药店，中小药店的生存环境进一步恶化。宏观经济下行叠加疫情冲击，导致一级市场的药店并购价格回落，这都为龙头企业扩大规模创造了机会。

## （二）疫情加速推动药店新兴业务崛起

与中小药店受到疫情冲击经营平衡压力加大不同的是，因为疫情防控工作的需要，医保加大了对线上药品销售的支持力度，"医+药+保"的模式有利于具有线下医保资质的零售药店开展医药新零售（O2O）业务。作为传统药店应对客流量下滑的有效举措，经过新零售技术和思想改造后的实体药店，客流量不仅来自距离3km半径内的自然客流量，还增加了包括饿了么、京东到家、阿里健康等平台的公域客流量，服务半径的扩大自然而然地带来客流量的增加。医药O2O业务的便捷性与线上医保支付的加持，拥有线下医保资质的新零售药店将获得新的发展机会，如表2-14所示。

表 2－14 零售药店新兴业务快速发展

| 企业 | 主要措施 | 备注 |
|---|---|---|
| 老百姓 | 截至 2019 年年底，老百姓和美团合作运力覆盖的城市达 86 个，O2O 线上门店超过 3500 家，覆盖了公司线下所有主要城市；2019 年累计完成 500 多万个订单需求，同比增长达 166% | — |
| 益丰药房 | 截至 2019 年年底，益丰药房 O2O 线上门店超过 3000 家，覆盖了公司线下所有主要城市，并能快速覆盖并购项目和加盟项目门店，拣货时效、配送时效、订单满足率和人效均处于行业领先水平；2020 年公司将继续广开渠道加速三方 O2O 电商业务发展 | 2015 年 5 月启动 O2O 健康云服务平台建设项目 |
| 大参林 | 截至 2019 年年底，O2O 线上门店超过 3200 家，覆盖了公司线下所有主要城市，后期将不断加强自有电商平台与第三方平台合作，全面发展平台优势，促进网络销售增长；2020 年将继续推动线上线下相结合的 O2O 模式绽放出新的活力 | — |
| 一心堂 | 自主研发以 O2O 为核心的移动端应用及业务流程均已进入测试阶段，部分区域市场与京东到家、饿了么等平台达成合作后，O2O 销售呈现高速增长，业务团队得到学习和锻炼，为后续自营 O2O 业务展开打下基础 | — |

资料来源：各企业 2019 年年报。

## （三）全渠道的经营理念逐渐成为共识

电商的出现在一定程度上对实体药店的销售造成分流，资本市场也曾担心以电商为核心的医药新零售业务崛起会对二级市场的龙头企业收益带来冲击；这是因为未来药品零售的销售渠道如果以线上为主，以线下重资产模式为代表的零售连锁企业显然竞争不过以轻资产模式为代表、互联网基因强大的，以阿里巴巴、京东和拼多多为首的电商企业。

一直以来，监管部门始终秉持着线上线下一致性的监管原则，国家既允许线下医药零售连锁企业发展线上业务，也允许线上医药零售平台发展线下业务；在各自探索的过程中，全渠道的经营理念逐渐成为行业共识。以四大药店（一心堂、大参林、益丰药房、老百姓）为代表的线下药店积极开展线上业务，而以阿里巴巴为代表的电商企业也开始入股传统的零售连锁企业。事实上，从国际的经验看，沃博联（WBA）等行业巨头从来都没有提出过 B2C 或者 O2O 之类的战略，其称自己的战略为"Omni-Channel"，意思是全方位渠道、泛渠道，通过全渠道零售模式下的客户关系管理，实现业务的快速增长，如表 2 - 15 所示。

表 2 - 15　　　　　　　　　全渠道的经营战略逐步成为行业共识

| 企业名称 | 渠道战略 |
| --- | --- |
| 老百姓 | 公司充分利用"大数据 + 人工智能 + 物联网"建立生态圈，通过门店布局与配送时效相结合让门店销售时空延展，实现线上购药全渠道覆盖，全面提升用户体验；通过客户信息数字化、触点多样化，随时随地服务于用户的购药、问诊需求；自 2019 年 6 月起，启用企业微信服务号建立会员服务系统，运用服务号和小程序提供如在线找药、查找附近门店、24 小时药店、稀缺药代购、用药咨询、医生问诊、健康直播等服务，为顾客提供更多购药用药的健康服务 |
| 益丰药房 | 益丰药房于 2013 年开启医药电商业务，2016 年成立电商事业群，下设 B2C、O2O、CRM（客户关系管理）、电商技术等电商事业部，以 CRM 和大数据为核心，打造线上线下融合发展的医药新零售业务。通过益丰健康 App、小程序、微信商城、微信公众号、会员精准营销等的运用，为线下门店带来持续增长的订单和客流；通过提供互联网医院、处方中台、远程问诊、预付卡等便捷服务，提高用户黏性，提升企业品牌 |
| 大参林 | 公司不断优化商品结构，通过手机 App、微信商城、天猫、会员中心及线下零售药店等多渠道的推广平台，发展区域内药品在线销售与配送业务，开展"网订店取""网订店送"等新型零售模式，促进线下零售业务的发展 |
| 一心堂 | 公司在线下业务稳健发展的同时，线上业务积极开展互联网化和移动互联网化，积极建设全渠道销售网络、全渠道沟通网络和全渠道服务网络，"互联网 + 一心堂"经营模式稳步推进 |
| 柳州医药 | 公司积极打造网上药店，发展 DTP（直接面向病人）药店、健康中心等专业化药房，推动线上线下业务的融合，打造"新零售"业态；全资子公司桂中大药房以网上药店为契机，发展 B2B、O2O 业务，通过手机微信、官网、呼叫中心及线下零售药店等多渠道加快平台推广，提升线上流量，发挥桂中大药房门店覆盖面广、就近社区优势，构建快捷药品配送服务圈，开展"网订店取""网订店送"等新型零售模式 |
| 阿里健康 | 阿里巴巴先后组建了阿里健康大药房、天猫医药馆、O2O 先锋联盟，并战略投资了国药在线、贵州一树等企业 |

资料来源：各企业年报、公开信息。

总体来说，无论是传统的到院（医院就医取药）、到店（零售药店购药）还是新兴的到家（医药 B2C、O2O）服务，医药通过产品和服务维护人们健康的初衷是不变的。在新技术和新业态风起云涌的今天，未来药品终端将是以消费者为中心，全人口、全产品、全服务和全支付等多维度的全域服务。

# 第四节　医药产业发展格局

在近几年一系列医改政策的强势推动下，医药供应链进入并将在未来一段时间内处于行业整合期，不管是"两票制"倒逼药品流通环节压缩，还是集中带量采购催生药品价格出现空前的大幅度下降，都在促使医药供应链发生深远的变化。

## 一、医药供应链不断转型升级

"三医联动"即医疗、医保、医药改革联动贯穿医药供应链，是近几年及未来一段时期内医改的核心。通过"三医联动"，逐渐革除以药养医的痼疾，对医药行业进行全面的整顿，提高现有药品品质的准入门槛，加快新药的注册和上市，淘汰低端药企，并充分发挥医保的监督作用，从而实现医药市场的根本好转。"三医联动"政策的不断推进，迅速改变目前医疗与医药市场的格局，行业的集中度不断提高，医药供应链进入"微利时代"。与此同时，无论是医药生产企业、医药商业企业、医药物流企业还是医药设备企业，在政策和市场的双重驱动下，孕育了一些新的商业模式，促使行业不断转型升级。

## 二、医药行业集中度不断提升

药品带量采购的价格竞争针对的是仿制药，而对专利药品和独家生产药品则采取谈判议价形式。在此规则之下，技术创新与技术进步能力将成为未来企业竞争力的核心因素。一方面，对中小仿制药企业而言，带量采购政策，将对其造成重大影响，特别是对产品线单一和研发薄弱的药企，如果这些企业未能成功转型形成研发创新的核心竞争力，或将被动地面临行业的大洗牌、大重组；另一方面，对大型药企而言，将更有可能通过仿制药以品牌占领市场，并在政策的引导下推动新药研发并建设研发平台，以此增强企业竞争力，进而提升企业规模扩张能力。带量采购政策使医药企业追求规模经济动机、初始规模、技术创新等的标准都产生了改变，因政策变化导致的上述诸因素的改变将会带来医药行业市场集中度提升。

正如 2017 年年初发布的《国务院办公厅关于进一步改革完善药品生产流通使用政策的若干意见》提出的，支持药品生产企业兼并重组，培育一批具有国际竞争力的大型企业集团，提高医药产业集中度等，随着医改深入，一致性评价、带量采购、DRG 等政策的实施，行业准入门槛提高后，中小企业被大型企业收购会更频繁，行业集中度必然会逐步提升。

## 三、创新药将成为未来市场增量的主力

2019 年 1 月，国家出台了药品集中采购和使用试点方案。2019 年 9 月，第一批国家药品"4 + 7"带量采购扩围到全国，与扩围地区 2018 年同品种药品最低采购价相比，25 种中选药品平均降幅为 59%。2019 年 12 月 29 日，第二批 33 个品种的国家药品集中采购名单公布，2020 年 1 月 17 日，纳入第二轮带量采购的 33 种药品在上海开标，有 32 个品种成功中标。集中采购使以往依赖某个终端市场和渠道壁垒生存下来的企业面临挑战，也将促使有实力的仿制药企业转型原研药企业，推动创新药市场的发展，缩短创新药上市周期，创新药将成为我国未来医药市场增量的主力。

2019 年推行的医保目录动态调整机制，临床价值较高的药品，对重大疾病、慢性病等治疗效果好的药品，会不断地加入目录，相反临床价值低、经济性差的药品将被逐步淘汰，创新药医保放量速度加快。

我国 CDMO（合同研发生产）业务在大环境下，近年来也一直保持快速增长，据弗若斯特沙利文统计，我国 CRO（合同研究组织）行业的市场规模由 2014 年的 21 亿美元迅速上升至 2018 年的 59 亿美元，复合年均增长率达到 29%。预计至 2023 年，国内 CRO 市场规模将达到 214 亿美元。与此同时，国家政策和税收双优惠，也让本土创新药企业迎来了黄金机遇期。在政策支持的推动下，随着技术的发展以及研发费用的持续投入，我国创新药发展将会进入快车道。

## 四、仿制药一致性评价进程加快

2017—2019 年我国已上市仿制药一致性评价受理总数增长明显，2019 年，仿制药

一致性评价受理号达到 1038 个，同比增长 69.61%。通过的受理号数为 237 个，同比增长 111.61%。2019 年 9 月，第一批国家药品集中采购扩展到全国范围。在首批国家集中采购的 25 种药品中，中选的仿制药达 22 个，占 88%。截至 2019 年 11 月 14 日，根据中国上市药品目录集数据，我国通过仿制药一致性评价的批文数达到 287 条，加上按化学药品新注册分类批准的仿制药（视同通过仿制药一致性评价）。我国已有 128 个品种完成仿制药一致性评价，这不但提升我国整体仿制药质量，使得我国仿制药正式进入通用名时代，也为仿制药带量采购在药品遴选上奠定良好的基础，推动国产仿制药实现进口替代。

仿制药一致性评价可以降低患者的用药费用，进一步推动我国仿制药质量和疗效大幅度提高。目前我国仿制药产品以低技术壁垒的口服固体制剂为主，通过并购、合作，逐渐向注射剂、缓控释、吸入剂、生物类似物迁移，通过差异化竞争提高技术壁垒。预计未来高难度仿制药仍是蓝海领域，仿创结合是必然趋势。

## 五、带量采购连锁效应仍将继续

自国家乃至地方的带量采购政策实施以来，产业机会开始逐步向行业龙头集中，用以体现头部集团化优势。同时，众多药企在政策倒逼下降价，逐渐开始转变销售模式，毕竟节约销售费用才能让企业获得合理利润，这也是带量采购的初衷之一。

而根据第二批带量采购的相关情况以及影响来看，未来国家将建立常态化、机制化的带量采购制度，继续以降低药品价格，减轻人民群众的用药负担为目标来展开行动。而其不可逆转的转变模式，必将影响大多数仿制药企、高值耗材和中成药物及针剂企业，对头部企业的倾向，会让其成长性贯穿整个政策。

## 六、"互联网＋医药"发展前景未来可期

新冠肺炎疫情再度让"互联网＋医疗"崭露头角，尽管"互联网＋医疗"在这几年经历了起起伏伏，也曾经因为一些事件被推上了舆论的风口浪尖，"互联网＋"助力的"三医联动"符合政策导向，依然孕育着巨大商机。

抗疫以来，密集的利好政策成为互联网医疗行业发展的助推器，"互联网＋医疗"

纳入医保更是突破了长期以来制约"互联网＋医疗"发展的瓶颈。疫情期间，医保的"互联网＋"模式推进加速，进一步加速医院处方外流以及连锁零售行业的集中度大幅提升，根据医保的属地化收支属性以及线上线下一致监管的原则，O2O 模式是最具备发展潜力的医药互联网模式。

新《中华人民共和国药品管理法》解禁网售处方药，为医药企业带来新的增长机会，在面临市场机遇的同时，由于订单碎片化和渠道下沉，医药企业将面临配送成本的压力。国家对药品配送的高要求，为线上的医药电商平台和线下的头部医药连锁企业构建了壁垒，进一步将处方药销售的"蛋糕"集中在头部医药企业和物流相关服务企业。整合头部企业优势共同推进处方确认、药品识别、药品包装技术、药品追溯、药品签收等流程规范化、标准化，为消费者带来更安全便捷的健康服务。

## 七、疫情推动中医药发展提速

在抗击新冠肺炎疫情过程中，中医药发挥了很重要的作用，中医药参与面之广、参与度之深、受关注程度之高都是前所未有的。近年来，国家出台了一系列政策大力发展中医药产业。《"健康中国 2030"规划纲要》明确提出，充分发挥中医药独特优势，提高中医药服务能力，推进中医药继承创新。《中医药发展"十三五"规划》中制定的中医药行业发展目标：到 2020 年，预计中药工业规模以上企业主营业务收入15823 亿元，年复合增速 15％，中药企业收入占整体行业比重从 29.26％上升到 33.26％。

中医药行业主要由中药材、中药饮片和中成药三大支柱产业组成。近年中医药产业发展速度放缓，2019 年上半年，中药饮片的营收增速仅为 0.04％，中成药营收增速也远远落后于医药行业平均的 8.9％，仅为 4.98％。经过此次疫情，由于人们对中医药认识的提升，中医在慢病治疗、康复、健康管理等领域将有更好的发展前景，有名医并且在用户教育、推广方面做得好的机构会更有优势。对于中药企业，由于对产品质量、溯源性会有更高的要求，以及行业标准将进一步提升，短期来看，行业将经历转型升级的阵痛期，长期来看，会更有利于优质、规范的中药企业发展，中药经典名方以及偏消费的中药企业也将获得更多关注。

## 八、药品信息化追溯有利于打破企业间的信息壁垒

2020 年 3 月 11 日，国家药品监督管理局官网发布《药品上市许可持有人和生产企业追溯基本数据集》《药品经营企业追溯基本数据集》《药品使用单位追溯基本数据集》《药品追溯消费者查询基本数据集》《药品追溯数据交换基本技术要求》5 个标准及有关药品追溯标准规范的解读。加上前期已发布的《药品信息化追溯体系建设导则》《药品追溯码编码要求》《药品追溯系统基本技术要求》《疫苗追溯基本数据集》《疫苗追溯数据交换基本技术要求》5 个标准，至此，国家药品监督管理局组织编制的 10 个药品追溯相关标准，已全部发布实施。通过制定药品追溯标准规范，可以明确药品信息化追溯体系建设总体要求，统一药品追溯码编码要求，规范药品追溯系统基本技术要求，提出追溯过程中需要企业记录信息的内容和格式，以及数据交换要求等，指导相关方共同建设药品信息化追溯体系。统一的药品追溯标准规范有助于打通各环节、企业独立系统之间的壁垒，有利于构建药品追溯数据链条，有利于实现全品种、全过程药品追溯。

# 第三章

# 行业热点，深入剖析

# 第一节　2019 年我国疫苗发展现状及趋势

疫苗的定义，按照《中华人民共和国疫苗管理法》（以下简称《疫苗管理法》）第二条，是指为预防、控制疾病的发生、流行，用于人体免疫接种的预防性生物制品，包括免疫规划疫苗和非免疫规划疫苗。

## 一、法律法规政策梳理及重点解读

疫苗相关的法律法规是一个逐步完善的过程。《疫苗管理法》颁布实施之前，比较系统的法规是 2005 年颁布的《疫苗流通和预防接种管理条例》（以下简称《条例》），并于 2016 年 4 月进行了一次修订。《中华人民共和国传染病防治法》和《中华人民共和国药品管理法》作为《条例》的立法依据，均有多处条款涉及疫苗。卫生健康部门、食品药品监督管理部门依照《条例》以及相关的法规，制定出一系列规章、标准、规范，如《疫苗储存和运输管理规范》《预防接种工作规范》等。2020 年 4 月 2 日，国务院令第 726 号《国务院关于修改和废止部分行政法规的决定》发布，自此《条例》废止。

《疫苗管理法》的多处条款提到疫苗研制、生产、流通和预防接种，章节设置中第二章到第五章也是分别对应这四个环节。因此，疫苗相关的政策法规大致可以归类分成四个部分。研制、生产主要涉及疫苗上市许可持有人，预防接种主要涉及疾病预防控制机构和接种单位，流通则贯穿其中。

### （一）开启强监管时代

《疫苗管理法》提出国家对疫苗实行最严格的管理制度，坚持"安全第一、风险管理、全程管控、科学监管、社会共治"。从目录中可以看出，研制和注册，生产和批签发，流通、预防接种、异常反应监测和处理、上市后管理，在疫苗的全生命周期的每个阶段均设置了专门的章节，另有保障措施和监督管理两章作为前述各环节条款的责任划分。更为突出的是第十章有十八条是对违法行为的处罚要求，并且第七十九条强调"构成犯罪的，依法从重追究刑事责任"。

在具体环节中强调了多项现有的监管要求，如全程电子追溯制度、疫苗生产实行严格准入制度、疫苗批签发制度、国家免疫规划制度、预防接种证制度、预防接种异常反应补偿制度等，将各种行之有效的管理措施上升为法律要求。

## （二）提出多项开创性的管理制度

**1. 首次提出疫苗责任强制保险制度**

要求疫苗上市许可持有人投保疫苗责任强制保险。因疫苗质量问题造成受种者损害，保险公司在承保的责任限额内予以赔付。

**2. 首次提出疫苗接种异常反应的补偿范围实行目录管理，将不能排除的情况列入补偿范围**

**3. 首次提出紧急使用疫苗**

出现特别重大突发公共卫生事件或者其他严重威胁公众健康的紧急事件，国务院卫生健康主管部门根据传染病预防、控制需要提出紧急使用疫苗的建议，经国务院药品监督管理部门组织论证同意后可以在一定范围和期限内紧急使用疫苗。

**4. 首次提出疫苗纳入战略物资储备，实行中央和省级两级储备**

## （三）多项鼓励措施引导行业高质量发展

国家根据疾病流行情况、人群免疫状况等因素，制定相关研制规划，安排必要资金，支持多联多价等新型疫苗的研制。

国家鼓励疫苗上市许可持有人优化生产工艺、提升质量控制水平，加大研制和创新资金投入，国务院药品监督管理部门要优先审评审批疾病预防、控制急需的疫苗和创新类疫苗。

国家支持疫苗产业发展和结构优化，鼓励疫苗生产规模化、集约化，不断提升疫苗生产工艺和质量水平。

国家鼓励疫苗生产企业按照国际采购要求生产、出口疫苗。出口的疫苗应当符合进口国（地区）的标准或者合同要求；目前我国已有四款疫苗通过 WHO（世界卫生组织）预认证，并被纳入联合国儿童基金会、全球疫苗免疫联盟采购计划，标志着中国疫苗加快走出国门，造福世界。

### （四）明晰主体责任

《疫苗管理法》通过体系化的制度设计和法律责任机制的完善，提高了违法者的违法成本，落实了市场主体责任。明确了药品监管部门和卫生行政部门的职责分工，要求药品监管部门和卫生行政部门建立信息共享机制；实行疫苗安全信息统一公布制度；强化对监管部门和地方政府责任追究。

《疫苗管理法》不仅强调市场主体责任，并且建立科学有效的行政权力运行制约和监督体系。对监管部门和地方政府的责任追究，有助于加强行政问责规范化、制度化建设，进而回应了"谁来监管监管者"的问题。

## 二、2019 年我国疫苗市场现状

### （一）我国疫苗市场规模增长百亿元

2019 年国内疫苗市场的总体供应量达到 5.65 亿瓶（支），其中第一类疫苗占比为 56.86%，第二类疫苗占比为 43.14%；以 2019 年度第一类疫苗国家招标价格、第二类疫苗各省招标价格测算，总体供应疫苗的出厂规模约为 450.99 亿元人民币，其中第一类疫苗约为 35.59 亿元，占比为 7.89%；第二类疫苗 415.4 亿元，占比为 92.11%。

第一类疫苗受制于国家免疫规划疫苗品种和新生儿的数量，因此需求较为稳定。2020 年起，国家免疫规划疫苗有较大的调整，有两个疫苗增加一个剂次，第一类疫苗市场将再次迎来扩容。

第二类疫苗从 2016 年以来快速增长，主要由于几个大的疫苗品种加入，如 EV71 灭活疫苗（俗称手足口病疫苗）、13 价肺炎球菌多糖结合疫苗、人乳头状瘤病毒疫苗（俗称宫颈癌疫苗）、五价口服轮状病毒疫苗、四价流感病毒疫苗等。值得注意的是，进口产品因产品独特的优势，定价远远高于国内产品。2019 年进口疫苗批签发量占疫苗批签发总量的比例仅为 7.22%，但是金额占比达到了 39.86%。2020 年已有进口重组带状疱疹疫苗以及国产的宫颈癌疫苗、肺炎结合疫苗上市，第二类疫苗仍将保持快速增长的态势。

据国内证券公司的测算，我国疫苗市场总规模预计到2030年达1161亿元，年复合增长率达10.9%，体现出疫苗行业强劲增长的势头。新冠肺炎疫情的全民教育，有助于居民健康接种意识的提升，推动疫苗行业的持续扩容。

### （二）2019年国内疫苗生产企业多达37家

以中国食品药品检定研究院公布的疫苗批签发数据统计，2019年在中国有疫苗批签发记录的国内疫苗生产企业多达37家（名单见表3-1）。我国已经成为全球疫苗生产企业最多的国家，同时也是疫苗品种最为丰富的国家。全球疫苗品种覆盖的病原体共36种，中国的企业能自产并已上市应用疫苗可覆盖其中的33种，其中戊肝疫苗、EV71灭活疫苗为全球首创。

表3-1　　　　　　　　　我国国内疫苗生产企业名单

| 序号 | 企业名称 |
|---|---|
| 1 | 艾美汉信疫苗（大连）有限公司 |
| 2 | 艾美康淮生物制药（江苏）有限公司 |
| 3 | 艾美卫信生物药业（浙江）有限公司 |
| 4 | 北京科兴生物制品有限公司 |
| 5 | 北京民海生物科技有限公司 |
| 6 | 北京生物制品研究所有限责任公司 |
| 7 | 北京智飞绿竹生物制药有限公司 |
| 8 | 成都康华生物制品股份有限公司 |
| 9 | 成都欧林生物科技股份有限公司 |
| 10 | 成都生物制品研究所有限责任公司 |
| 11 | 大连雅立峰生物制药有限公司 |
| 12 | 广州诺诚生物制品股份有限公司 |
| 13 | 河南远大生物制药有限公司 |
| 14 | 华北制药金坦生物技术股份有限公司 |

| 序号 | 企业名称 |
|---|---|
| 15 | 华兰生物疫苗有限公司 |
| 16 | 吉林迈丰生物药业有限公司 |
| 17 | 江苏金迪克生物技术股份有限公司 |
| 18 | 科兴（大连）疫苗技术有限公司 |
| 19 | 兰州生物制品研究所有限责任公司 |
| 20 | 辽宁成大生物股份有限公司 |
| 21 | 罗益（无锡）生物制药有限公司 |
| 22 | 宁波荣安生物药业有限公司 |
| 23 | 厦门万泰沧海生物技术有限公司 |
| 24 | 上海联合赛尔生物工程有限公司 |
| 25 | 上海荣盛生物药业有限公司 |
| 26 | 上海生物制品研究所有限责任公司 |
| 27 | 深圳康泰生物制品股份有限公司 |
| 28 | 深圳赛诺菲巴斯德生物制品有限公司 |
| 29 | 武汉生物制品研究所有限责任公司 |
| 30 | 玉溪沃森生物技术有限公司 |
| 31 | 长春百克生物科技股份公司 |
| 32 | 长春祈健生物制品有限公司 |
| 33 | 长春生物制品研究所有限责任公司 |
| 34 | 长春卓谊生物股份有限公司 |
| 35 | 浙江普康生物技术股份有限公司 |
| 36 | 中国医学科学院医学生物学研究所 |
| 37 | 中科生物制药股份有限公司 |

## 三、《疫苗管理法》后疫苗流通的三大变化

《疫苗管理法》的实施带来疫苗流通领域的变化，有些是既往存在的行为得到了法律的确定，有些是新的要求。疫苗流通是《疫苗管理法》的第四章，多数条款延续了此前《疫苗流通和预防接种管理条例》的要求，但对采购、配送、追溯等的要求有较大的变化。

## （一）疫苗采购主体的变化

《疫苗管理法》第三十二条规定：国家免疫规划疫苗由国务院卫生健康主管部门会同国务院财政部门等组织集中招标或者统一谈判，形成并公布中标价格或者成交价格，各省、自治区、直辖市实行统一采购。

此前，国家免疫规划疫苗由各省分别组织招标采购，生产企业供应给省级疾病预防控制机构或指定的地市疾病预防控制机构。2020 年起，国家免疫规划疫苗的招标和谈判由国家统一组织。各省根据国家招标的结果完成采购工作，签署采购合同等。2020 年度的国家招标于 2020 年 1 月启动实施。通过国家组织集中招标或者统一谈判，极大地提高了国家免疫规划疫苗的招采工作效率。生产企业一次性获得国家采购的订单，可以更好地安排年度的生产、配送工作。

第三十二条第二款"国家免疫规划疫苗以外的其他免疫规划疫苗、非免疫规划疫苗由各省、自治区、直辖市通过省级公共资源交易平台组织采购"，延续此前的要求。

从这条采购方式的规定看，疫苗的流通仍然延续"一票制"的管理要求。

## （二）疫苗配送的变化

国家免疫规划疫苗的配送，一直以来都是生产企业向省级疾控中心或其指定的地市疾控中心配送，之后由各级疾控中心逐级配送到接种单位。非免疫规划疫苗从 2016 年《条例》修订后，改为生产企业配送到区县级疾控中心，省级和市级疾控中心不参与。疫苗生产企业几乎不可能建立覆盖全国区县的冷链储存和运输能力，具备能力的药品配送企业成为最好的补充，因此过去三年，疫苗的冷链储运经历了一段快速的发展时期。

值得关注的是，《疫苗管理法》第三十六条：疫苗上市许可持有人应当按照采购合同约定，向疾病预防控制机构或者疾病预防控制机构指定的接种单位配送疫苗。该条款提出了一种可能性，即疫苗上市许可持有人配送疫苗到接种单位。因为接种单位极为分散并数量众多，这样的要求对于疫苗上市许可持有人来说，是一个巨大的挑战。国家免疫规划疫苗发展多年来已经有较为稳定的配送方式，也因为疫苗价格较低，这种新的配送要求预计是无法在采购合同中达成的。但对于非免疫规划疫苗来说，目前由配送到区县疾控机构进一步延伸到接种单位的可能性是存在的。

### 1. 为现有配送方式提供法律依据

第三十六条第二款：疫苗上市许可持有人、疾病预防控制机构自行配送疫苗应当具备疫苗冷链储存、运输条件，也可以委托符合条件的疫苗配送单位配送疫苗。国内有些地区（如北京、上海、天津、长沙、济南等）的疾病预防控制机构，委托医药配送企业配送疫苗，在疫苗相关的法律法规中有明确规定。该条款为此种业务方式提供了法律依据，预计未来将有更多地区采用这样的方式进行管理。

### 2. 确定非免疫规划疫苗配送费用承担主体

第三十六条第三款：疾病预防控制机构配送非免疫规划疫苗可以收取储存、运输费用，具体办法由国务院财政部门会同国务院价格主管部门制定，收费标准由省、自治区、直辖市人民政府价格主管部门会同财政部门制定。2020年3月6日，《财政部 国家发展改革委关于非免疫规划疫苗储存运输收费有关事项的通知》出台该项费用的具体办法，规定由疫苗生产企业承担费用。随后，部分省市启动收费标准的调研和讨论。

非免疫规划疫苗配送的收费是在2016年修订的《条例》中首次出现的，规定县级疾病预防控制机构向接种单位供应第二类疫苗可以收取疫苗费用以及储存、运输费用。目前各省市的疫苗收费标准不一，辽宁省标准为8元/剂，内蒙古自治区标准为20元/剂，江西省标准为28元/剂，还有北京、天津、江苏、甘肃等多个省市未进行收费。区县疾控中心负责将疫苗配送给接种单位，接种单位在接种疫苗时向接种者收取该费用后，与疫苗款一同交给区县疾控中心。

### 3. 非免疫规划疫苗配送未来存在变数

由于疾控机构配送收费政策的明确，部分省级、市级疾控中心可能参与非免疫规划疫苗的配送，这是疫苗配送市场未来的一个变数。国家免疫规划疫苗流通方式如图3-1所示，非免疫规划疫苗流通方式如图3-2所示。

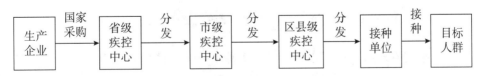

**图3-1 国家免疫规划疫苗流通方式**

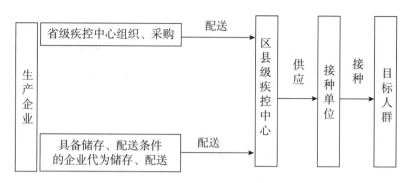

图 3－2　非免疫规划疫苗流通方式

### （三）国家实行疫苗全程电子追溯制度

《疫苗管理法》第十条规定：国家实行疫苗全程电子追溯制度。疫苗生产企业的电子追溯目前仍然都沿用阿里健康的电子追溯码，印制或粘贴到产品的各级包装上，建立产品与追溯码的关联关系。在产品出库的时候，扫描追溯码获得信息并上传到国家平台，接收疫苗的疾控机构可以从国家平台获取对应产品的信息。各级疾控机构和接种单位在出库和接收疫苗时，以及进行疫苗接种前，都需要进行扫码，并将扫描追溯码得到的信息上传国家平台。生产企业通过国家平台的信息反馈，获得本企业生产的疫苗在疾控机构和接种单位的流通、接种信息。

按照国家相关要求，全国疫苗电子追溯协同平台（国家平台）于 2020 年 3 月底建设完成。国家药品监督管理局要求 2019 年 12 月 1 日之后的疫苗追溯信息要上传到国家平台。随着疾控机构和接种单位加快疫苗追踪追溯系统的建设，疫苗追溯的工作将很快完善。

## 四、疫苗行业有待解决的问题

### （一）《疫苗管理法》的多项配套法规尚待完善

尽管《疫苗管理法》已经于 2019 年 12 月 1 日起正式施行，但与之配套的各项规章、标准、规范仍须在较长的时间里逐步完善。《条例》已经废止，以《条例》为基础的多个政策，如何延续或改变，目前也在逐步调整。而此前不完善或者应用环节存在较大问题的一些政策，如《疫苗储存和运输管理规范》中关于运输环节的短时超温问题，仍然有必要进一步完善。

## （二）非免疫规划疫苗的配送

疾控机构配送非免疫规划疫苗可以收取冷链储存配送费用，国家有关部门已经确定由生产企业支付。目前存在两个问题：省、市两级的疾控机构是否会组织配送？非免疫规划疫苗配送如何收费？

省、市两级的疾控机构配送疫苗的冷链体系，目前用于免疫规划疫苗的配送。如果承接非免疫规划疫苗的配送，由于疾控机构不是一般的市场主体，具有一定的行政色彩，将对于受生产企业委托配送疫苗的医药物流企业产生冲击。

疾控机构配送非免疫规划疫苗的收费，将给疫苗生产企业带来成本增加的可能。从此前某些省级疾控机构的试点来看，配送费用达到疫苗中标价格的 8%，而且未包括区县疾控机构的配送。部分省市的征求意见稿中，初步确定区县配送服务的收费标准为 10 元/支。

## （三）追溯体系持续建设中

各省疾控机构的疫苗信息化追溯体系完成的进度不一，各省追溯系统执行的标准要求并不统一，部分省市要求追溯信息码更新为二维码，更新了扫码设备，而部分省市的扫码设备仍为一维条形码。这样的不统一，给生产企业和物流环节上相关企业带来极大的工作量。

国内疫苗生产企业均在使用阿里健康的电子追溯码，由于阿里健康的企业属性，是否生产企业会从商业角度考虑转向其他第三方开发的追溯码？

## 五、我国疫苗领域发展趋势

随着《疫苗管理法》的全面实施，疫苗行业已经进入一个新的发展阶段，疫苗流通领域的发展逐步体现出如下趋势。

## （一）全流程专业化、规范化将进一步提升

《疫苗管理法》施行后的配套规章、规范等将逐步完善，疫苗流通领域的监管政策

陆续到位，严监管的共识必然带来专业化和规范化的提升。从生产企业的制造端到疾控机构和接种单位的使用端，都是主体责任的承担者，已经明显加快专业化和规范化的进程，尤其是后者，经历几次"疫苗事件"后，全国范围内的不规范情况都有了较大的改善。最为典型的是，各省疾控机构的预防接种信息化管理大幅度推进，以符合疫苗全程追溯的要求。对于接受委托提供储存配送服务的第三方机构，面临同样的要求。

### （二）行业集中度加快提升

《疫苗管理法》已经明确提出"鼓励疫苗生产规模化、集约化"，未来将通过有效的政策引导，将这样的鼓励逐渐体现在现实中。受此影响，与生产企业衔接的流通环节必将呈现同样的趋势。更为重要的是，近些年来，疫苗的生产企业已经较多地将储存配送委托给第三方医药物流企业承担，形成了一定的网络协同效应，但仍然表现出大小不均又极其分散的特点。通过进一步的集约化，有利于扩大网络协同效应，提高服务响应的效率，从而提高社会资源的整体利用率。

### （三）第三方物流服务需求增加

一方面，由于疫苗新品种上市加快，疫苗市场渗透率提升加快，疫苗市场的增长继续保持较快的增幅，来自生产企业的服务需求增加；另一方面，各级疾控机构对储存配送的参与程度相对有限，受制于监管的持续强化，必然要引进第三方为其服务，这种趋势将从省级行政区（如北京、天津、上海）疾控机构进一步延伸到地级市（如已有济南、长沙等地）疾控机构甚至区县疾控机构。

## 第二节　医药新零售与同城物流配送的巨大前景

随着医改的不断推进，受制于集中招标、医保控费、按病种付费的政策的落地，传统的医药营销模式面临巨大的转型压力。与此同时，基于互联网的新零售、新医疗、新通路的发展和新的推广渠道的出现，为医药新营销提供转型机会。

以医药电商为典型的互联网医药，近几年发展迅猛，年销售额已经突破千亿元大关。随着处方药外流，互联网医院以及大数据、AI 与 5G 的发展，有很多企业反映，虽然也积极布局线上互联网业务，但了解客户需求很难，不知道客户喜欢什么产品，不知道用什么方式推广产品，不知道客户对什么信息感兴趣，不知道客户用什么方式购买产品。所以导致过去传统营销方式的优势没有了，新的营销方式尚在摸索中。

## 一、医药电商市场规模

药品作为一种高度标准化且条码指示性强的商品，是最适合电子商务的行业之一。从 2005 年第一家医药 B2C 药房网上线开始，随着消费者网上消费习惯的形成和网络平台及配套服务商的涌现，网上药店已进入爆炸式增长阶段。2019 年我国医药电商的交易规模达到 1000 亿元。预计未来三年，随着处方药放开，医药电商市场规模将暴增至3000 亿元左右。

## 二、医药电商模式

### （一）医药电商发展历程

中国医药电商发展总体上分为三个阶段：官网时代、平台时代和服务型电商时代，每个阶段都涌现出一批代表性的企业。随着市场逐步成熟，客户渗透率提升，越来越多的流量企业纷纷开始发展医药电商。医药电商发展历程如图 3 - 3 所示。

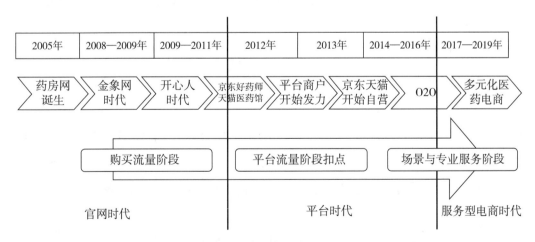

图 3 - 3　医药电商发展历程

中国医药电商物流的发展经历了三个阶段，如表3-2所示。

表3-2 医药电商物流的不同阶段对比

| 阶段 | 自配送阶段 | 默认阶段 | 协议阶段 |
|------|-----------|----------|----------|
| 参照标准 | GSP | 没有管理 | 新交易管理规定 |
| 特点 | 由于药品的特殊性，医药电商除了必须有牌照外，国家对药品的配送环节也提出了相应的要求，整个物流环节都必须符合国家《药品经营质量管理规范》（GSP）的规定；GSP对药品购销渠道、仓储温湿度控制、冷链管理和药品运输等硬件设备，以及人员资质和配备等软件都进行了详细的规定，以保证在售药品的质量安全 | 直接通过第三方物流，未对药品提出特殊管理要求；特殊药品通过顺丰等进行冷链物流运输 | 委托配送企业配送须签订质量保证协议，详细约定药品配送的细节和管理模式；遵循事后监管原则 |
| 实施难度 | 无法大面积实施 | 大面积推广 | 即将实施 |

## （二）医药电商现有模式

### 1. 医药 B2B 模式

医药 B2B 模式中，目前典型的有九州通医药网、京药采、小药药、药品终端网。目前交易规模约560亿元。医药 B2B 模式的现状：平台多、小而散；靠补贴拉动下游客户，厂家也不愿意投入；无太多增量。单纯提供一段医药供应链上的服务已经不能满足客户需求，未来的C2B2F模式，按照消费者的需求进行反向定制，通过产品定制进一步控制供应链。

### 2. 医药 B2C 模式

医药 B2C 模式的标杆企业有阿里健康、京东医药、拼多多、平安好医生。目前平台类的 B2C 交易规模在 900 亿元左右，其中 OTC 药品销售占 40%；处方药销售占比 10%；50% 左右的销售是器械、计生与保健品，平台收取交易佣金，费率在5% ~ 7%。入驻平台的商家竞争惨烈，由于运营成本和流量获取成本比较高，几乎没有盈利。

自营 B2C 模式的标杆企业有康爱多大药房、健客大药房、好药师大药房、德开大药房等。这些企业通过自建官网，分别为消费者提供特色服务：比如康爱多大药房提供治疗慢性病的产品，健客大药房提供大而全的处方药产品，好药师大药房提供以OTC药品为主的大健康类产品，德开经营以家庭医疗器械为主的器械类产品。目前由于推广流量问题，总计销售规模在80亿元左右。自营B2C模式主要以OTC药品为主，处方药为辅。由于处方药网上购物政策限制，流程复杂，一时很难冲到一定销售规模。处方药加入需求单，通过医师回访电话确认后，将需求单转成订单下发给门店进行履约。有些企业通过多地开仓，逐步使用O2O模式进行异地设仓，开展本地化服务。

**3. 医药O2O的模式**

（1）国外的医药O2O的模式（见图3-4）。

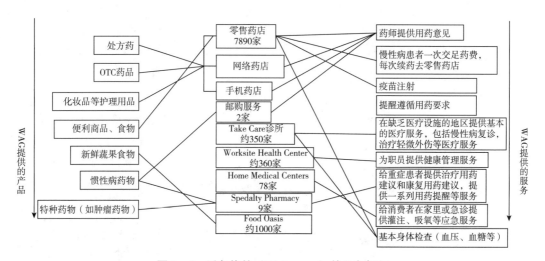

图3-4  沃尔格林（Walgreens）的业务框架

美国最大的电商公司不是亚马逊，而是Walgreens。在Walgreens的业务框架图中，左边是商品体系，中间是平台，右边的是服务。通过这张图，我们有几个发现：Walgreens不是B2C，而是O2O；它的业务线围绕大健康产业，相对比较广泛，同时也体现了"医药不分家"的理念。

（2）国内医药O2O的模式（见表3-3）。

表 3-3                                    国内医药电商的模式对比

| 经营主体 | 代表企业 | 模式特点 | 缺点 |
|---|---|---|---|
| 药店连锁自主 O2O | 漱玉平民、海王星辰、药房网、老百姓、一心堂等 | 更安全，凸显地区品牌优势，有大量客户资源，开处方药与医保支付更容易 | 移动 App 端发展缓慢，技术力量薄弱；不能开放，服务范围有限；推广运营能力缺乏 |
| 中小综合型 O2O 平台 | 快方送药为代表的自建物流平台 | 自建物流平台主要是从客户体验角度考虑，前期是重资管理投入、自建物流团队 | 前期在订单量不够的时候，人力成本高，在订单不稳定的时候，需要大量的物流配送人员，造成冗余；对企业来讲存在一定的用人风险 |
| | 药给力、搜药送、药直达等为代表的依托连锁店实体店的交易平台 | 订单完全由线下连锁店自己配送；节省大量人力、物力，便于快速扩张 | 由店里销售人员提供的配送服务不可控，店员会优先处理上门购买的订单，加上药店服务水平参差不齐，可能出现客户已经下单了，但是却因为店内忙等原因导致的订单不能及时履约，严重影响客户体验 |
| | 药急送、U 医 U 药和原阿里健康 | 抢单模式，以比价模式切入，目前发展不是非常理想 | 如果没有补贴，药店店员不愿意抢单；线下药店对价格竞争没有兴趣 |
| | 仁和药业旗下的叮当送药为代表的工业企业 O2O 模式 | 叮当送药是仁和药业旗下公司，意图整合上游企业资源，控制下游连锁，打造闭合循环 | 未来整合能力是挑战；而且，如何控制供应链，对于合作药店是一个"过不去的坎" |
| | 掌上药店为代表的导购模式 | 通过建立药全库，让消费者了解病情的症状，并能提供一些药品推荐 | 只可作为产品宣传和信息传递的平台 |
| 垂直电商转 O2O | 康爱多、好药师、健客网等垂直电商平台 | 建立线下一两个旗舰店，以 B2C 网点销售为主，转移订单到门店发货的方式 | 需要积累大量线下资源，需要时间与金钱 |
| 生产企业代表电商模式 | 仁和药业、康美药业、以岭药业等 | 生产保健食品等大健康类产品 | 快速复制依然是一个问题 |
| 大电商平台 | 阿里健康、平安健康、京东等所打造的平台 | 握有强大的流量入口、培养了用户的线上购物习惯 | 牌照与专业性是挑战 |

## 三、典型的医药电商 O2O 模式企业

### （一）仁和药业的叮当送药——生产企业典型代表

2015 年，仁和药业通过叮当快药、和力物联网、叮当医药、叮当云健康四大互联网产品，构建起"叮当大健康生态圈"。仁和药业旨在通过品种优势，打通产业链上下游，实现从产业链上游降低药品价格到下游民众便捷购药，打通生产—批发—零售一体化的供应链。

**1. 仁和药业叮当快药的整体设计思路**

叮当快药的医药 O2O 模式是基于提升用户购药体验的模式，搭建"用户—药店"的沟通渠道，主要订单流程如图 3 – 5 所示。

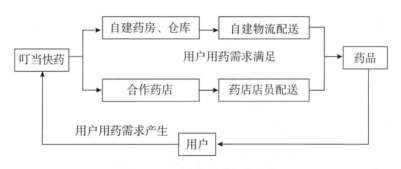

**图 3 – 5　叮当快药的订单流程**

能实现对北上广深等核心区域提供 7×24 小时服务。该设计的核心点是承诺 28 分钟送药上门，也就是用户在叮当快药 App 端下单之后 28 分钟内就能收到药品，通过电子围栏技术，一个区域中心的药店服务半径可达 2.5 公里，保证了配送员可以 28 分钟送到周边所有的地点。

**2. 仁和药业叮当快药目前的实施阶段和主要推广渠道**

在营销上，叮当快药整合线上线下资源，给药企和零售药店赋能。其一是联合药品企业打造"C2B2M"供应链模式，其二是赋能线下药店，让其扩大服务半径，实现覆盖范围从 0.5 ~ 3 公里的跨越。

营销上的推广主要针对的人群是 80 后、90 后用户，以新颖的传播方式营销，比如社交热点传播、情景化营销等。叮当快药针对年轻妈妈用户制作的专题广告，以及在

地铁、App 上投放广告等，都是针对目标用户的精准投放。

**3. 仁和药业叮当快药 O2O 模式的优势和劣势**

叮当快药最大的优势是通过解决 O2O 的配送核心点，提供 28 分钟送达的客户服务。电子围栏技术提升配送时效，资源整合降低价格。主要体现在三个方面：以先进的电子围栏为基础的最合理的药店布局；药店线下操作流程的全面优化；大数据过程监控。此外还可通过贴牌定制化产品获取成本优势，降低售价；通过产业链的整合，以销售大数据为基础的自有品牌研发、生产、销售获取低价优势。

叮当快药的劣势：叮当快药为用户提供快捷实惠的服务同时，也需投入不少的成本，如线下药店的选址及备货，药店人员的管理和配送员的招聘，无一不是重投入。由于线上流量引流等推广方式和费用投入的限制，不得不借助美团外卖、京东到家和百度外卖等 O2O 平台的流量引入，但借助三方平台流量的导入会受平台的限制，不能有效形成自己的核心竞争力。

**4. 仁和药业叮当快药发展的瓶颈和困难**

叮当快药在 2014 年由仁和药业在内部孵化，之后开始引入产业资本，2016 年年末获得由同道资本领投的 3 亿元人民币 A 轮融资，但由于是重资本的商业模式，主要建设和布局了药店和配送队伍。因叮当快药承诺核心区域 28 分钟送到，需要强大的物流配送资源作为支撑。叮当快药在北京大概有百人规模的配送体系，每个药店配有 10 个左右的配送人员，因承诺 28 分钟送达，所以配送员的冗余保持在 30% 以上才能确保服务时效，加上每位配送员月工资在 5000～6000 元，一家药店每月支付的配送人员的人力成本约为 6 万元，以每个店每天 100 单来计算，相当于每单的成本约为 20 元。当前叮当快药依然摆脱不了"烧钱"模式，资金的需求随叮当快药发展不断增长，从目前的经营状况来说，未见其有清晰的盈利模式，但是医药 O2O 模式依然面临配送成本高昂、需求低频等不利因素，倘若继续没有明确的盈利模式，在新资本未投入的情况下，叮当快药后期发展将受到较大的影响。

**（二）九州通"药急送"项目——批发企业典型代表**

"药急送"项目是九州通医药集团推广的一个 O2O 项目。九州通医药集团于 2010 年在上交所挂牌上市，作为中国最大的民营医药商业企业之一，目前全国医药企业排名第四，民营医药企业排名第一。主要以医药产品批发业务为核心业务，中药、器械为新兴业务，电子商务为战略业务。2014 年因中国医药电子商务市场规模的快速增长需要，九州通与微信合作首先推出"药急送"的 O2O 模式打破传统售药模式，当时刮起了传统医药零售改革的"旋风"。

**1. 九州通"药急送"的整体设计思路**

九州通与微信合作推出的 O2O 模式，很好地将线上流量和线下门店履约结合在一起，推动了企业信息化发展，主要设计思路基于移动端的微信平台的流量基础，订单流程如图 3 – 6 所示。

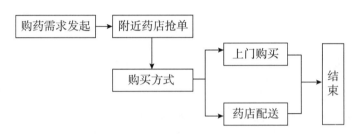

**图 3 – 6  九州通"药急送"的订单流程**

设计思路类似"滴滴出行"App 原理，九州通"药急送"主打 30 分钟快速送药上门，有用户在微信发起"药急送"文字、语音、呼叫等形式的请求，后台就会有客服人员提供 7 × 24 小时在线服务，快速查看附近的合作药店的产品库存，合作药店看到订单后，可以进行抢单，抢单成功后，订单的履约就交给药店了，由药店服务人员与用户电话确认需求，然后药店人员上门配送，完成服务。

**2. 九州通"药急送"主要推广方式**

九州通"药急送"的推广方式主要依靠医药行业最超前的微信服务号，一方面微信社交平台将有购药需求的用户引导至"药急送"平台；另一方面拉动社会药店加入"药急送"成为订单履约平台。借助九州通下游门店的客户关系，建成一个 O2O 联盟药店，"药急送"宣传物料的进店，使药店联盟成为九州通"药急送"触达用户关键宣传点。九州通目前合作的药店达 10 万家，拥有庞大的线下药店宣传点。

**3. 九州通"药急送"在医药电商 O2O 的优势和劣势**

优势一：九州通作为国内最大的民营医药商业企业，具有丰富的上游资源和下游资源。

优势二：九州通是上市公司，无论是资本层面还是自身的机制都比较灵活，比较适宜在医药电商这一市场化程度较高的领域发展。

优势三：九州通现在主要经营药店、诊所等第三终端市场的快批业务，上下游资源为公司打入医药电商领域奠定了良好基础。

劣势一："药急送"30分钟送药上门的履约时效，频繁出现配送问题，下单后无人问津、拒单的现象屡有发生。

劣势二："药急送"为线下药店带来客流，虽然增加了销售，但长期通过补贴激励药店工作人员的配送热情，"药急送"项目难以长期承担此项费用。

劣势三：合作的都是加盟的药店，对药店的管理难度很大，难以对药店进行统一管理，成为九州通"药急送"的发展瓶颈和困难。

"药急送"服务目前正处于九州通O2O战略布局阶段，在后期的发展过程中需要突破以下几点。

加盟药店配合力不足：虽拥有10万家加盟药店参与，但时常出现药店不接单，接单不配送和药品缺货等情况，不能为消费者提供有效的服务。

流量成本：九州通"药急送"已经错过流量红利时期的机会，目前流量主要集中在两大互联网巨头阿里巴巴和京东。因此，接下来流量获取的成本会越来越高，没有足够多的线上流量，不足以驱动线下药店继续加盟和合作。

配送成本高：因无专职配送人员，主要以合作药店店员配送，无法保证30分钟的配送时效，对品牌产生负面影响；对于配送过程中出现的问题，九州通也在积极地采取措施解决，未来将可能使用第三方物流，或与京东配送合作，以九州通做支线、京东做末端配送服务的模式来进行整体配送体系的搭建。

**4. 九州通"药急送"项目发展**

九州通通过微信布局O2O市场的同时，也开展了以好药师连锁大药房为载体的自配送医药O2O模式的探索。好药师以线下实体药店为配送服务网点，现已在北京、武汉、上海、广州、南京、苏州、福州、济南和郑州等地开通服务，未来计划覆盖城市数突破30个，将满足所有一、二线城市和部分三线地区。

## （三）怡康通——零售企业典型代表

陕西怡康医药有限责任公司成立于2001年，目前拥有全资及控股公司14家，全省连锁药店700余家，经营范围涵盖化学药制剂、抗生素、生化药品、生物制品、中成药、中药饮片、中药材、医疗器械、保健品、消毒用品等，经营品规 10000 多种。药品配送业务覆盖全省 85% 以上的地区，约 107 个县，拥有企业员工 6000 余人，年度总销售额可达 60 亿元，位于中国医药连锁企业排名前 12 强。怡康大药房 2015 年荣获中国零售连锁药店十强称号。

怡康通 App 是依托怡康大药房连锁开发的一款软件。App 首发易购药、云医院、商品分佣三大核心功能，让时下"互联网＋"思维结合"家庭健康生活"理念，构建了一个全新医药及家庭健康生活服务平台，为老百姓提供低价、便捷、放心的"一站式"医疗生活服务，突破顾客购物"最后一公里"的瓶颈，直接为消费者送货上门。

**1. 怡康通整体设计思路**

怡康通属于集在线问诊、在线选药、门店送药于一体的垂直模式。将公司的商品全部搬到网上来，线下依托公司的 600 多家门店作为配送点。消费者登录怡康通可以挑选商品下单，订单提交后，怡康通会匹配就近有库存的一家门店，将订单发送给这家门店，门店接收到订单后，根据订单详情，安排店员送货上门。其设计思路如图 3－7 所示。

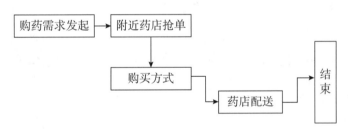

**图 3－7 怡康通的订单流程**

**2. 怡康通目前的实施阶段和目前主要推广渠道**

怡康通 2015 年上线时，主要由门店店员对来店的消费者进行推广来开展 O2O 业务。目前发展的品类有食品，药品、保健、器械等。

为了吸引更多消费者安装此款 App，怡康通针对线下零售商，提供线下流量，使线下流量价值被重估。利用线上和线下会员一致性，实现用户洞察在线上实现。单维度、单场景不是大数据，多维度、多场景的数据才有真实的用户画像，而基于真实交易的即时数据才有价值。

目前京东到家主要流量来自三个板块：怡康商城主站的流量，如首页固定位置，搜索关键词和楼层广告等；自有怡康通 App 推广，如手机应用市场、分众和 SEM 等；

线下零售商户的流量，如店内宣传物料、优惠券和包装袋上的二维码。

**3. 怡康通医药电商 O2O 的优势分析**

怡康通的优势分析：流量、配送和客户体验。

首先，流量是电商成功的核心因素。怡康大药房积累了大量的用户购买数据，通过分析这些数据，可以不定期地进行精准营销。

其次，怡康通有较为完备的仓储和物流体系，非常适合对物流和供应链有严格要求的药品。配送质量是怡康通 O2O 模式的亮点，怡康通最大优势是由自己的店员配送，能体现配送的专业性。

最后，优良的客户体验和客户黏性。公司开办有康泰医院，医院除了能提供便捷的在线远程问诊服务外，还会有医生提供患者后期的随访等增值服务。

**4. 怡康通的劣势分析**

怡康通属于医药领域健康类产品的垂直 O2O 模式，随着客户对体验要求越来越高，必然会出现以下两点问题。

第一，为了确保每个门店都能有库存，提升客户体验，应多上线一些比较常规的药品。品种少会导致无法满足消费者多样化的购物需求，同时很难吸引客户重复购买。

第二，线下会员数量大，但是能转化到网上长期购买的人群并不多。线下进店的人群是偏向年纪较大的中老年人，这部分人群的引导教育的成本比较高。

## （四）快方送药——互联网企业典型代表

快方送药是国内第一家自营式送药上门服务企业。首先在北京试点，开设自营药店，配送团队也自建。在服务开通城市，快方送药以 5 公里范围内一个门店为标准，该区域用户下单后，从最近的 5 公里范围内药店出货，所有药品都是从快方送药自营药店出货并通过快方送药专业的药品配送团队 1 小时送到用户手上。截至 2017 年 6 月，快方送药共计有 31 家自营药店，其中北京 18 家、上海 5 家、广州 1 家、深圳 5 家、杭州 2 家，目标是打造移动互联网时代的新型连锁药店。

**1. 快方送药的整体设计思路（见图 3 – 8）**

"自营药店 + 自建配送"，是快方送药的主要设计思路，目前在快方送药智能药店系统的助力下，快方送药的库存准确率达 99.5%；准时送达率达 96.7%；用户好评率达 98.2%。开放快方送药的系统，赋能药店是下阶段主要的合作模式，具体的合作分

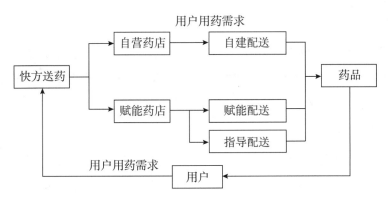

图3-8 快方送药的设计思路

为以下三种模式。

第一种是在5座一线城市采取"自营药店＋自建配送"的模式，主要瞄准的是北京、上海、广州、深圳、杭州5座城市，这也是快方送药现在的主战场。

第二种是在10座二线城市采取"赋能药店＋赋能配送"的模式，药店接入快方送药的系统后，快方送药负责配送团队的搭建。

第三种是在30座三线城市采取"赋能药店＋指导配送"的模式，药店接入快方送药的系统后，快方送药帮助药店搭建自己的配送团队。

**2. 快方送药目前的实施阶段和目前主要推广渠道**

快方送药的团队是互联网出身的团队，快方送药开发了一套自己的业务系统，包括药店管理系统、进销存系统、一键购药系统、自动上下架系统和快速拣药系统、智能订单分配系统、LBS实时定位系统等，实现了全流程环环相扣，能够服务线上线下的用药需求，实现"1小时送药上门"。目前主要是通过系统铺设控制加盟药店的合作模式来进行业务拓展。

**3. 快方送药医药电商O2O的优势和劣势**

优势一，由于快方送药的系统是整套O2O系统，快方送药的核心竞争力是对"1小时送药上门"的服务标准控制得比较到位。

优势二，自己研发系统，数据无缝对接，库存准确率、准时送达率、用户好评率等指标全部到位，提升整体的客户体验。

劣势一，快方送药虽然相继入驻京东到家、美团、百度外卖和平安好医生等平台，但没有更为深入合作，无法形成核心竞争力。

劣势二，对于资金方面，并没有类似九州通和仁和药业的上市公司做孵化，上游资源的缺乏更为明显。

**4. 快方送药的发展瓶颈和困难**

快方送药在接下来的发展中遇到的问题，与九州通的"药急送"和仁和药业的叮当快药一样，主要表现在以下方面。

服务难以标准化。一般配送人员有两类，一类是自建配送团队，另一类是药店人员。由于订单体量不够，加上一天购药的订单时间有波峰和低谷，很难控制好人力成本。另外，人员多，流动性较强，进行标准化服务培训也面临很大的挑战。

盈利能力较差。主要原因，一是客单价较低，目前客单价不足 B2C 模式的 50%。因为客单价低，每单的毛利额相对较低，但每单的配送成本是固定的。二是免配送费，目前快方送药 App 用户客单价在 50 元左右，且卖的多是品牌药，这意味着利润率普遍较低。同时，平台前期为了拓展用户，经常做一些免运费等促销活动，而配送成本至少 10 元，对平台来说很难盈利。

# 四、当前几种 O2O 模式存在的困境

## （一）商品丰富度问题

药店受门店面积的大小和周边人群的流量等因素影响，一般店内库存有 2000 个 SKU，大一点的药店也不超过 5000 个 SKU。由于单个门店的流量有限，在一定的周期内，备货太多的风险也相对较高。互联网消费人群分布广、散，用药习惯都不尽相同。比如一个医生开的处方有两三种药品搭配服用，如果在购物过程中缺少一种，就很难让消费者继续在这个 O2O 药店进行下单了。而作为一个医药 O2O 平台，很难要求门店必须备货很多 SKU。所以在设置平台模式的时候，需要考虑"总仓 + 分店"的库存共享模式。利用门店库存解决日常用药的需求，总仓解决不常卖的新特药的需求。

## （二）门店服务标准问题

我国零售药店分布不合理。虽然有距离调节控制，但是实际效果差且合法性欠缺，按人口密度调节的方法的操作性和灵活性差。国家有关药店开办的制度还不完善，虽然采取执照制度对药店的开办进行调节，但有些城市只是出台了距离限制，并没有以

地理和人口分布作为药店开办位置的标准。我国零售药店分布呈现出极不均匀的状态，合理分布应以市场调节为主，政府干预为辅，同时应完善药品零售市场的监督管理机制。

虽然北京、上海、广州等一线大城市的药店随处可见，但是连锁程度不高，服务标准也不统一。这对开展医药O2O的业务来讲，不仅在药店端的管理和系统对接方面有很大难度，最重要的是很难对消费者做出统一的、高标准的承诺。

要想解决服务标准的统一问题，需要平台制定明确的服务指标，能够通过技术手段，对拣货时效、配送时效、服务态度、商品包装、商品效期进行严格的监督和控制。要做好商家上线前的人员培训、服务意识的宣导、异常订单的处理流程等工作测试。

对服务指标进行实时监控，针对商家进行严格的管理和培训。对出现消费者投诉和服务指标差的商家进行严厉的惩罚。

## （三）人员管理问题

从事药品销售的人员需要具备较高的药品专业知识或者一定的药学从业经历，需要掌握医药营销的诸多政策和医药相关专业知识。药师不仅负责发布商品审核结果，还要回答线上线下的患者购药咨询。目前既懂电商又懂医药的复合型人才少之又少。因此，对于药店来说把电商作为手段，采取"互联网＋"的模式，需要在基层业务中实践，打破多层监管机制，实现扁平化管理，充分调动店员积极性。因此，要求商家提升对人才、对员工的管理效率与关注，以解决实体药店线上运营问题。

## （四）配送履约时效问题

目前，订单配送效率整体满足率在90%以上，满足率虽然已经很高，但是因为时间短、要求高，还达不到100%的订单履约。目前大多连锁药店虽然有强大的线下实体药店资源，但选择O2O模式送药时，到店补货效率低下，且门店配送时缺乏"最后一公里"的流程建设。目前实体药店配送需要采用自有配送和跟三方配送混合配送：一方面自有配送体系解决配送专业性的问题，确保服务的质量和时效；另一方面储备第三方物流配送，如达达、蜂鸟等即时物流，以降低自有配送体系的成本，也能在订单的峰值期间提供时效的保障。

## （五）医保支付问题

各地较早就已经开始了医保在线支付的尝试，2014 年年初，天士力就开始在天津试点糖尿病医保在线联网结算，天津本地的糖尿病患者可以直接通过社保卡号和密码签约注册天士力大健康平台，在网上进行糖尿病药品预订，享受医保在线报销及送药上门的服务。此外，2015 年 4 月浙江海宁老百姓大药房 B2C 电商网站也开通了医保支付功能，患者在线购药时会提示药品是否为医保药品，如果海宁市民选择医保药品，在货到付款方式下可以进行医保支付。与此相比，2015 年 8 月开通的广州健民 B2C 网站使在线医保支付更为便捷，广州市民在广州健民网站购买医保药品后，可以在支付时输入医保卡号和密码验证后直接从货款中扣除医保支付部分。支付宝和微信则从互联网公司角度切入医保市场，到今天，这一个个孤立的点终于汇集起来。《"互联网 +人社"2020 行动计划》释放全面开放医保在线支付信号，当然具体行动时还需要一家家医院的技术打通、一个个城市的技术对接，这其中需要沟通的人和事很多，要走的路还很长。

总之，虽然一直在呼吁网上医保支付，但目前仅进行了小范围试点，平台要做好各种医药支付模式的尝试，协助国家医保局解决医保支付的问题。

## 五、未来中国医药零售市场的格局

未来中国医药零售市场的格局一定会分化为：专业药房——大量原研、高值、进口药或许将不再依托医院渠道销售，而流入专业药房；多元化药房——以大健康品类为特征的健康综合超市；医药电商——以经营品牌 OTC 药品、保健品等不需要特别专业服务的品类为主。

其中，多元化药房和医药电商将形成寡头垄断之势，专业药房会依据各地特色，形成以当地医院为依托的小闭环形态，不易产生全国性的垄断。医药电商在 3～5 年内，将占有 30% 以上的市场份额，规模超过 5000 亿元。医药零售市场未来发展格局如图3－9所示。

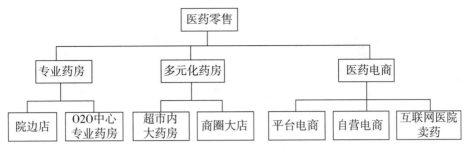

**图 3 - 9　医药零售市场未来发展格局**

# 第三节　中医药产业发展现状及趋势

中医药历史悠久，源远流长，是中华民族传统医学的瑰丽宝藏和民族人文学科的丰碑，凝聚着中华民族几千年的健康养生理念及其实践经验，与中国传统文化一脉相承。中医药具有完整的理论体系，讲究天人合一的理念，注重平和，强调辨证施治，突出治未病，是建设"健康中国 2030"的重要密匙。

## 一、我国中药市场现状

改革开放以来，随着中药现代化战略的实施，中药制剂已从传统的丸、散、膏、丹等发展到现代的滴丸、片剂、膜剂、胶囊等 100 多种剂型。按照中药加工产业链划分，可分为中药材、中药饮片、配方颗粒和中成药。

公开数据显示，2018 年中药产值达 1.14 万亿元，预计 2020 年，中药总产值将达1.5 万亿元，市场潜力巨大。中成药产值占比较高，2018 年产值约为 8000 亿元，市场参与者既有白云山、云南白药、同仁堂等老字号，也有天士力、科迪药业、红日药业等现代化中药企业；中药饮片产值占比次之，2018 年产值约 2100 亿元，康美药业、太龙药业排名前二；中药材产值 1200 亿元，配方颗粒产值约 110 亿元。

中药材市场发展前景可观，市场规模增长迅速。2017 年中国中药材市场规模为1018 亿元，2018 年达到近 1246 亿元，预计 2022 年将达到 1708 亿元，2024 年将超过2000 亿元，年平均复合增长率近 10%。在国家一系列扶持政策驱动下，中药材的战略地位逐步凸显，中药材产业不断发展壮大，中药材市场规模扩大前景可观。

## 二、中药材产业链

我国是世界中药材资源最丰富的国家，国际市场中 70% 的天然药用植物来源于中国。随着科学的发展，人民生活日益改善，国际、国内对中药材科学医疗的重视和认识度提高，特别是人类社会面对各类疫病时，中医药在临床中的杰出表现，为中医药获得很大的发展机遇。

2015—2019 年是国内中药材行业新旧格局的交替期，产业优胜劣汰加剧，传统市场和经营者面对的境况日益艰难。中药材行业低端重复，产能出现过剩，行情持续低迷。到 2019 年，受中美贸易摩擦和全球食品价格上涨影响，国内中药材行情小幅反弹，生产过热势头得到遏制，中药原料质量和工业企业整体盈利水平有所提高，这表明中药材产业链不断优化，正在向着健康、可持续的现代化方向迈进。

传统中药产业包括中药材、中药饮片和中成药三大支柱。中药材是生产中药饮片和中成药的原料，是中药产业发展的基础。中药饮片和中成药生产是中药产业的核心，是实现中药材原料向饮片、药品转变的必要过程，中药材原料经过特定的加工处理后形成可直接用于中医临床治疗。最后，这些药品通过特定的流通渠道最终到达中药消费者的手中。

如图 3 - 10 所示，中药材产业链包括药材种植、药材初加工、饮片生产与加工和工业提取四个主体环节。在新的市场环境下，中药材产业发展有很多新的机遇，同时也面临新的挑战，只有突破发展瓶颈，找到新的发展路径，才能推动我国中医药产业实现跨越式发展。

## 三、中医药产业链的外部环境

### （一）国家政策大力支持

自 2003 年出台的《国家食品药品监督管理局关于加强中药饮片包装监督管理的通知》以来，国家出台了系列产业政策，提出了"中西医并重"的方针，使得此前一直受到挤压的中药材行业发展速度呈加快趋势。尤其在 2015 年以后，国家集中发布了一批专门针对中药材产业的相关政策，其目的就是促进中药材产业长期、健康发展（见表 3 -4）。

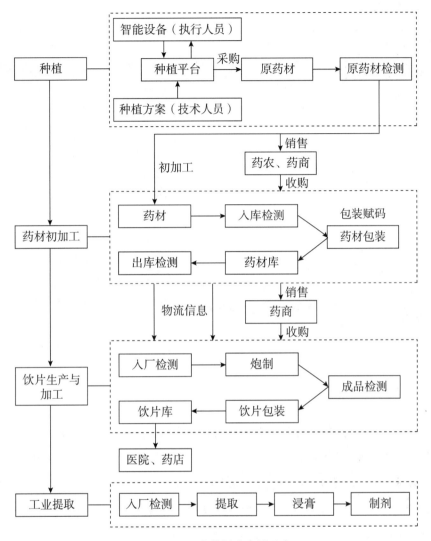

**图3-10 中药材产业链示意**

表3-4 中药材产业政策统计

| 序号 | 发布日期 | 文件名称 | 文件意义 |
|---|---|---|---|
| 1 | 2015年4月 | 《中药材保护和发展规划（2015—2020年）》 | 首次由12部门联合为中药材专门制定5年规划 |
| 2 | 2016年2月 | 《中医药发展战略规划纲要（2016—2030年）》 | 到2030年，中医药服务领域实现全覆盖，中医药健康服务能力显著提升，对经济社会作出更大贡献 |
| 3 | 2016年8月 | 《中医药发展"十三五"规划》 | 到2020年，实现人人基本享有中医药服务 |
| 4 | 2016年12月 | 《中华人民共和国中医药法》 | 明确了中医药事业的重要地位和发展方针 |

| 序号 | 发布日期 | 文件名称 | 文件意义 |
|---|---|---|---|
| 5 | 2017 年 1 月 | 《中医药"一带一路"发展规划（2016—2020 年）》 | 提出要实现中医药与沿线国家和地区传统医学和现代医学的融合发展 |
| 6 | 2017 年 9 月 | 《中药材产业扶贫行动计划（2017—2020 年）》 | 提出要凝聚多方力量，充分发挥中药材产业优势，共同推进精准扶贫 |
| 7 | 2017 年 12 月 | 《国家中医药管理局关于推进中医药健康服务与互联网融合发展的指导意见》 | 从深化中医药与互联网融合、发展中医养生保健互联网服务等方面描绘了我国"互联网＋中医药"的发展蓝图 |
| 8 | 2018 年 12 月 | 《全国道地药材生产基地建设规划（2018—2025 年）》 | 到 2020 年，要建立道地药材标准化生产体系；到 2025 年，要健全道地药材资源保护与监测体系，构建完善的道地药材生产和流通体系 |
| 9 | 2019 年 10 月 | 《中共中央　国务院关于促进中医药传承创新发展的意见》 | 提出健全中医药服务体系，发挥中医药在维护和促进人民健康中的独特作用等六大意见 |

## （二）我国经济发展水平稳步增长

2013—2018 年，中国居民消费水平保持每年 8% 左右的增长水平，2018 年居民人均消费水平近 2 万元。其中，中国居民人均医疗保健消费支出保持每年 10% 以上的增长水平，2018 年居民人均医疗保健消费支出达 1685 元。

在 2019 年，全国居民人均消费支出 21559 元，首次超过 2 万元，较上年名义增长 8.6%，增速较上年提高 0.2 个百分点；扣除价格因素影响，居民人均消费支出实际增长 5.5%，增速较上年回落 0.7 个百分点。其中，城镇居民人均消费支出 28063 元，较上年名义增长 7.5%，实际增长 4.6%；农村居民人均消费支出 13328 元，较上年名义增长 9.9%，实际增长 6.5%。农村居民消费增长高于城镇居民，名义增速和实际增速分别高于城镇居民 2.4 个和 1.9 个百分点。国内经济增长以及居民消费水平的提高都刺激着中药医疗消费需求的增长。

## 四、中药材进出口现状

至 2019 年，中医药已经传播到世界 183 个国家和地区，成为颇具代表性的"中国元素"之一。据世界卫生组织统计，目前 103 个成员认可针灸疗法，其中 29 个设立了传统医学的法律法规，18 个成员将针灸纳入医疗保险体系。随着国际对中医药的认同感加强以及中国出台《中医药"一带一路"发展规划（2016—2020 年）》等政策鼓励中医药文化"走出去"，中药进出口贸易将会迎来发展良机。

根据中国海关数据显示，2019 年 1—10 月中国中药材及中成药出口量为 104914 吨，同比增长 0.2%；2019 年 1—10 月中国中药材及中成药出口金额为 9.36 亿美元，同比增长 4.9%。提取物与中药材及中药饮片存在贸易顺差，特别是提取物，发展势头强劲；而中成药和保健品仍在努力扭转贸易逆差的局面。

## 五、中药材物流发展现状分析

### （一）中药材物流运行现状

2015 年年初，《商务部办公厅关于加快推进中药材现代物流体系建设指导意见的通知》提出，到 2020 年，初步形成采收、产地加工、包装、仓储和运输一体化的中药材现代物流体系，基本满足中药材专业市场与电子商务交易的物流需求，基本适应中医药事业发展的要求和人民群众日益增长的健康需求。

**1. 医药企业加速产地布局**

按照《中药材保护和发展规划（2015—2020 年）》"向中药材产地延伸产业链"的要求，中国中药、康美、天士力、天地网、珍宝岛、九州通、香雪等上市公司纷纷以多种形式下沉产地，产地资源竞争日趋激烈，中药材定制化生产、产地集中加工、托管式仓储、供应链金融、中药材视频直播和溯源等新型业务模式和技术都已在各大中药材产地兴起和应用。

**2. 集约化产地加工雏形初现**

中药材生产流通体系发展滞后已成为制约我国中医药产业发展的瓶颈，推进其集约化、现代化、标准化已成为行业共识。2015 年，《商务部办公厅关于加快推进中药材现代物流体系建设指导意见的通知》，在全国道地药材主产区规划了 90 家中药材物流基地。截至 2018 年 5 月，全国 52 家企业参与基地建设，其中 11 家中药材现代物流基地上线运营。同时，《中药材产地加工技术规范》等行业标准的出台，也为中药材产地加工进一步集约化提供了技术规范。

### 3. 产地市场交易日趋活跃

近年来，产地市场采购已成为中药材采购的趋势，特别是大宗中药材采购活动逐步向产地延伸。在大型医药企业纷纷赴产地市场采购中药材的同时，全国 17 个中药材专业市场，仅有亳州市场交易保持活跃，安国、玉林、成都和清平市场交易均有不同程度下降，其他专业市场也相对冷清。

## （二）中药材流通存在的问题

当前，我国中药材物流现状较工业消费品和其他农产品物流现状更为落后，包装缺乏标准规范，仓储物流处于分散状态，集约化、规模化程度很低，现代储存设施与技术应用不足等问题已严重影响到中药材的品质以及我国中医药事业的持续健康发展。

通常说的中药，包括中药材和中药饮片、中成药等。未经加工和只经过粗加工的中药材具有农副土特产品的特征，例如葛根、板蓝根等。它们在种植过程中按农副产品的规范管理，只有加工成中药饮片和中成药后，才被纳入药品相关规范的管理范畴。但如果对中药材的源头把控不够严格，农药残留、重金属超标等问题就难以根治。

中药材来源广泛、成分复杂，储存时会受到不同因素的影响。怕热的中药材应注意对温度的控制；易霉变的中药材，应注意对湿度的控制；易挥发的中药材，储存时应注意密闭……不同类型的中药材，分别需要相应的仓储条件，不能一概而论，更不能像储存粮食一样简单堆积。但在目前，国内一些中药材的仓库设施和养护技术落后，规模小、散、乱，缺乏相应规范，仓储水平甚至还不如大米、棉花等农产品。业内普遍认为，和其他产品相比，中药材的物流水平落后 20 年以上。

部分地区的中药材仓库，没有防虫、防火的基本功能，由于储存环境不满足要求，一些销售者通过硫黄熏蒸等方法延长中药材保质期。硫黄在熏蒸过程中会产生二氧化硫，可能影响中药材质量和疗效。大规模的违规硫黄熏蒸，还会影响药价。2013—2014 年的金银花、浙贝等中药材的硫黄熏蒸事件，就曾造成药价的大幅波动。一些不法商贩还利用硫黄熏蒸可以漂白、增艳的特性，把发霉变质的中药材用工业硫黄大量反复熏蒸的办法进行掩饰，卖假售劣。使用工业硫黄熏蒸过的中药材，还会引起人体慢性中毒。

运输过程中，西药产品多具有包装，但中药材如果包装不到位，藿香等具有挥发性的中药材药效会减弱；受潮、沾染虫卵等情况，会导致中药材受到污染；还有的中药材运输车辆同时运送农药、化肥等化学品，可能将中药材变成"毒药"。

物流水平差，中药材的质量受到影响，可能出现虫蛀、霉变等，造成损失。这些因素最终可能抬高中药材和中成药的价格，同时影响中药出口。

## 六、中医药产业未来发展趋势

2016 年国务院印发的《中医药发展战略规划纲要（2016—2030 年）》，积极推动中医药复兴，明确了未来十五年我国中医药发展方向和工作重点，把中医药发展上升为国家战略。2020 年新冠肺炎疫情暴发时期，中医药"大显身手"，向世界展示了其独特价值，为疫情防控作出突出贡献。未来随着 5G、人工智能等技术的快速发展，中医药行业发展更具多样性，趋势如下所示。

（1）中医药产业集中度将不断提升，产业从"零、散、小"走向种植规范化、加工集约化、生产现代化、物流社会化发展。

（2）大数据、区块链等新兴技术加快全品种、全过程、可追溯的中医药质量监管体系建设，实现中药材、中成药的生产、流通、使用的上下游一体化可溯源，知去向。

（3）中医药全面数字化发展，从定性走向定量，为新药研制、新设备开发、新生产工艺的应用提供数据基础。

（4）新冠肺炎疫情催化和"一带一路"的带动，为中医药国际化带来新的机遇。

## 七、中药材物流发展趋势

### （一）依托于中药材物流基地的仓储标准化

在中药材流通中，仓储无疑是最重要的环节。它既控制着入仓中药材质量的第一关，也决定了出仓药品的品质。目前，国家和行业主管部门已经注意到中药材仓储的重要性。2014 年第二届中国国际中药植物药博览会期间，中国仓储协会中药材仓储分会正式宣布成立，为中药材现代物流建设提供了新的发展契机。自 2016 年 7 月，河北安国等地区的 7 家基地获批首批"中药材物流实验基地"称号以来，至 2019 年，已有

11 家基地获得此称号，另有 52 家基地正在申请中。

随着全国中药材现代物流体系以及流通追溯体系建设的不断推进，中药材产地资源端的地位持续上升，中药材市场商家、流通企业、中药材需求企业及第三方服务平台都加大了对产地资源端的投入和关注。目前，九州通、天士力、浙江英特等国内大型医药企业已经建成安国、陇西、金华等地的一批集初加工、包装、仓储养护、物流配送及追溯管理于一体的中药材现代物流基地，有效下沉流通环节，缩短流通链条，提升中药材市场供给水平。同时，物流基地重点围绕中药材主产区布局，充分发挥产地资源优势，有力推进中药材生产和流通标准化、集约化和规范化，促进市场发展升级。

## （二）服务于"互联网＋中药材"业务模式的应用

中药材行业领域竞争日趋激烈，在信息时代的潮流下，互联网不可避免地渗透到该领域，经过互联网潜移默化的改造，中药材的货源组织方式、行情获取方式和交易方式均发生了较大变化，"互联网＋中药材"产业应运而生。目前"互联网＋中药材"产业正处在政策利好、行业繁荣的环境当中，各企业有关于此的改革实践不断涌现，且多取得了较为不错的成绩。

在中药材流通过程中，物联网技术的应用能够对中药材进行准确跟踪、定位，更方便顾客实时了解商品信息，准确掌握中药材从农业领域到消费领域的整个流通过程。目前，天地网、药通网、康美中药网三大国内中药材行业网站占据中药材信息平台垄断地位。这种情况在 2020 年将继续加剧。

未来，互联网企业在中药材流通方面会重点进行以下几方面建设。

（1）不断完善自身平台，如丰富平台内容，改变平台的首页设计，使其更具有观赏性。

（2）积累良好的用户口碑，通过口口相传，不断提高自身的影响力。

（3）选择与一些知名制药企业进行合作，借助它们的名望来提升自己的影响力。

（4）借助现代社会的主流媒体进行广告宣传，不断扩大影响力范围。

（5）在农村或者中药材交易市场定期举办与平台相关的活动，现场教授平台的使用方法，深入解读平台给人们带来的便利，让人们更好地了解并使用这些平台，不断提高平台的知名度。

未来的"互联网＋中药材"模式，要抓住大客户，必须解决中药材标准化问题、产品真伪的问题和产品定级的问题，这是该模式进一步发展的关键。

总体来看，中药材交易的特点是：价值链长、横跨多产业、标准化程度低、信息不透明，所以"互联网＋中药材"未来主要会从信息化、数字化入手，从为平台上的买方、卖方提供产业、种植、药材价格指导等增值服务来保障自己的生存和发展。

### （三）以全程物流追溯作为物流的基石

未来，中国中医药产业链上、中、下游将会不断完善。下游方面，药企、药店等纷纷拓展网上销售渠道，扩大销售覆盖人群；中游方面，中药加工产品会向着深加工和精细化的方向发展，以提高产品附加价值；而上游方面，中药材育种、种植模式变革、技术服务等因素对中药材种植的影响至关重要。

企业层面，中医药上市公司如天士力、康美，流通企业如九州通、阿里健康等已经在中药材溯源系统上布局，其他如天地网、正宜科技等公司，也在推动中药材溯源系统的建立。未来的全程物流追溯建设将满足以下几方面的需求。

（1）国家层面：全程物流追溯要做到对中药材和中药饮片形成来源可追溯、去向可查证、责任可追究的全程追溯链条，起到监管、规范市场，惠及大众的作用。

（2）市场层面：全程物流追溯将使中药材来源和流通过程透明，市场竞争将会更加透明，提升市场活力。

（3）企业层面：全程物流追溯要帮助企业追踪中药材种植加工及流通，一旦中药材供应链中的某个环节出现问题，可利用信息技术从供应链下游到上游进行追溯，查出问题的根源，从而在根本上解决中医药产品的品质与安全隐患。

（4）品牌提升：具有全程物流追溯标识的中药材就是每个公司的名片，消费者每一次看到时都是对生产企业的再一次认识和认可，消费者可以更放心使用企业产品，从而产品销量增加，提升企业效益。

全程物流追溯最终指向的是消费者，完善的追溯链条能够保证消费者的知情权，提高公众对产品质量安全的信心；也将农产品生产者置于公共监督之下，使得产品透明化、规范化，消费者能够使用安全、放心的中药材和中药饮片。

# 第四章

# 物流"血脉"，未来可期

# 第一节　我国医药物流行业发展态势可观

## 一、我国医药物流总费用稳步增长

医药物流是指医药产品从供应地向接受地的实体流动过程。根据实际需要，将运输、储存、装卸搬运、包装、流通加工、配送、信息处理等功能有机结合，并保持药品始终处于维持其品质所必需的可控温度和安全环境下，从而满足用户要求的过程。中国物流与采购联合会医药物流分会（以下简称"分会"）经公开数据整理，不完全统计推算，2019 年我国医药物流总费用为 677.71 亿元，较 2018 年增长 10.39%。受宏观经济下行和医改政策等因素的影响，同比增速回落 2.51 个百分点。整体上看，虽然增速略有放缓，但是我国医药物流费用规模呈稳步持续上升的趋势。2016—2019 年我国医药物流总费用情况如图 4 – 1 所示。

**图 4 – 1　2016—2019 年我国医药物流总费用情况**

资料来源：中物联医药物流分会。

注：医药物流总费用，假设经过两个物流环节到达使用终端，包括医药工业企业和药品流通领域的物流费用之和。

医药物流总费用增长的原因主要有：第一，2019 年我国医药工业企业主营业务收入持续增长，按照可比口径计算同比增长 8.0%，虽然增速较上年下降 4.6 个百分点，但是也是推动医药物流费用增长的主要因素之一。第二，2019 年全国医疗卫生机构总诊疗人次达 87.2 亿人次，比上年增加 4.1 亿人次，同比增长 4.9%，医疗终端需求的大幅度增加，必然拉动医药物流费用的增长。第三，如前文所述，2019 年医药电商突破了千亿元的市场规模，获得了突破性的发展，且医药电商的物流费率相对较高，直接拉动医药物流费用规模的增长。第四，从医药物流行业本身而言，物流成本的上升、订单碎片化、订单配送末端化，以及集中带量采购对医药物流行业提出更高的物流要求等也是推动医药物流总费用增加的重要原因。

## 二、医药物流仓储规模进一步扩大

2019 年是医药行业不平凡的一年，药品集中带量采购的持续扩围扩面，以及中标企业选择配送企业的相关规定，实质上是对医药商业企业和医药物流企业的供应链管理能力很大的考验。因此，2019 年也是各大企业继续完善医药物流基础建设的重要一年。

随着药品第三方物流的开放，"两票制"的全面推广，药品集中采购的大力推行，"一票制"的蠢蠢欲动等，医药物流行业已进入重要的市场布局阶段，对医药物流硬件建设的投入在最近几年持续增加。根据分会调研不完全统计，截至 2019 年年底，我国医药物流仓储面积为 2066.87 万平方米，较 2018 年增长 17.13%，同比增长率回落 2.1 个百分点（见图 4－2）。

从图 4－2 可以看出，2017 年我国医药物流仓储面积增长最快，原因是 2017 年"两票制"开始实施，受"两票制"的影响，流通环节压缩，为了满足业务需求，医药商业企业纷纷布局仓库资源。其实在"两票制"文件正式出台之前，先知先觉的企业就早已在仓储规划方面进行布局，因此，2017 年仓储面积出现增速峰值。2018 年"两票制"余温犹存，部分企业仍在进行物流基础设施的建设，但是与 2017 年相比，仓储面积增速有所放缓。2019 年，由于药品集中采购的影响，企业规模效应凸显，全国龙头企业和区域性龙头企业优势明显，尤其是集中采购药品的配送，业务量有所增加，为了满足业务需求，仓储面积增长明显。反观中小型企业，经营受创明显，因此很

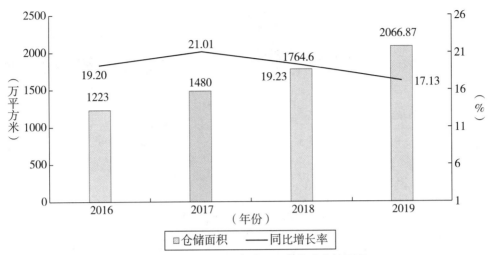

**图4-2 2016—2019年我国医药物流仓储面积**

资料来源：中物联医药物流分会。

多中小型的仓储面积有所减小。综合以上两点，2019年我国医药物流仓储面积增速有所回落。

药品具有不同于一般商品的特殊性，其仓储对温度的要求较高。按照对温度的要求不同，在《药品经营质量管理规范实施细则》中将储存药品的仓库主要分为冷库（温度控制在2~10℃）、阴凉库（温度控制在20℃以下）和常温库（温度控制在0~30℃）。储存时按照药品的剂型和自然属性不同及说明书的要求将药品存放于不同条件的仓库中，如冷库一般用于存放血液制品、胰岛素、体外诊断试剂等，阴凉库一般用于存放含醇、易挥发、软膏、栓剂等药品，常温库用于存放一般固体和液体制剂，同时要求仓库内安装温湿度监测设备和去湿设备。

各种类仓库中，阴凉库占比最大，总面积达1426.14万平方米，占比达到69.00%。常温库和冷库面积分别为493.98万平方米和80.60万平方米，占比分别为23.90%和3.90%，具体如图4-3所示。

## 三、医药物流运输能力持续增强

### （一）医药物流运输自有车辆大幅度增加

医药物流运输方式包括公路运输、航空运输、铁路运输、城市配送。目前来看，公

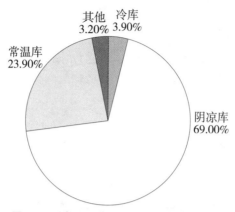

**图 4 - 3 我国医药物流仓储面积分类统计**

资料来源：中物联医药物流分会。

路运输仍是行业内的主流运输方式。据分会不完全统计，2019 年我国医药物流运输自有车辆大幅度增加，其总数为 34477 辆，同比增长 16.83%，增速有所回落（见表 4 - 1）。

表 4 - 1　　　　　　　　　**2016—2019 年我国医药物流运输自有车辆数量**

| 年份 | 2016 | 2017 | 2018 | 2019 |
|---|---|---|---|---|
| 自有车辆（辆） | 21391 | 25028 | 29511 | 34477 |
| 同比增长率（%） | — | 17.00 | 17.91 | 16.83 |

资料来源：中物联医药物流分会。

注：统计自有车辆是因为提供医药运输车辆服务的企业会为多家医药商业企业或物流企业提供车辆服务，而调研对象大多数为医药商业企业和物流企业，为了避免外协车辆的重复统计，故只统计每个企业的自有车辆。

随着医药物流仓储面积的持续增加，加上订单碎片化、配送末端化以及对物流的快速响应要求，运输车辆必然会相应地增加。按照车辆的所有权来划分，医药物流运输车辆分为自有车辆和外协车辆，企业根据业务模式、成本管理等因素选择合适的模式，因此，企业一般选择"自有 + 外协"相结合的车辆配送模式。据分会不完全统计，医药物流运输总车辆中，外协车辆占 81.35%。

## （二）冷藏车数量显著增加

随着追溯体系的逐步建立，行业监管为史上最严，药品冷链运输越来越受到重视。随着医药市场的不断扩大，冷藏车数量大幅度增加。2019 年我国医药物流运输自有车辆34477辆，其中冷藏车8146辆，占比为23.63%，同比增长60.99%，具体如表4－2所示。

表4－2 **2016—2019年我国医药物流运输自有冷藏车数量**

| 年份 | 2016 | 2017 | 2018 | 2019 |
|---|---|---|---|---|
| 冷藏车（辆） | 3112 | 3890 | 5060 | 8146 |
| 占自有车辆总数比例（%） | 14.55 | 15.54 | 17.14 | 23.63 |
| 同比增长率（%） | — | 25.00 | 30.08 | 60.99 |

资料来源：中物联医药物流分会。

冷藏车数量增加较为显著，一是由于生物制品、疫苗、血液制品等市场规模的持续扩大，2019年，疫苗市场规模同比增长率约为28.29%，血液制品市场规模同比增长率约为25%，生物制品市场规模同比增长率约为18.29%，因此需要更多的冷藏车满足运输需求。二是由于开启史上最严的监管，终端客户对于药品品质要求的提高促使企业不得不增加具有温度控制功能的冷藏车数量。三是很多企业看到药品冷链市场的商机，据了解有不少企业新开展药品冷链运输业务，也是冷藏车大幅度增加的原因之一。调研企业中，2019年存在个别企业自有冷藏车增加几百辆或者千辆的情况，大幅提高了增长率。

## 四、医药物流成本持续上升

据分会不完全统计，2019年医药物流成本整体上升18.66%，是2019年医药物流总费用增长率的近两倍，说明物流行业将长期面临物流成本的巨大压力。由于企业类型不同，各类成本占比也会有所差异，据分会不完全调研，医药商业企业的物流成本中，仓储成本最高，占比为34.41%（见图4－4），而医药物流企业的物流成本中，运输成本占比最高，占比为35.28%（见图4－5）。对二者来说，人力成本占比也较大，也说明现阶段医药物流行业智能化和信息化水平还不足以支撑目前行业发展的需要。管理成本无明显差别。

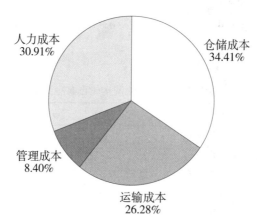

**图4-4　2019年医药商业企业物流成本占比**

资料来源：中物联医药物流分会。

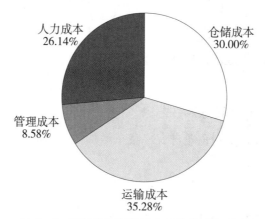

**图4-5　2019年医药物流企业物流成本占比**

资料来源：中物联医药物流分会。

物流成本增长的原因主要有：第一，医药物流规模的总体扩大，物流成本也会相应增加。第二，如上文所述，人力成本逐年增加，物流企业对于人力的依赖性依旧较高。第三，拆零比例进一步上升，订单碎片化导致物流操作动作大幅增加。第四，配送终端进一步下沉，运输成本持续上升。

## 五、医药物流信息化系统覆盖率无明显变化

根据分会不完全调研，从信息化管理系统覆盖率来看，与2018年相比，各类信息化系统覆盖率与2018年无明显差别。说明在2018年之前，医药企业已经基本根据业务

和管理需求上线所需要的信息系统，基本完成企业内部的信息化建设。

根据分会 2018 年调研数据显示，GSP 强制要求的信息化系统使用率最高，如温湿度监测系统。但即便是 GSP 强制要求的温湿度监测系统，依然没有达到完全覆盖。综合管理系统如仓库管理系统和运输管理系统作为基础性管理工具使用率也相对较高，均超过 50%（见图 4-6）。但是，应该深刻认识到，部分信息化建设较好的企业并不能代表行业整体的信息化发展水平，很多企业在信息化建设方面欠佳，因此，相关信息化系统覆盖率有待进一步提高。只有进一步提高医药物流整体信息化水平，才能实现行业整体高效率、高水平的发展。

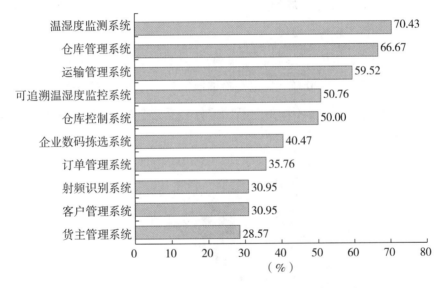

图 4-6　2018 年我国医药物流企业信息化系统使用率

# 第二节　医药冷链物流发展现状及趋势

医药冷链是指以满足人们疾病预防、诊断和治疗等目的，为保证冷藏药品、疫苗、IVD（体外诊断产品）等安全有效，采取的一种温控环境的特殊供应链网络。本报告中医药冷链的范畴是指除要求常温储存、运输的医药（不考虑季节变化）以外，其他具有明确储存、运输温度要求的医药产品的供应链网络。

《中华人民共和国疫苗管理法》、新修订的《中华人民共和国药品管理法》（以下简称《疫苗管理法》《药品管理法》）的连续重磅出台，对医药冷链行业提出了更高、更严、更全的要求，医药冷链行业在面临挑战的同时，也迎来了发展机遇，有望成为医药物流行业的后起之秀。

## 一、医药冷链市场规模

医药冷链是医药物流货物安全的重要保障。随着法规体系的不断完善和医改政策的不断深入，基于市场需求以及医药冷链市场自身的不断发展，医药冷链安全得到了高度的重视。在法规政策和市场的双重驱动下，医药冷链在应用范畴、设备、技术、基础建设等方面获得了较快的发展。

近几年，医药冷链市场规模持续扩大，据分会不完全统计，2018 年医药冷链销售总额约为 2827.07 亿元，2020 年我国医药冷链销售总额有望突破 3000 亿元。医药冷链包括疫苗、血液制品、IVD 等不同的产品，据分会不完全调研，2018 年医药冷链市场各细分领域占比如图 4-7 所示。

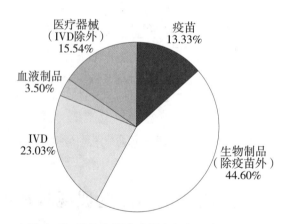

图 4-7 2018 年医药冷链市场各细分领域占比

## 二、医药冷链配送模式基本成熟

由于医药运输对物流网络和设备设施要求较高，尤其是医药冷链对设备、温控要求更加严格，因此企业应根据产品类型、业务范围、运营成本等进行综合考量，选择适合的配送模式。

医药冷链物流的模式主要有三种:一是自营模式;二是医药企业委托第三方物流企业的物流配送,即外包模式;三是将自营和外包相结合的混合模式。自营和外包各有优点和缺点,因此很多企业同时采用两种方式。自营和外包的优缺点对比见表4-3。

表4-3　　　　　　　　　医药冷链物流自营和外包优缺点对比

| 配送模式 | 自营 | 外包 |
|---|---|---|
| 优　点 | ·冷链总体质量的控制<br>·效率高<br>·作业规范<br>·产品质量风险好管控<br>·标准统一<br>·操作灵活、沟通顺畅 | ·车辆等物流资源比较灵活<br>·不用考虑回程车费用问题<br>·成本较低<br>·管理简单<br>·有效规避运输风险<br>·运输能力强 |
| 缺　点 | ·要求车辆规模较大<br>·成本较高<br>·管理难度较大<br>·配送网络覆盖有局限 | ·服务响应不及时<br>·存在沟通成本<br>·不确定性较大<br>·过程难以控制 |

值得注意的是,基于目前我国医药流通行业的现状,现有医药物流的流通多由批发商承担,除了部分同城配送业务由当地批发商的自有车辆完成,其余跨省运输、省内干支线运输等,将近80%的物流运输都由批发商转包至第三方物流企业承运。

## 三、设施设备专业水平不断增强

行政监管和市场需求的不断提高,以及全社会对医药冷链质量安全"零容忍"的态度,促使冷链设备、技术等快速应用于医药冷链领域,推动医药冷链向信息化、智能化迈进。据分会不完全统计,目前医药冷链设备、技术主要有15种,分别是冷藏车、温度记录仪、GPS(全球定位系统)、移动打印机、近场通信设备、断电制冷、可视化验证系统、冷库建设保温材料、制冷风机、蓄冷剂、保温箱、可定位温度计、隔温板、温湿度监测系统、温度预报警系统。

医药冷链设施设备是基础,规范的运输操作是保障,医药冷链运输操作要点主要包括入库、储存、出库、运输等。具体如图4-8所示。

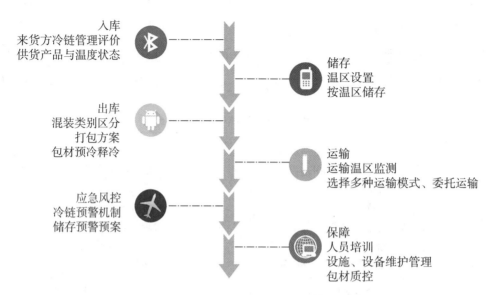

图 4-8  医药冷链运输操作要点

## 四、面临的痛点

### （一）医药冷链成本居高不下

据分会不完全统计，2018 年医药冷链物流费用约为 130.14 亿元，冷链物流费用占医药物流总费用的 21.20%。医药冷链市场占医药物流行业整体市场的比例为 10% 左右，却消耗掉 20% 的物流费用（见表 4-4）。

表 4-4  2018 年医药冷链不同产品物流费用

| 细分领域 | 物流费率（%） | 市场规模（亿元） | 物流费用（亿元） |
| --- | --- | --- | --- |
| 疫苗 | 3.50 | 350 | 12.25 |
| 生物制品（除疫苗外） | 3.50 | 1171 | 40.99 |
| IVD | 5.50 | 604 | 33.22 |
| 血液制品 | 4.50 | 283.67 | 12.77 |
| 医疗器械（IVD 除外） | 4.50 | 418.4 | 18.83 |

第一，与食品冷链相比，由于药品的特殊性，其质量安全风险控制要求高，质量监管要求在冷链行业中也是最为严格的。第二，医药冷链物流具有更强的专业性，进入门槛高，整个链条上的设施设备、流程必须根据实际使用场景进行冷链验证，满足

要求方可投入使用,仅验证这一项就需要 6~12 个月的时间才可全部完成。第三,温控运输作业要求提供全程不断链的温度数据,操作保障难度系数大大增加。为了避免药品运输途中多次开关门而产生的超温,许多高质量水平客户不接受拼货集运,导致运输成本居高不下。第四,低温环境作业对人员专业性要求极高,人员工作强度也较大,需进行定期、严格培训。对员工的素质、责任心都提出了非常高的要求,因而其薪酬待遇水平要高于物流行业的平均水平。

## (二) 医药冷链物流体系有待进一步完善

国家药品监督管理局公布的数据表明,药品的质量问题中有近 20% 与冷链物流相关。断链问题仍然时有发生,其痛点在于,医药冷链配送需要经历多个物流环节,不同的环节使用不同的运输资源和信息系统。要实现药品流通的信息共享和全程温控,就需要有统一的标准和执行标准的能力,范围包括医药产品冷链物流涉及的温控仓库、温控车辆、冷藏箱、保温箱等。除了疫苗不能二次委托,其他医药冷链产品仍然存在层层转包的现象,造成产品的安全风险较大。随着 GSP (《药品经营质量管理规范》)和 GMP (《药品生产质量管理规范》) 等冷链相关标准逐步落地,部分企业质量体系的严谨性与自律性尚有待提升。

## (三) 冷链物流技术和信息互通程度有待提升

医药冷链物流的核心不完全是冷,而是恒温,即温度要控制在一定的区间内(包括深冷、冷冻、冷藏、阴凉、常温等不同温区),不同的产品需要不同的保存温度。以疫苗为例,要求全程冷链运输,一旦运输途中出现温度异常,就会产生不可逆的后果。信息化程度方面,目前我国医药冷链物流从供应链顶层到底层涉及的医药制造商、供应商、分销商、零售商等物流节点并没有完全实现信息互通,各环节采用各自独立的管理方式,难以实现信息共享。

在冷链物流中,疫苗产品由于其特殊性走在了医药行业的前列。2019 年 12 月 1 日起实施的,史上"最严"的《疫苗管理法》明确提出,要对疫苗实行全程的电子追溯制度,由国务院的药品监督管理部门会同国务院的卫生健康部门,制定统一的疫苗追溯标准和相应的规范。建立全国疫苗信息化追溯的协同平台,整合疫苗生产、流通、预防接种等全环节的相关信息,最终实现疫苗全程可追溯。这应该是一个新的更高标准的要求和举措，也是强化疫苗全程质量监管的最有效措施。按照新颁布的《疫苗管理法》的规定和要求，通过建设好疫苗全程的电子追溯制度，最终尽快地实现疫苗产品的来源可查、去向可追、责任可究。

## 五、医药冷链物流的发展趋势

### （一）宏观政策推动微观经济的变化

第一，从医保支付方式的改革，到药品招采制度改革带来的药品集中采购常态化、高耗流通使用改革、医疗服务价格改革等一系列的改革，伴随着《中共中央 国务院关于深化医疗保障制度改革的意见》形成了"1＋4＋2"的总体改革框架，构建新时代中国特色医疗保障制度。第二，政策推动行业资源不断整合，马太效应将逐步显现。第三，"互联网＋"医疗推动了整个行业的变革，加上2020年新冠肺炎疫情的推动，使网上售药成为慢性病病人购买药品的另一个重要渠道。

### （二）医药恒温市场发展潜力巨大

目前，随着我国经济的发展，医疗保障水平的提高，对医药产品的物流要求也在逐步提高。随着需要低温贮藏的医药产品的快速发展，下游行业对医药恒温物流的需求越来越大。随着我国对医药产品的物流要求逐步提高，以及新研发的产品对于温度区间的要求提升，医药恒温物流市场发展前景巨大。目前市场中有 $-25 \sim -15℃$、$-10 \sim -2℃$ 的产品，甚至出现了 $-160℃$ 的产品。对于这些产品来说，需要通过创新去寻找解决方案。冷链包材、设备需求为企业带来了销售机遇，近几年冷链包材已经有了很大的提升，现在市面上已经有很多 $-10 \sim -2℃$ 的包材。因此，致力于寻求仓库库存温度及运输温度的解决方案，也是今后的发展趋势。

### （三）最严监管为具备实力的企业带来发展契机

合规化已成为企业发展的内在需求，合规是企业所有活动的基本原则，法律法规对于医药冷链的要求只会愈加严格，而流通链条的改变对于专业的医药第三方物流企业是利好的因素。对于第三方物流企业而言，不仅要致力于为生产企业解决温控方面的问题，为南北方温度差异、冬夏季温度差异等提出温控质量解决方案，也要为企业本身做到降本增效，提出集约化的运输温控方案，做到精细化、精益化管理。

### （四）专业的第三方冷链物流企业将会成为市场竞争的主体

医药冷链具有成本高、利润低、管理难度大等问题，在前文中对医药冷链自营和外包的优缺点进行了分析，将医药冷链业务委托给专业的第三方冷链物流企业配送是可行的，专业的第三方冷链物流企业是未来参与冷链物流市场竞争的主体。

对于专业的第三方冷链物流企业存在的不足应当加以重视，这也是未来改善服务的重点。不足主要有服务响应不及时、存在沟通成本、管理难度大、不确定性大、过程难以控制等。这就要求第三方冷链物流企业应提高服务响应能力，与上下游企业建立顺畅的沟通渠道，建立严格的管理制度，对冷链物流全程进行可视化监控，减少不确定性情况的发生。

# 第三节 药品第三方物流发展现状及趋势

## 一、医改政策持续推动药品第三方物流发展

### （一）国家层面政策

医药行业由于其产品的特殊性，属于政策导向性行业，对医药物流企业而言，法规带来的挑战和机遇是不可忽视的。2015年开始推行"两票制"后，二级及多级经销商消失，医药生产企业的渠道下沉，增大了药品配送压力，医药物流企业将面临配送区域下沉到二、三级城市，配送总量小，配送时效紧带来的成本和效率挑战。

2019年之后政府开始推进"4+7"带量采购，药品批量采购，药品单价大幅度下降，降低了药品的利润，但同时也提高了行业的集中度。对医药物流行业的影响是药品配送更集中，配送成本下降。对药品第三方物流（也称第三方药品物流）而言，集中采购等政策是一个积极的推动力，随着集中采购试点范围的不断扩大，第三方药品

物流的优势更加凸显。由于批发药品利润大幅度下降，大型医药商业企业建立独立的第三方物流公司，从而实现利润互补的目的。在政策影响下，专业化第三方药品物流业务量有所增加。

2019 年新修订的《药品管理法》颁布，会加快药品审批，推进建立药品上市许可持有人制度，一系列政策会加快新药研发和上市进度，而新药的配送要求较高、费用也相对较高，给药品第三方物流企业带来新的机遇。

### （二）药品第三方物流要求再度升级

上海作为先行先试的典型代表，医药改革一直走在行业的前列。2020 年 5 月 6 日，上海市药品监督管理局发布关于《上海市药品现代物流指导意见（征求意见稿）》（以下简称《征求意见稿》）公开征求意见的通知，虽然是征求意见稿，但是文件内容对药品第三方物流企业具有很强的指导意义。文件指出，药品第三方物流企业除必须符合药品现代物流企业的要求之外，还应当符合额外的要求，《征求意见稿》对于药品第三方物流的要求再度升级，率先开启药品第三方物流新阶段。亮点如下所示。

**1. 规定具体的仓储规模**

药品第三方物流企业仓储面积不少于 15000 平方米或容积不少于 75000 立方米。

**2. 规定具体的车辆数量**

企业应当配备与药品配送规模相适应的密闭式自有运输车辆不少于 8 辆；开展冷链药品物流业务的，还应当配备自动调控和显示温度状况的自有冷藏车不少于 3 辆；车载冷藏、冷冻设备和冷藏车总容积不少于 30 立方米。

**3. 委托储运信息交换**

药品第三方物流企业使用的电子数据交换平台，应支持物流作业数据与委托储存配送信息进行交换，具备对委托方药品验收、入库、出库、退回等指令的处理功能，实现药品委托储存全过程质量管理和控制，并具备全程货物查询、追溯功能，确保实现药品信息的有效追溯。

**4. 提交委托业务报告**

开展药品第三方物流业务的药品经营企业应当每年向市药品监督管理局报送企业委托业务的经营质量情况报告。

从《征求意见稿》的内容可以看出：一是药品第三方物流门槛提高，一些规模达不到要求的药品批发和经营企业将无缘药品第三方物流领域。二是市场竞争更加激烈，初具规模的药品第三方物流企业优势将会迅速显现，现有规模较小的药品第三方物流企业未来发展将会面临较大的挑战，或者说可能会成为未来兼并重组的对象，药品第三方物流行业集中度将会逐步提高。三是药品第三方物流信息化、自动化、智能化等设施设备推广应用节奏会加快，文件中明确规定了药品现代物流企业必须具备的设施设备，将会改变药品物流行业设施设备推广应用缓慢的现状。四是国家药品监督管理局将会关注开展药品第三方物流业务的企业药品经营质量情况，未来国家是否会"插手"药品第三方物流行业的市场发展也未可知。可以肯定的是，药品第三方物流资源整合的步伐将会进一步加快。

## 二、药品第三方物流发展市场现状

2016 年 2 月，我国取消药品第三方物流审批，促进了药品第三方物流的发展，从事专业药品运输的第三方物流企业大量涌现。药品第三方物流企业可以分为以下三类。一是大型医药商业企业成立的物流公司，此类企业深耕医药领域多年，具有较强的资源优势。二是来自专业医药第三方物流企业，具有成本、技术等优势。三是社会专业物流企业，依托政策红利，从医药行业细分领域进入，逐步打开医药物流市场，获得发展机会。对于不同类型的企业，其在医药物流中的优势和不足，如表 4 - 5 所示。

## 三、药品第三方物流企业物流成本分析

据分会调研统计，与 2018 年相比，2019 年药品第三方物流企业物流成本平均增长率为 21.42%。细化到各项成本占比方面，2019 年与 2018 年各项成本占比相比无明显变化。其中，运输成本占比最高为 36%，这与物流企业的业务直接相关；仓储成本占比为 30%，略低于运输成本；人力成本占比为 26%；管理成本最低，占比为 8%。

表 4 - 5　　　　　　　　　　不同类型的药品第三方物流企业对比

| 企业类型 | 优势 | 不足 | 代表企业特点 |
|---|---|---|---|
| 大型医药商业企业成立的物流公司 | 1. 资质优势。拥有 GSP 认证资格，药品运输、仓储管理过程中合规性强<br>2. 渠道优势。上下游客户资源充足，对于工商一体化企业而言，自营物流有助于提升药品的流通销售；物流网点基本可覆盖大部分省市，实现全国布局<br>3. 经验优势。深耕医药物流行业多年，行业经验十分丰厚。在仓储和质量管理方面有优势<br>4. 整合优势。集团内资源整合、分配优势明显<br>5. 管理优势。完善的物流运营管理体系，包括组织架构及职责、物流运营流程、绩效考核体系、持续的现场运营优化机制 | 1. 与大型物流企业或电商平台物流企业相比，物流数据把控、运输过程监控、数据收集反馈方面有一定差距<br>2. 承担企业自身经营药品的仓储和运输职能，因为经营压力小，容易出现决策保守、创新滞后、运营成本高、不具备竞争力等问题 | 国药物流、华润医药、九州通 |
| 专业医药第三方物流企业 | 1. 享受国家政策开放红利，短期内有较大的业绩上升和业务扩张的空间<br>2. 在小区域内有较强的末端配送能力，对于数量少、地域偏的小业务有更强的获客能力<br>3. 在细分领域具有较强的专业能力，运输质量和安全性可控 | 1. 渠道较为局限，客户资源不足<br>2. 整体企业规模小，经营范围比较集中，运营风险大，资源获取能力低<br>3. 企业管理模式较为散乱，缺少集团化的管理模式 | 盛世华人供应链、康展物流、荣庆物流、城市映急 |
| 社会专业物流企业 | 1. 专业化优势。具有专业化的物流体系，信息系统化、自动化水平相对较高<br>2. 如邮政在偏远地区有其他企业无法比拟的优势<br>3. 成本优势。与其他物流配送产品协同，规模效应强，可以有效控制成本 | 1. 客户资源不足。医药行业体制相对封闭，物流企业需要打破传统合作的惯性；医药物流企业在多年发展中已积累稳定的客户资源，一定程度上拉高了市场门槛，较难挤进高端市场<br>2. 行业经验不够丰富。此类物流企业以快递业务起家，医药行业相关专业经验匮乏<br>3. 缺少医药行业专业人才 | 顺丰、中国邮政、京东 |

导致成本居高不下的原因主要有以下几个方面。

（1）运输成本：由于药品运输对车辆要求极为严格，车辆必须经过验证和备案才可投入使用，这样增加了固定车辆的需求，同时降低了使用社会闲散车辆资源的可能性。为保证车辆的周转率和合规性，合规的备案车辆回程配货选择性小、配货难度大、空载率高，另外冷链包材的使用和回收成本也导致成本的上升。

（2）仓储成本：药品货值高，货损风险大；市场监管力度大，仓储管理过程中投入多、成本高。

（3）人力成本：医药物流操作难度相对普货物流高，不仅需要对人员进行反复培训，同时需要进行考核和备案，在一定程度上增加了人员选择和用工成本。

## 四、药品第三方物流面临的痛点

### （一）各地药品第三方物流准入资格理解和执行不一

在国家发布药品第三方物流监管政策后，部分省份陆续出台了适用于本地区的监管政策。江苏、新疆、广西、江西、内蒙古等地规定被委托方必须是药品经营企业，江苏、新疆和广西还要求其符合《药品第三方物流企业从事药品物流业务有关要求》（国食药监市〔2005〕318号）并继续现代物流改造；河北、福建、山东等则仅要求企业具备药品现代物流条件并符合 GSP 规定即可。

在国务院取消从事药品第三方物流业务的行政审批后，各地对于社会化第三方物流准入资格的理解和执行程度不一，有的地区暂停了企业从事药品第三方物流业务的备案工作，随着"两票制"的推行，部分地区放宽了第三方物流准入资格并出台了相关政策文件；在实际操作层面，各地区审核资质也要求不一，如福建、江西、山西、宁夏等管制比较严格。

从委托方资质角度看，各地区的规定差异较大。例如湖北要求药品上市许可持有人、药品生产企业、药品批发企业和药品零售企业（含零售连锁总部）以及省内持有药品经营许可证及符合《药品经营质量管理规范》的药品批发企业、药品零售企业可进行委托；新疆、云南、湖南则规定药品生产企业和批发企业具有委托方资格；福建对于零售药店终端有着特殊要求，药品零售连锁企业不得由受托方直接开具发票至零售门店，但可开具随货清单并标注委托方企业名称。

由于缺乏统一的准入机制，全国各地对药品第三方物流资质认可方式不一，无论是监管方（行政部门）还是企业，都存在很多疑惑，制约了药品第三方物流的发展。长远来看，一是行政部门缺乏执政依据，既有碍于行使行业准入把关的职能，也不利于事中事后监管，与"放管服"改革理念不符；二是行业企业缺乏明确的政策引导，不利于发挥市场竞争机制的作用，影响药品流通行业的整体发展。

## （二）专业人才的需求

医药物流行业由于药品的特殊性，需要的人才除了应具备物流专业性，还应具备一定的医药知识，熟悉各种药物以及生物制品的特性及运输要求，单一学科的人才很难完全胜任。目前国内院校尚未设置专门的医药物流专业，这就导致企业要后期培养专业人才，这也是医药物流行业的一个痛点。

## （三）验证标准不统一

《药品经营质量管理规范》中对验证管理有基本的描述，但关于医药冷链冷藏车、冷包、冷库验证标准尚未统一。实际执行时，医药物流企业在不同地区、面对不同客户进行验证时，由于各家验证标准不统一，针对同一设备运输同一温度区间的不同客户的药品时，医药物流企业需要出具不同的验证方案和验证报告，这也造成很多的成本浪费。

# 五、发展机遇

## （一）发挥药品第三方物流的专业优势

在当前医药营销及供应链升级变革的趋势下，药品第三方物流机遇与挑战并存。随着药品集采的去中间环节化，药品生产企业对物流服务的需求更显著。药品第三方物流以更优的物流成本和解决方案，化解传统医药物流模式下配送散、成本高、时效慢和破损严重等问题。

从新修订的《药品管理法》颁布实施、药品带量采购扩面、"两票制"推行、"一票制"推进、"互联网＋"医疗加速发展等来看，医药行业监管越来越严，行业标准逐步提高，营销渠道进一步下沉。医药生产企业需要新的营销渠道、更高的药品质量管理、更快的物流响应速度，医药商业企业需要更低的成本和更优的物流网络，医院更专注患者服务和院内效率的提升，患者需要更多、更便利的服务选择和更快的服务。

### （二）行业洗牌期，第三方物流企业加速布局

随着政策门槛的弱化，医药物流的社会化程度越来越高。2016年2月，国务院取消从事药品第三方物流业务的行政审批，鼓励符合国家质量要求的第三方物流企业进入该领域。而早在2015年，包括中国邮政、顺丰等在内的企业已陆续进入医药物流市场。首先，从综合物流服务角度来看，中国邮政、顺丰、京东是内资第三方物流企业的代表，而DHL、联邦快递等则是外资企业的代表。其次，从医药冷链细分市场来看，专门从事医药物流的第三方物流企业经历了2020年新冠肺炎疫情的考验与洗礼，逐步走向成熟。这些专业第三方医药冷链物流企业以北京盛世华人供应链管理有限公司为例。第一，从冷链验证技术入手，参与多个行业标准的建设；第二，通过与外资药企合作，积累了诸多冷链物流专业服务经验，将这些先进服务经验逐步推广到本土企业中去，推动整个行业的发展；第三，通过与北京物资学院等高校合作的方式，帮助行业培养专业的冷链技术人才。

随着医药物流市场的逐步开放，快递巨头和传统社会物流企业的进入，医药物流市场的竞争将更加激烈。一方面原有的医药配送公司的生存和发展面临挑战，另一方面将促进我国药品第三方物流朝着专业化的方向发展。

### （三）药品第三方物流资源的整合与协同

首先，对于药品供应链而言，灵活性与精益性是当下的发展趋势。灵活性要求上游企业以满足顾客需求而非成本为经营的第一要素，追求灵活性可以预防缺货情况，但相应的库存成本也会上升。一般情况下，库存以成本的形式计入经营，一旦有突发事件导致供应链流通不畅，库存便为企业带来了盈利机会。精益性是指企业以零库存为目标，尽可能地减少安全库存数量。以精益性为目标的企业往往仓储成本较低，但企业经营严重依赖未来业务量估算、供应链的信息化程度以及供应链的反应速度。此种模式具有较大的经营风险，但有的企业愿意为了追求零成本而不断提高供应链的稳定性。对两种不同目标的追求直接影响了企业间的关系，医药类企业更偏好于保证供

应链的灵活性。在新冠肺炎疫情暴发的特殊时期，供应链的灵活性就显得尤为重要。其次，冷链物流企业资源的协同性。对于药品第三方物流而言，其业务量占药品物流之比仅为 10%～20%，加之物流运输的单向性较强，有效整合业内物流资源将成为第三方物流企业赢得市场的关键。

### （四）药品第三方物流模式呈现多样化

第三方物流企业根据自身公司的优势，以不同的角度切入。比如，京东联合商业企业开展合作，利用其平台优势布局采购、销售等整个链条；顺丰在疫情期间推出胰岛素等冷藏药品配送到家服务，通过顺丰大数据分析，加之 2019 年产品上市以来的不断优化，精温专递在冷链资源排布、运作模式、交付标准上更加满足冷藏药品 C 端配送的场景需求，成为医院、互联网医院、慢性病管理中心、连锁药店、在线药品零售平台等延伸 C 端服务的理想选择。

此外，第三方物流企业根据自身资源特点，采用一体化配送、共同配送等方式降低成本、提高效率的情况越来越多。佳吉快运是零担行业内进入医药领域较早的企业，其根据自身情况准确把握产品定位，专注常温药品的运输，采用特色的笼箱转运，以一点对一点、一点对多点的线路模式，有效把握运营成本，实现了差异化竞争优势。

## 第四节　医药物流中心建设规划详解

药品作为特殊的商品，其生产、运输、储存和销售等都有严格的约束，现有的医药物流企业大致可以分为大型医药商业企业成立的物流公司、专业医药第三方物流企业、社会专业物流企业三大类。2019 年我国的医药物流行业发展总体健康良好，市场规模持续增长，整体规模可观。医药流通领域的行业集中度持续提升，逐渐显示出网络规模效应。随着医药物流市场竞争的进一步加剧，具有代理品种和渠道的医药物流企业、具备完备网络覆盖度和良好运营能力的专业医药第三方物流企业以及电商、快递类社会专业物流企业将会是下一阶段市场竞争的主要力量。

## 一、国家政策持续利好

2005 年 4 月 19 日，原国家食品药品监督管理局发布的《关于加强药品监督管理促进药品现代物流发展的意见》（国食药监市〔2005〕160 号），首次在国家监管层面提出关于发展药品第三方物流的意见，明确了允许有实力且具有现代物流基础设施及技术的企业为已持有许可证的药品企业开展第三方药品现代物流配送，掀起了各大医药集团的第一轮建设现代化医药物流中心的高潮，以立体库为代表的现代化医药物流中心日益涌现。

2016 年年初，为落实国家简政放权的相关政策导向需要，国务院取消了从事药品第三方物流业务的资质审批事项。按照原国家食品药品监督管理局的相关精神，各地要结合实际建立起符合现代物流标准的药品第三方配送机制，满足市场需要，促进药品物流的规模化发展。

## 二、医药物流中心规划建设步骤

### （一）典型的医药物流中心规划内容

**1. 整体物流发展战略规划**

整体物流发展战略规划层级主要包括以下两个。

（1）企业商业发展战略。

需要结合国家和当地医药政策的发展趋势及企业的自身定位，明确企业商业发展战略，通过梳理所在区域的竞争情况、市场发展需求情况、企业希望介入领域的特点等进行 SWOT 分析。在"4＋7"带量采购等政策持续推进的情况下，如何关注基层配送？在医药电商的配套政策的情况下，该如何设计合理的医药电商模式？作为工业地产类企业、快递类企业等都期待进入医药流通环节，希望能够通过提供专业的第三方服务来获取市场份额，在这种情况下如何进行合理定位及商业模式设计？上述相关的热点问题都是最终形成符合企业商业发展战略需要考虑的关键因素（见图 4－9）。

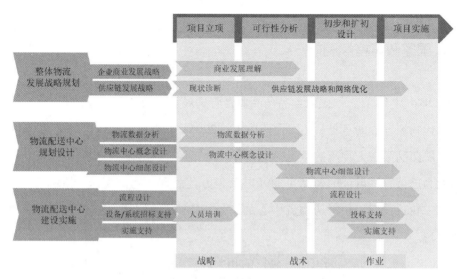

**图 4 - 9　典型的医药物流中心规划三级示意**

（2）供应链发展战略。

在现有药品销售渠道下沉和配送末端延伸的情况下，如何规划企业的供应链发展战略和优化网络布局日益为企业所关注。尤其是在多仓协同及供应链优化方面，涉及企业的仓储网络构建和布局的具体思路，还需要考虑各个网络节点的功能定位、存储品种、订单配送半径、各仓之间的调拨等。供应链发展战略规划的好坏，对仓储和运输等的综合成本影响较大，近年来，随着各大医药集团的自有业务和承接三方业务规模的持续扩大，基于多仓协同背景的网络设施选址问题引起越来越多的企业重视。

**2. 物流配送中心规划设计**

当明确某个具体配送中心在整体物流发展规划中的功能定位后，再进行具体的物流配送中心规划。从收集订单业务历史数据开始，通过对物料数据的 PCB 分析和订单数据的 EIQ 分析，实现对企业历史业务特性的完整分析，明确其业务的订单结构特点，经营品种的物动量特性等。根据业务期望值，配合单箱货值、库存周转率、整箱/拆零订单比例等各项基础指标，测算出入库区、整托盘存储区、整箱存储/拣选区、拆零存储/拣选区、复核包装区等各个区域的面积和存储量等关键设计指标。物流配送中心规划设计如图 4 - 10 所示。

整个物流系统规划分成以下若干细节步骤。

（1）企业物流发展战略。

需要通过企业现有的物流现状调研，明确核心的业务逻辑和企业运营的特有流程

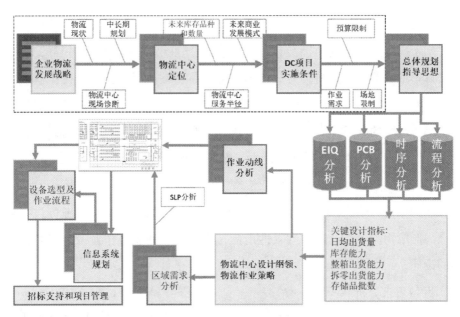

图 4 - 10　物流配送中心规划设计

等；针对物流中心的现状，对标行业的潜在对象，进行物流中心运营目标和业务内容的梳理。最终结合企业的中长期发展规划，分析梳理出企业物流发展战略。

（2）物流中心定位。

结合企业物流发展战略，明确拟建设的新物流中心/改造的物流中心的核心内容。包括物流中心的服务半径（CDC 还是 RDC），未来主要服务的客户对象（三甲医院、连锁药店、基层医疗、to C 电商还是几种对象兼有），未来希望支撑的库存品种数、预期支撑销售额和预期库存周转率，准备采用的商业发展模式等。

（3）DC 项目实施条件。

首先需要根据物流中心的定位测算完整的作业需求，根据经验估算大体需要的各个区域的面积和储备量等关系，进行大致的投资预算。其次在土地各项建筑指标、投资预算等限制下，梳理企业是否具备 DC 项目的实施条件。最终可以明确是分步实施还是整体实施。

（4）总体规划指导思想。

在具备 DC 项目实施条件后，要明确总体规划的指导思想：是要做到国内领先还是经济实用为主。

（5）数据分析阶段。

主要基于历史数据进行 PCB 分析，完成整托盘/整箱/单品的转换过程的节点分析；进行历史订单数据的 EIQ 分析，完成订单结构和品项特性等分析；进行作业时序的分析，尤其关注一天中各个时间段的业务波动情况；进行作业流程分析，特别是企业特有的一些操作流程的分析。由此获得物流中心规划设计的核心指标：包括日均出货量、库存能力、整箱出货能力、拆零出货能力、库存品批数等。

（6）物流中心设计纲领、物流作业策略。

结合数据分析的结论，考虑 DC 项目希望支撑的定位目标，对各项业务进行合理的放大。最终形成物流中心设计的纲领性指标，明确具体的业务作业策略。尤其关注分拣策略的设计。

（7）区域需求分析。

根据物流中心设计纲领和存储策略、分拣策略、作业策略等，明确最终的分区需求，每个区域的大体存储量、区域间的物流流向和流量、区域采用的存储/拣选方式等。

（8）作业动线分析。

根据划分的区域及区域间流向和流量，采用 SLP 分析技术，以满足设计纲领前提下的物流总搬运量最小为优化目标，梳理各个区域间的相对位置关系，明确总体物流处理能力等。

（9）设备选型及作业流程。

根据需要的作业能力、存储能力、存储品种数、区域面积大小等，进行设备硬件选型，结合硬件选型梳理最终的作业流程。

（10）信息系统规划。

根据作业流程和信息流转的相关需要，完成信息系统的规划设计，做到和设备选型的完美匹配。随着智能化设备的不断应用，尤其关注算法软件的合理性等方面的规划设计。

（11）招标支持和项目管理。

作为规划的总体负责方，对招标过程的技术指标和设备选型等理解是最为深刻的，如何提供专业招标过程的技术支持变得至关重要。良好的项目管理是项目落地的根本。

因此要结合供应链战略中确定的企业未来发展需求定位，完成物流中心的概念定位。通过 SLP 分析,根据库内物流总搬运量最小原则,明确各个区的相对位置关系。梳理各个区域间的物动量和作业效率需求,结合各区域品种的安全库存量,明确各个区域准备采用的存储形式和设备形式。在概念设计阶段,对医药物流中心的关键问题进行重点分析设计,通过深入分析研究,使解决方案具有明显的创新性且符合企业实际需求。在此环节既需要避免因一味追求设备的先进性而造成投资性价比较低,又要避免因设备的配置过低而导致难以支撑未来业务持续发展的需要。通过系统的分析手段,选择适合企业自身发展需要的设备,尤其是针对企业医药物流的订单特点,不仅要有效提高分拣系统与订单的适应性,还要提高设备的利用率、降低场地占用率。

最终根据建筑的情况和工艺流程的实际需求,进行相关的设备细节布置和清单梳理。通过仿真建模验证的方式,结合历史订单的实际情况,验证设计方案的合理性,发现问题并调整方案。经过仿真分析和方案修改的交替决策支持过程,确定最终合理方案,对最终方案的流程、资源配置和系统能力及效率等给出定量评估结果。通过仿真决策支持,确定设计方案的流程、作业调度、人力及资源配置方案,使最终方案达到所需的处理能力和合理的效率要求,并对选定方案的各项指标做出定量仿真评价,主要包括:作业流程通畅性、是否存在瓶颈或隐形瓶颈环节、堆垛机及人工岗位作业效率、设备配置参数与人员岗位配置等系统设计参数,以及系统总体处理能力、设备资源利用率、作业时序节拍的柔性等方案性能参数。

**3. 物流配送中心建设实施**

在此阶段,主要解决 SOP(标准作业程序)作业流程的制定,通过细化每个岗位和流程的作业动作,最终形成具有实操性的运作方案,实现人员的培训过程。

根据仿真验证的情况,确定设备参数性能要求后,可以形成具体的设备招标需求文件。并且通过项目管理模式对执行过程进行全程的质量管控、进度管控、文档管控、人员管控等。

在以往的项目中,质量管控需要从设计质量、制造质量、安装质量、单机测试和系统测试(含正常流程和压力测试)等多个环节进行管控。文档管控需要关注工艺设计需求的原始输入、设计过程的变更、项目例会及关键节点里程碑的总结、安装施工过程文档、项目测试过程文档、系统验收文档等。只有文档管控完整,才能实现项目执行过程的全程可追溯。

### （二）配送中心选址

配送中心位置的选择，将显著影响实际营运的效率与成本以及日后仓储规模的扩充与发展。因此企业在决定配送中心的选址方案时，必须谨慎参考相关因素，并按适当步骤进行。通常在选择过程中，如果已经有预定地点或区位方案，应在系统规划前先行提出，并作为规划过程的限制因素；如果没有预定的地点，则可在系统规划方案成形后，进行位置的选择，必要时应修正系统规划方案，以配合实际土地及区块面积的限制。

配送中心的选址包括两个方面的含义：地理区域的选择和具体地址的选择。

配送中心的选址首先要选择合适的地理区域。对各地理区域进行慎重评估，选择一个适当范围作为考虑的区域，如华南地区、华北地区等，同时还需配合配送中心物品特性、服务范围及企业的运营策略而定。

配送中心具体选址时应该考虑的主要因素有客户分布、供应商分布、交通条件、土地条件、自然条件、政策条件、人力资源等。

交通条件是影响物流的配送成本及效率的重要因素之一。交通的不便将直接影响车辆配送的进出，因此必须考虑对外交通的运输通路现状，以及未来交通与邻近地区的发展规划。地址的选择宜紧临重要的运输通路，以利于配送运输作业的进行。考核交通方便程度的方面有：高速公路、铁路、港口等的建设情况和交通限制规定等。一般配送中心应尽量选择在交通方便的道路附近。

土地条件中，需要关注土地与地形的限制，对于土地的使用，必须符合相关规定及城市规划的限制，尽量选在物流园区或经济开发区。用地的形状、长宽、面积与未来扩充的可能性，则与规划内容及实际建置情况有密切的关系。另外，还要考虑地价，在考虑现有地价及未来增值状况下，配合未来可能扩充的需求程度，决定最合适的面积大小。

在物流用地的评估当中，自然条件也是必须考虑的，事先了解当地自然环境有助于降低建筑投资的风险。尤其对于拟建设自动化立体库的医药物流配送中心而言，所在地块的详细地质情况和场地土壤类型对总投资的影响非常大。

在仓储配送作业中，最主要的资源需求为人力资源。由于一般物流作业仍属于劳力密集的作业形态，在配送中心内部必须要有足够的作业人力，因此在决定配送中心位置时必须考虑工人的来源、技术水平、工作习惯、工资水平等因素。

**1. 数据分析**

在物流中心规划开始时，首先针对企业进行规划基础资料的收集与需求调查。收集的方法包括现场访谈以及查阅资料，另外对于规划需求的基本资料，也可根据事先规划好的需求分析表格，要求使用单位填写完成。至于表格中厂商未能翔实填写的重要资料，则需要规划人员通过访谈与实地勘察测量等方法自行完成，尤其是对于相关的作业流程调研最好是现场的实际调研和梳理。规划调研需要的资料分为两大类，包括现行作业资料及未来规划需求资料。

一般规划分析者最容易犯的错误通常在于无法确定分析的目的，仅将收集获得的资料做一番整理及统计计算，最后只得到一堆无用的数据与报表，无法与规划设计的需求相结合。因此在资料分析过程中，建立合理的分析步骤并有效地掌握分析数据是规划成功的关键。

所谓 PCB 分析，即对配送中心的各种接受订货的单位进行分析，对各种包装单位的 EIQ 资料表进行分析，由此得知物流包装单位特性。PCB 分析考察物流系统的各个作业（进货、拣货、出货）环节，这些作业环节均是以各种包装单位（P—托盘、C—箱子、B—单品）作为作业的基础。每一个作业环节都需要人员、设备的参与，即每移动一种包装单位或转换一种包装单位都需使用到设备、人力，不同的包装单位可能有不同的设备、人力需求。因此掌握物流过程中的单位转换相当重要。

EIQ 分析是利用"E""I""Q"这三个物流关键要素来研究配送中心的需求特性，为配送中心提供规划依据。从客户订单的品项、数量与订购次数等观点出发，进行出货特性的分析。而在配送中心的规划中，EIQ 分析确实为一种简明有效的分析工具。订单数量（EQ）分析主要可用于了解单张订单订购量的分布情形，可用于决定订单处理的原则、拣货系统的规划，并将影响出货方式及出货区的规划。品项数量（IQ）分析主要可用于了解各类产品出货量的分布状况，分析产品的重要程度与运量规模。可用于仓储系统的规划选用、储位空间的估算，并将影响拣货方式及拣货区的规划。订单品项数（EN）分析主要可用于了解订单别订购品项数的分布，对于订单处理的原则及拣货系统的规划有很大的影响，并将影响出货方式及出货区的规划。通常需配合总出货品项数、订单出货品项累计数及总品项数三项指针综合参考，确定是否需要设计提总拣选后二次分播模式、按单拣选模式、分区合并订单模式等。品项受订次数（IK）分析主要分析产品别出货次数的分布，对于了解产品别的出货频率有很大的帮助，可配合 IQ 分析决定仓储与拣货系统的选择。当储存、拣货方式决定后，有关储区的划分及储位配置均可利用 IK 分析的结果作为规划参考依据，基本上仍以 ABC 分析为主，最终决定储位配置的原则（见图 4-11）。

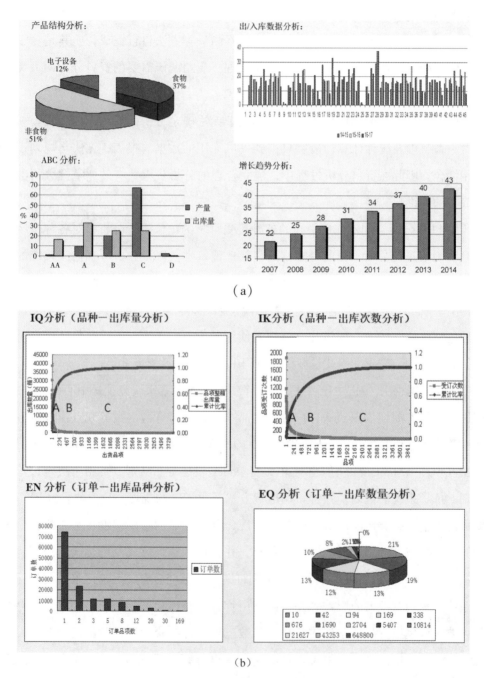

（a）

（b）

图 4-11 数据分析流程示意

数据分析最终根据订单数据,深入分析各个地域或线路对品规销售的不均衡性,以及各个时段上品种销量的不均衡性。在以往的设计中,往往设计人员没有充分重视这种不均衡性,致使单一设备效率高而系统总效率低,使系统对订单的选择性很强。

在数据分析的过程中,需要注意医药行业的特性,尤其是存在销售退货、采购退货等异常流程的订单数据分析和处理方式。避免将调账的多张订单计入实际的物流动作,导致数据分析产生偏差。

**2. 系统布置设计**

系统布置设计(SLP)是一种采用严密的系统分析手段及规范的系统设计步骤的系统布置设计方法,该方法具有很强的实践性,最早应用于工厂的平面布置规划,同样也可应用于配送中心的系统布置中。

在配送中心的厂房区域布置模式中,基本上可分为三个规划阶段。

(1)物流作业区域的布置。

以物流作业为主,仅考虑物流相关作业区域的配置形式,由于配送中心内的基本作业形态大部分为流程式,不同订单具有相同的作业程序,因此适合以生产线式的布置方法进行配置规划。若是订单种类、物品特性或拣取方法有很大的差别,则可以考虑将物流作业区域分为数个不同形态的作业线,以分区处理订单内容,再经由集货作业予以合并,如此可有效率地处理不同性质的物流作业。

(2)辅助作业区域的布置。

除了物流作业区域以外,配送中心仍包含其他辅助作业区域,如信息机房、变配电室、票据室、收货办公室、运输管理用房等。各区域与物流作业区域之间无直接流程性的关系,因此适合以关系型的布置模式作为辅助作业区域布置的方法。可视物流作业区域为一个整体性的活动区域,并与其他辅助作业区域进行相关配置规划,分析各区域间的活动关系,以决定各区域之间相邻与否(见图4-12)。

(3)厂区总平面布置。

物流配送中心内部的相关区域布置完成后,仍需根据厂区范围内的相关区域,如厂区通道、停车场、对外出入大门及联外道路形式等因素,规划整个配送中心厂区的总平面布置。此外,总平面布置时还需注意未来可能的扩充方向及经营规模变动等因素,保留适当的变动弹性。

在厂区总平面布置中,需要关注国家的各项规范,尤其是《建筑设计防火规范》

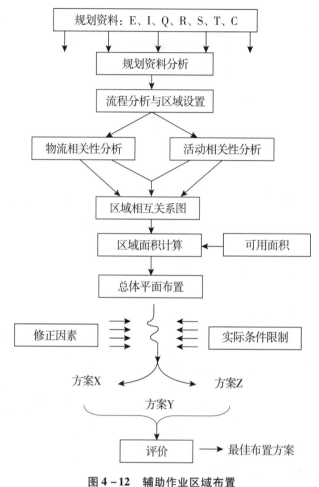

图 4 – 12　辅助作业区域布置

《物流建筑设计规范》等相关规范对于建筑的占地面积、防火分区、消防通道等要求。

**3. 工艺设备和信息系统采购招标及实施过程**

在整个工程过程中，工艺设备和信息系统采购招标及实施过程如图 4 – 13 所示。

通过物流系统仿真验证后，可以得到各个设备硬件的单机性能指标和作业能力。通过 SOP 作业流程设计和信息需求分析，可以得到软件系统的流程和功能需求。以规划设计的成果形成的工艺设备和信息系统的招标文件将有较强的指导意义。

在整个系统调试过程中，主要涉及信息系统和硬件的 WCS（仓储控制系统）之间的信息交互，如何进行正常流程的测试用例设计、异常流程的测试用例设计、设备压力测试用例设计、信息系统压力测试用例设计至关重要。只有通过了系统整体可靠性

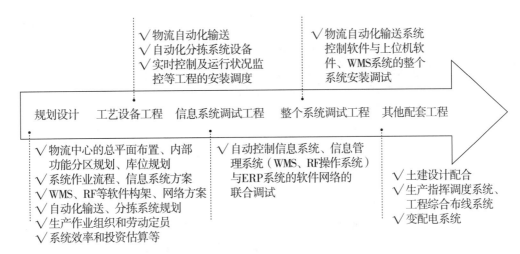

**图4-13 工艺设备和信息系统采购招标及实施过程**

测试和压力测试，才具备系统正式投产试运行的条件。

在硬件设备安装过程中，和土建施工的配合往往是项目的难点之一，也是影响一个项目正常进度的关键点。工艺设备和土建工艺及施工的配合不当，还会导致设计变更或者整体成本增加等一系列问题。

好的项目管理团队对整个项目的平稳落地至关重要。充分理解医药物流的业务过程，有助于设计出符合医药运输特殊情形下的异常流程并加以综合测试；充分理解土建设计，有助于综合土建成本和设备工艺的总成本最低，找到最佳的设计方案；熟悉硬件设备，有助于最大限度管控硬件供应商的施工质量，进行良好的工程协调（尤其是涉及工艺设备和消防的交叉施工、空调制冷系统的交叉施工等）。

## 三、医药物流仓库布局分析

### （一）库区布置形式（见图4-14）

#### 1. 同端出入式

即货物的入库和出库在巷道同一端的布置形式，包括同层同端出入式和多层同端出入式两种。这种布置的最大优点是能缩短出入库周期，往往配合 IK 分析进行货位分布，可以有效地提升系统的出入库效率。特别在仓库存货不满，而且采用自由货位储存时，优点更为明显。此时，可以挑选距离出入库口较近的货位存放货物，

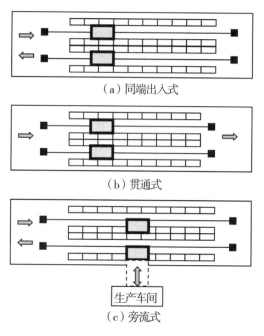

（a）同端出入式

（b）贯通式

生产车间

（c）旁流式

图4-14　库区布置形式

缩短搬运路程，提高出入库效率。此外，入库作业区和出库作业区还可以合并，便于集中管理。

**2. 贯通式**

即货物从巷道的一端入库，从另一端出库。这种方式总体布置比较简单，便于管理操作和维护保养。但是，对于每一个货物单元来说，要完成它的入库和出库全过程，堆垛机需要穿过整个巷道。效率相比同端出入式而言要略低一些，但是可以明显地将出入库区分开，管理相对容易。

**3. 旁流式**

立体仓库的货物是从仓库的一端（或侧面）入库，从侧面（或一端）出库。这种方式是在货架中间分开，设立通道，同侧门相通，这样就减少了货格即减少了库存量。但是，由于可组织两条路线进行搬运，提高了搬运效率，方便了不同方向的出入库。

在医药物流配送中心的实际设计中，没有固定的某种模式，究竟采用哪一种布置方式，应视物流中心的出入库位置、作业流程设计等综合因素而定。

## （二）货架规划比较（见表 4 - 6）

表 4 - 6　　　　　　　　　　　　货架规划比较

| 类型 | 存放形式 | 满足功能 |
|---|---|---|
| 阁楼货架 | 整箱或者零头 | 整箱出入库、拆零拣选出库、整箱补货至拆零区 |
| 隔板货架 | 整箱或者零头 | 整箱出入库、拆零拣选出库、整箱补货至拆零区 |
| 重型货架 | 整托盘 | 整托盘/整箱出入库，整箱补货至拆零区 |
| 多穿货架 | 料箱 | 拆零拣选出库 |
| 重力式货架 | 整托盘 | 整托盘/整箱出入库，整箱补货至拆零区 |
| 穿梭板货架 | 整托盘 | 整托盘出入库 |

## 四、2019 年医药物流中心典型案例

昆药集团医药商业有限公司现代化医药物流中心项目于 2019 年 11 月 7 日正式投入运行。物流中心项目占地面积 36.8 亩，投资总额为 1.7 亿元，总建筑面积达 3 万平方米，总体五层，局部单层。项目拥有托盘式自动化立体仓库、多层穿梭车立体仓库、拣选站系统、输送机系统和 AGV 系统五大自动化物流系统，通过 WMS（仓储管理系统）、TMS（运输管理系统）、OMS（订单管理系统）、OPS、WCS 等系列物流管理和控制软件，搭建物流作业和控制平台，有效地完成自动化和信息化集成。物流配送中心一层主要负责收货和发货作业，验货后通过 AGV 系统或叉车存入托盘立体仓库，整托出库通过托盘式自动化立体仓库直接出库，整件或拆零拼箱出库通过多层穿梭车立体仓库出库。二层主要进行货到人拆零拣选、补货、拆零拼箱包装。三至五层主要是部分整件和非药品的人工存储与拣货。整个物流中心的库内设计总货位 4.5 万个，商品库存容量 37 万余箱，年处理能力 450 万箱，可为 50 亿元的年销售额提供服务支撑。按照最大化的提高作业效率及功效与成本结合的宗旨进行了设施设备的规划，使用了多种先进的全自动化和半自动化的设施设备，大大提高了工作效率。

# 第五节　典型自动化硬件的选择要点

## 一、货到机器人的选择

Kiva 机器人首先在电商领域出现，随着技术的发展，"货到人"的拣选模式开始在医药物流中心得到应用。国药平顶山物流中心、国药北京物流中心、南京医药股份中央物流中心、国药山西物流中心等为机器人搬运的"货到人"系统应用的典型案例，快仓、极智嘉为代表的机器人企业均已实现了基于 Kiva 机器人的医药行业整箱拣选、拆零拣选等基本功能。但是在实施过程中，由于目前的 Kiva 系统均是电商行业应用开发的，在移植到医药物流中心的过程中，仍存在很多值得关注的问题。

首先，为了提升 Kiva 机器人的搬运效率，电商企业采用了基于出入库频率的热点分布货位模式，出入库频率高的商品放置在离拣选台较近的区域，货架的上架策略是根据数据挖掘等将受订关联性较强的商品放置在一个货架上。而医药物流中心必须以 GSP 的要求为根本，品类在货架上的分布需要满足药品"四分开"的原则，可能会出现某些出入库频率都很高的药品不能放在同一货架的情况。这两者的差异性，导致了系统的上架策略和货架的货位指派策略有较大差异，从而影响了整个拣选作业的货架调度逻辑。

其次，电商企业在实际应用中，为了降低调度系统的算法难度，某个热销的 A 类商品会放置到多个货架上，这样让拣选任务随意命中某个货架均可以完成拣选作业。而医药物流中心根据 GSP 的要求，必须严格地进行批号批次的管理。为了满足先进先出的要求，可能出现某个品种的尾箱仅存放在某个货架上，而此时多个拣选台的拣选任务均需要此品种，则形成了任务订单在多个拣选台间的任务货架耦合问题。拣选台间拣选任务的货架耦合会导致拣选人员处于等待状态，造成拣选作业效率的损失。因此，在进行设备的投入测算时，无法直接套用电商的经验模式。

再次，电商企业往往是小波次进行任务下发，机器人在作业过程中，电池电量低于某个阈值后，根据任务的空闲情况，随时插入充电任务即可。任务的下发没有特别明显的时间段，机器人也是随着作业随着去充电。而医药物流中心的作业往往有时间段，比如9∶30以前基本没有什么任务进行下发，此时机器人也处于原地等待状态；等大量任务下发，机器人执行完几个任务，可能电量就低于某个阈值，从而开始考虑插入充电任务。这就导致设备在任务最繁忙的时候机器人在充电，造成机器人的作业效率损失。如何结合医药物流中心的订单作业时段的特点情况确定机器人的电池充电策略，是目前绝大多数企业需要考虑的问题。

最后，电商企业往往每个订单只有2~3个订单行，所采用的任务分配策略相对比较简单。而医药企业中，针对三甲医院等往往每个订单有4~8个订单行不等，连锁药店的订单能达到100~200个订单行。订单结构的巨大差异，导致任务分配策略有着非常大的差异。反映到机器人拣选作业系统中，在任务分配策略和设备调度逻辑方面，往往不容易达到电商系统的作业效率。

通过上述的分析可知，在选择医药物流中心的机器人系统时，关注其算法在医药物流中心的应用经验至关重要。

## 二、多层穿梭车的选择

多层穿梭车系统在20世纪末有了技术雏形，国外的典型企业（科纳普、TGW、Savoye、德马泰克等）在2005年前后陆续落地成功案例，我国医药行业第一个成功案例是中国医药集团上海物流中心二期所采用的多层穿梭车系统，该项目于2016年10月正式投入使用。随着国内的技术逐渐成熟，越来越多的国内厂家的产品也开始登台亮相。最近两年国药集团山西物流中心、南京医药股份中央物流中心、昆药集团医药商业有限公司现代化医药物流中心、国药吉林长春物流中心等项目已经正式投入使用，鹭燕厦门医药现代化仓储中心、华润河南郑州物流中心、广州医药物流中心、科伦医贸成都物流中心等都在建设过程中。

随着医改相关政策的持续推出，医药拆零业务在整个物流中心业务量的占比不断提升，由此导致的物流中心拣选面积设置、对应的拆零品种、拣选作业的模式等都发生变化，随着"货到人"概念的提出和推广，越来越多的新建物流中心开始考虑采用"货到人"的作业模式。江苏华章、山东兰剑、凯乐士科技等为代表的多层穿梭车企业均已实现了在医药行业物流中心多层穿梭车整箱拣选、拆零拣选等各种基本功能。由于上述企业的相关早期系统算法等均是针对电商行业、图书行业等应用特点进行开发，在移植到医药物流中心的过程中，仍存在很多值得关注的问题。

首先，在电商和图书行业的应用中，针对爆款/头部品种往往采用其他作业模式，多层穿梭车主要面向的是 B 类和 C 类商品，品种的受订频次分散，因此多层穿梭车的作业需求相对均衡，料箱提升机的作业瓶颈问题不突出。在目前的医药物流中心中，多层穿梭车的使用品类范围仍然存在部分争议。中国医药集团上海物流中心的 OSR 系统，主要满足 B 类产品的拣选作业需求；南京医药股份中央物流中心的多层穿梭车系统满足适合料箱输送线尺寸、重量要求的全品类的拣选作业需求；国药集团山西物流中心的多层穿梭车系统用于疫苗类冷藏环境的拣选作业需求。当多层穿梭车负责全品类的拣选需求时，品种的 ABC 特性将对订单的波次处理和调度策略提出了较高的要求。在料箱提升机的作业效率有限的情况下，如何利用聚类算法等对订单进行合理的波次处理变得至关重要。

其次，在"货到人"拣选台的作业效率测算中，电商和图书行业都是按盒/本/个等为单位进行拣选，每个原料箱针对每个订单需要拣选的数量较小，而且包装单元均一，拣选效率能达到 400 ~ 500 订单行/拣选台。医药行业存在中包装和小包装的问题，当需要进行中包装拆包装的作业，会直接影响拣选台的拣选效率。此外医药的单个订单行的拣选数量超过 5 个单品很常见，也加大了拣选作业人员的拣选动作频次。从实际的医药物流中心进行测算的情况看，在原料箱和订单箱均不间断的情况下，实际医药行业的多层穿梭车的拣选效率仅仅能达到 200 ~ 300 订单行/拣选台。在进行投资回报率测算和拣选台数量选择等方面，需要关注其作业效率的差异性。

再次，要关注 GSP 的批次管理要求对货到人拣选台的任务分配情况影响。由于前叙的聚类算法将订购同一品种的订单尽可能放置在一个拣选波次，虽然降低了料箱提升机的作业需求，但是也容易引发拣选台之间的任务耦合问题。如何根据企业的订单结构特性和订单品项受订重复度等测算，进行拣选台的原料箱与订单箱的比例选择（目前有 1 对 1、3 对 3 和 2 对 4 等情况），对于降低拣选台的任务耦合有着重要的指导意义。如何实现拣选台的任务分配解耦算法也是影响最终作业效率的关键所在。

最后，需要关注换箱工作站和拣选工作台的配比情况。目前国内的医药物流中心采用了 1∶1 或 1∶3 的配比模式，并没有明确的测算理论支撑，从而导致某些物流中心的换箱工作站成为整个系统效率的瓶颈。如由于换箱不及时，导致拣选人员等待；或是某些配比过高，导致占用了大量的场地，换箱台空置率较高。如何根据每个品种的订单行平均订货量、包装数、受订频次等情况综合进行测算，是接下来各家企业在物流中心设计过程需要考虑的问题。

通过上述的分析可知，在选择医药物流中心的多层穿梭车系统时，关注其设计参数的合理性以及在医药物流中心的应用经验变得至关重要。

## 三、A – Frame 的思考

A – Frame 的分拣技术出现的较早，国外的医药物流中心有多个成功应用的案例，在我国的江西五洲医药物流中心也有实施落地的案例。但是该类型设备在国内应用场景的选择有待商榷。目前 A – Frame 的分拣技术在我国主要应用于烟草行业的 C 类烟草拣选（烟草行业的立式机属于 A – Frame 的变形）。

A – Frame 的分拣系统属于批量补货，按订单在皮带线通过虚拟时窗技术，将各个品种的药品按对应的时窗节点打击落到皮带线。考虑到单个打击格口的成本较高，往往存在适用于品种较少、出货频率中等的情况。烟草行业总共的品种数较低，普通物流中心的 C 类烟草的数量大概为 100～150 个，属于比较典型的品种少、出货频率中低等的情况，所以 A – Frame 的适用度较高。我国的医药物流行业则难以找到此类场景（受制于仿制药的产业特点），A 类药品虽然品种数量少，但是受订频次高，导致需要频繁补货，人工劳动强度不但没有降低，反而大幅增加了；B 类药品的品种数量往往超过 1000 个 SKU，而且受订频次不一定很低，且存在季节波动性，从投资性价比而言，难以满足企业的投资性价比的要求；C 类药品的品种数往往超过 2000 个 SKU，更没有使用 A – Frame 的必要性。

可以考虑使用 A – Frame 设备的应该是门特药的拣选需求场景，或者是随着慢性病处方药网上销售模式的推广产生某些医院院边店的需求场景。如何对投入成本、拣选效率需求、用工人数测算等进行综合评估，目前在国内的各家医药物流企业没有深入研究和探索。随着需求场景的进一步挖掘、相关产品成本的持续下降等综合因素影响，才可能明确 A – Frame 设备在医药行业的应用价值。

## 四、机器人拣选技术的思考

随着物流中心业务量及人力成本的逐年提升，越来越多企业开始关注到整箱拣选和拆零拣选的用工问题。人工智能技术（主要是机器视觉和机器人技术）的日益成熟，新建的医药物流中心开始关注机器人拣选技术在物流中心的应用。

在整箱拣选环节，国药集团山西物流中心已经有整箱拣选的落地案例。基于机器视觉进行垛型识别，利用关节机器人进行整箱拣选，配合自动贴标机进行发货标签/补货标签的自动贴标模式，是整箱拣选环节进行人工替代的一个模式。在实际的使用过程中，针对各种外包装尺寸和垛型识别技术已经日趋完善，但是针对外包装纸箱的质量、是否有捆扎带等问题仍然是机器人替代人工进行整箱拣选的矛盾点，由此产生的吸盘夹具的安全性设计变得非常重要。如何在不同的外包装纸箱的情况下进行单箱/多箱的拣选抓取，而且在保证作业效率的情况下能确保不出现箱子脱落的问题变得至关重要。此外，采用机器视觉和六关节机械手的抓取模式，还需要考虑建筑的净空高度问题，为了满足两个托盘位的拣选作业需求，机械手需要足够的臂展作业半径，作业净空高度4.5米以上，且地基承载满足1.5吨/平方米的承载能力为佳。

在拆零拣选环节，目前国内还没有实际落地的拆零拣选案例。虽然"货到人"拣选工作台已经越来越普遍被应用，但是在此环节的机器换人仍有较大的难度。仅从作业需求的角度，主要难点在于药品拆零存在中包装和小包装两种情况。机器人没法实现中包装的自动拆包装动作，也没法实现小包装的皮筋捆扎动作，和现有的拆零实际作业动作存在较大差异。除此以外，人工拆零拣选作业时，针对多盒拣选需求，往往可以实现一次多盒拣选，效率较高；机器人进行拣选作业，只能逐盒进行拣选。虽然机器人能够达到每小时900个拣选动作，但对于传统医药物流中心的每个订单行有5～10盒，甚至更高的拣选数量需求而言，性价比不高。短期内难以达到机器换人的平衡点。

# 第六节　我国医药物流面临的挑战

## 一、异地设仓、多仓协同落地难

国务院办公厅于2017年2月9日发布《关于进一步改革完善药品生产流通使用政策的若干意见》（国办发〔2017〕13号），要求推动药品流通企业转型升级，培育大型现代药品流通骨干企业，整合药品仓储和运输资源，鼓励多仓协同、跨区配送，发挥"互联网＋药品流通"在减少交易成本、提高流通效率上的作用。相关意见的出台，有力地推动了专业第三方物流企业和社会物流企业进入药品流通领域。尤其开始关注多仓协同、异地设仓等核心问题。

针对各个企业比较关注的异地设仓的情况，目前湖北、湖南、江苏、浙江、四川、福建和内蒙古七个地区对此有明确要求。其中湖北规定：药品上市许可持有人、药品生产企业可异地设立药品储存配送仓库，但仅限于自有药品储存配送；药品批发企业不得在无药品经营许可的异地设立仓库储存配送药品；湖北药品现代物流企业或企业集团鼓励和支持跨省开展药品第三方物流业务，并符合所在省（直辖市、自治区）药品监管部门有关药品第三方物流监管政策和要求，但不得异地设立药品仓库；外埠药品经营企业不得在湖北设立异地药品仓库。湖南则规定药品第三方物流企业因业务需要，经省局批准可异地设置区域性药品仓库。江苏的异地设库要求库房设置条件必须符合《江苏省开办药品批发企业验收实施细则（暂行）》（苏食药监市〔2006〕321号）和药品 GSP 有关规定要求。福建和内蒙古的要求相比之下较为简单，仅要求企业具备药品第三方物流条件即可设立分库或异地仓库。

虽然国家政策鼓励药品流通企业通过异地设仓、多仓协同，跨区域配送，但是由于缺少统一落实指导细则，实施效果较差。目前只有国药集团一家实现了在上海、沈阳、广州、武汉、石家庄、郑州、西安、成都、苏州、扬州、合肥、长沙、天津、北京、海口、温州、乌鲁木齐、厦门、长春、太原 20 个市异地设仓。其实各地也不乏相关政策的规定，如上海、福建、湖北、湖南、四川、云南、宁夏、广东、广西、江苏、陕西、黑龙江、辽宁、河南等地，但是均没有落实细则。由于相关各方利益问题，无法突破地方政策壁垒和保护主义的束缚，药品流通企业异地设仓、多仓协同落实效果不太理想。各地对跨省药品仓储业务委托、异地设仓规定不一致，不同地区对医药生产经营企业跨地区设仓的要求也不一致。此外，根据分会调研，流通企业人员表示异地设仓、多仓协同落实效果除了与政策有关以外，还与市场需求密切相关。很多地区的内部市场目前已基本饱和，企业异地设仓、多仓协同的动力不足，这也是落实情况较差的原因之一。

## 二、绿色通道亟待建立

长期以来，医药物流行业苦于没有绿色通道，给药品运输、配送过程中带来了很多不便，浪费了不必要的运输时间，降低了运输效率。医药作为特殊商品，药品运输的及时性关系到社会公众的生命健康，紧急情况下，药品与食品同样需要绿色通道。2020年在抗击新冠肺炎疫情过程中，交通运输部出台紧急措施，开通医药物资运输绿色通道，有效地保障抗疫一线的医疗物资供应。

按照现行规定，疫情过后，医药绿色通道也会随之停止。其实，此次疫情期间所采取的"绿色通道"的紧急措施，也是分会以及行业企业长期呼吁的。根据分会开展的《关于新冠肺炎疫情对医药物流业的影响和建议》调研结果显示，超过70%的企业认为疫情过后，绿色通道、通行证等政策可以作为未来医药运输常规的交通制度，提高医药物流效率，保证医药服务的可及性、及时性、安全性等。因此，医药物流行业"绿色通道"亟待建立，但是也不可能一蹴而就，需要进行科学设计和规划，还需一定的时间来逐步推动。

## 三、受进城时间限制存在非医药运输车辆运输医药的现象

目前一、二线城市基本都有交通高峰期（固定时间段内）货车不允许进城的规定，因此，配送的医药货车也无法进入城区进行配送。这其实存在一定的不合理性，因为医药不同于一般商品，医院、药店及患者对医药产品的需求时间上具有不确定性。所以在交通管制时间段内，如果有紧急或特殊情况，医药运输企业在满足医药需求和受到交通管制的双重要求下，不得已选择私家车或非货运车辆进行医药运输，这其实会导致医药产品安全存在一定的风险，同时也不利于医药物流城市配送的长期监管。

## 四、物流成本压力大

2019年颁布新修订的《药品管理法》，并于2019年12月正式实施，势必会对医药流通行业产生深远的影响。据分会调研，在物流成本方面，由于《药品管理法》的修

订,67%的企业认为运输成本会上升,63%的企业认为仓储成本会上升,62%的企业认为管理成本上升。但是不可否认的是,《药品管理法》的修订在促进行业规范方面具有积极的作用。

药品"两票制""零加成"等政策的全面推行,促使医药行业进入微利时代,企业利润被大幅度压缩,物流运输成本占比相对上升。医药是特殊商品,品种复杂、形态各异,同时运输也有差异化要求,如稳定性要求、时间性要求和冷藏要求等,因此企业在物流成本方面会面临较大的压力。根据分会调研,受新冠肺炎疫情影响,70%的企业经营面临成本上升、业务量下降的困境,50%的企业面临资金紧张的挑战。因此,未来很长一段时间内,降本增效将会是医药物流行业面临的主要痛点。

## 五、行业现状难以支撑"一票制"全面推行

继"两票制"之后,"一票制"已箭在弦上。2019年11月,国务院深化医药卫生体制改革领导小组下发的《关于进一步推广福建省和三明市深化医药卫生体制改革经验的通知》指出,2020年按照国家统一部署,扩大国家组织集中采购和使用药品品种范围。综合医改试点省份要率先推进由医保经办机构直接与药品生产或流通企业结算货款,其他省份要积极探索。截至目前,已有多省市明确鼓励"一票制",甚至其中一些地区已经开始实施"一票制"。

根据分会调研,有46%的企业认为"一票制"不会很快全面推广,因为着眼于医药流通行业,尚不具备全面推广"一票制"的市场条件。全面推行"一票制"需要完善的物流网络、高效的供应链管理体系等,但是目前药品流通行业区域发展水平相差悬殊,尚不足以支撑"一票制"的全面推广。相反,有21%的企业认为"一票制"很快会全面实施,因为根据目前推行的情况来看,现已基本具备推行"一票制"的条件。而有10%的企业表示不太清楚"一票制"的内容。由此可以看出,医药物流行业对"一票制"的实施节奏存在较大的差别,这也是整个行业未来备受关注的焦点。

## 六、药品追溯体系亟待出台具体落实措施

截至2020年3月,药品追溯体系的10项标准已全部发布,涉及的对象包括了药品

上市许可持有人、生产企业、经营企业、使用单位、消费者等多个关键主体。药品追溯体系的建设主体是药品上市许可持有人，而商业企业和物流企业都需要将药品追溯信息提交给药品上市许可持有人或生产企业。根据国家规定，药品上市许可持有人或生产企业可以自建药品追溯体系，也可以委托第三方技术服务机构建设药品追溯体系。

这就会存在一个问题：行业内会存在很多不同的药品追溯体系，而对商业企业和物流企业而言，它们内部的信息系统需要与各个上游企业的追溯平台对接，必然会出现很多问题，需要很长的时间去解决，也会无形中增加企业的仓储成本。从目前来看，各个企业自主建设药品追溯平台，对整个供应链的协同、高效、降本增效来说是不利的。根据分会调研，59%的企业认为国家应尽快出台药品追溯体系的具体落实措施，并且希望能改变各个企业自主建立的办法，变为由国家建立统一的追溯平台。

## 七、缺乏上下游的整体规划与协调

由于整个医药物流环节的复杂性，对于冷链产品而言，至少要经历 4~5 个运输环节，在这一过程中，一旦涉及多家物流公司之间分别作业，药品在托运终端就很难保证冷藏运输条件。尤其是在冷藏品退货环节，即逆向物流阶段，冷藏条件几乎完全丧失，这可能带来严重的药品质量问题。国内迄今尚无专业从事冷藏药品冷链物流的、具有覆盖全国市场配送能力的专业化冷链物流企业。以航空运输链为例，医药冷链最大的风险集中在机场到机场这段，占到55%左右，两端占到了45%左右，原因就在于航空冷链产品的开发效率低下，各个航司及安检机构缺乏统一的作业标准。

# 第五章

# 直视疫情，鉴往思变

# 第一节 疫情下重新审视医药供应链

一场突如其来的新冠肺炎疫情深深影响全球医药供应链，在医药供应链受到冲击时，我们见证了医药供应链协同的力量，也感受到了供应链的脆弱。疫情倒逼医药供应链转型迫在眉睫，促使医药行业企业重新审视自己的供应链状况，数字化、规模化、智能化、数据化重新构建的趋势已势不可当，全球供应链也将呈现一些新的变化。供应链思维有六大要素：用数字说话、整体大局观、平衡和取舍、拥抱新变革、补链条短板、精益和改善。

## 一、疫情对医药供应链的影响

### （一）分会抗疫期间的工作

自新冠肺炎疫情暴发后，中物联医药物流分会领导班子迅速行动，立即成立防控工作领导小组，组建抗击疫情工作群，通过网络、视频、电话会议等方式，携手会员企业，全面助力疫情防控工作，全力保障救援物资供应，为疫情严重区域提供物资、运力支援。

**1. 反馈企业实际问题，引导利好政策**

分会于 2020 年 2 月 6 日向交通运输部提出针对司机制定柔性的防控措施、进一步细化保证物资车辆正常运行的措施、加强疫情运输防控宣传、适度安排医药运输车辆、设置医药运输绿色通道的路权、制定统一通行证等政策建议。

**2. 加大宣传力度，弘扬医药物流企业防疫工作中的精神**

分会积极履行社会责任，加大宣传力度，线上线下共发布 100 余篇宣传报道，同时分会应邀加入人民网"人民好医生"针对疫情需求搭建的公益援助信息平台，帮助援助方与受助方实时互动与对接，充分发挥行业协会优势和职能，传递行业正能量。

**3. 停工不停学，公益直播课＋行业调研报告为企业赋能**

面对疫情，分会充分发挥桥梁与纽带作用，第一时间开展战"疫"系列公益直播课，邀请各行业高端讲师，对疫情中企业如何自救、复工复产如何衔接、物流企业如何突围等问题进行深入分析，为行业企业赋能。同时深入行业内部，进行为期一周的线上调研、数据整理、统计分析，写出《关于新冠肺炎疫情对医药物流业的影响和建议》报告，帮助企业了解当下局势，发现疫情过后蕴藏的商机。

抗疫期间，中物联医药物流分会秘书处累计支持完成 400 余项全国运力的调配及沟通工作、40 余家爱心企业的捐赠落实对接工作，捐赠善款和物资总价值近亿元。

## （二）疫情对医药物流的影响

截至本书完稿时，医药行业企业基本已全面复工复产，甚至很多企业自疫情暴发以来从未停工，而且很多省市的代表性企业临危受命，服从地方政府统筹安排，承担当地的抗疫相关工作。虽然举国上下渡过了疫情的难关，但是我们应该直视疫情对医药供应链造成的影响，鉴往知来，把握未来的发展趋势，厚积薄发。根据分会调研，疫情对医药供应链的影响如下。

**1. 企业业务量大幅度下降**

从调研结果整体来看，受疫情影响，与同期相比，大部分企业业务量存在不同程度的下降，将近一半的企业业务量减少 30% 以上，也有少部分企业业务量呈现不同程度的增加。此外，有 18.33% 的企业业务量无明显变化。具体如图 5-1 所示。

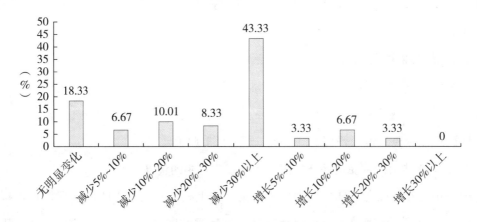

**图 5-1 企业业务量变化统计**

按照企业类型统计，可以看出商业企业、物流企业和物流设备企业业务量下降明显，而生产企业受影响相对较小（见图5－2）。

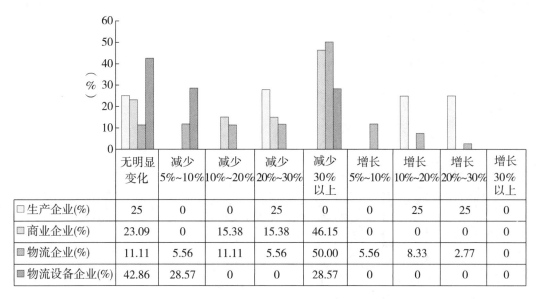

| | 无明显变化 | 减少5%~10% | 减少10%~20% | 减少20%~30% | 减少30%以上 | 增长5%~10% | 增长10%~20% | 增长20%~30% | 增长30%以上 |
|---|---|---|---|---|---|---|---|---|---|
| 生产企业(%) | 25 | 0 | 0 | 25 | 0 | 0 | 25 | 25 | 0 |
| 商业企业(%) | 23.09 | 0 | 15.38 | 15.38 | 46.15 | 0 | 0 | 0 | 0 |
| 物流企业(%) | 11.11 | 5.56 | 11.11 | 5.56 | 50.00 | 5.56 | 8.33 | 2.77 | 0 |
| 物流设备企业(%) | 42.86 | 28.57 | 0 | 0 | 28.57 | 0 | 0 | 0 | 0 |

图5－2　不同企业类型业务量变化统计

**2. 干线运输量大幅度下降**

从调研结果整体来看，与同期相比，80%的企业干线运输量呈现不同的下降，将近二分之一的企业干线运输量减少30%以上，而干线运输量增长的企业较少（见图5－3）。此项调研结果与业务量的变化相吻合。

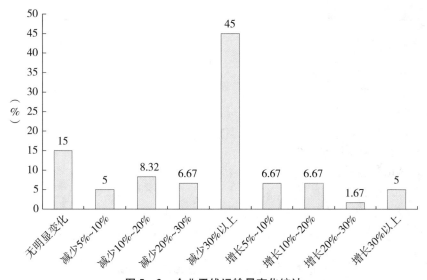

图5－3　企业干线运输量变化统计

按照企业类型统计，不管是生产企业、商业企业、物流企业还是物流设备企业，干线运输量下降都比较明显，增长较少（见图5-4）。

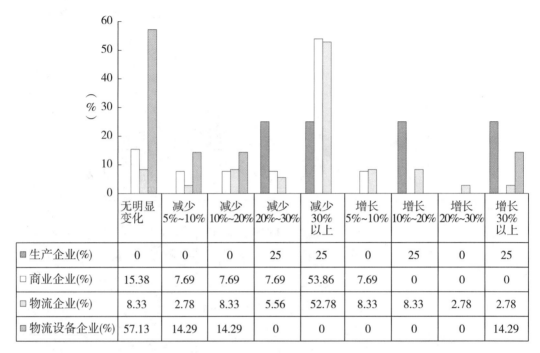

| | 无明显变化 | 减少5%~10% | 减少10%~20% | 减少20%~30% | 减少30%以上 | 增长5%~10% | 增长10%~20% | 增长20%~30% | 增长30%以上 |
|---|---|---|---|---|---|---|---|---|---|
| ■ 生产企业(%) | 0 | 0 | 0 | 25 | 25 | 0 | 25 | 0 | 25 |
| □ 商业企业(%) | 15.38 | 7.69 | 7.69 | 7.69 | 53.86 | 7.69 | 0 | 0 | 0 |
| □ 物流企业(%) | 8.33 | 2.78 | 8.33 | 5.56 | 52.78 | 8.33 | 8.33 | 2.78 | 2.78 |
| ■ 物流设备企业(%) | 57.13 | 14.29 | 14.29 | 0 | 0 | 0 | 0 | 0 | 14.29 |

图5-4 不同企业干线运输量变化统计

**3. 疫情对城市配送运输量的影响**

从调研结果整体来看，疫情对城市配送运输量的影响与对企业业务量的影响相似（见图5-5）。

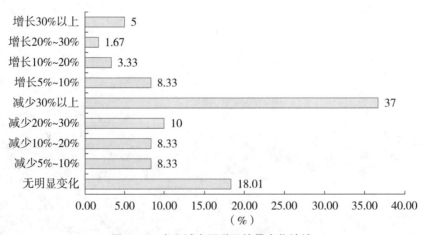

图5-5 企业城市配送运输量变化统计

按照企业类型统计，不管是生产企业、商业企业、物流企业还是物流设备企业，城市配送运输量下降比较明显，增长较少（见图5－6）。

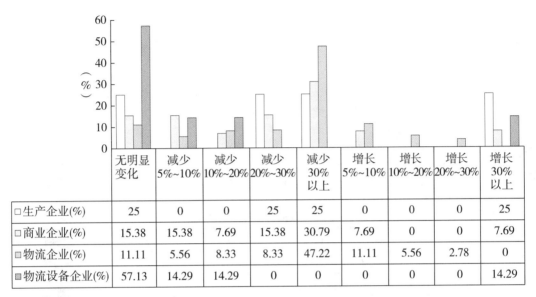

| | 无明显变化 | 减少5%~10% | 减少10%~20% | 减少20%~30% | 减少30%以上 | 增长5%~10% | 增长10%~20% | 增长20%~30% | 增长30%以上 |
|---|---|---|---|---|---|---|---|---|---|
| □生产企业(%) | 25 | 0 | 0 | 25 | 25 | 0 | 0 | 0 | 25 |
| □商业企业(%) | 15.38 | 15.38 | 7.69 | 15.38 | 30.79 | 7.69 | 0 | 0 | 7.69 |
| □物流企业(%) | 11.11 | 5.56 | 8.33 | 8.33 | 47.22 | 11.11 | 5.56 | 2.78 | 0 |
| ▨物流设备企业(%) | 57.13 | 14.29 | 14.29 | 0 | 0 | 0 | 0 | 0 | 14.29 |

图5－6　不同企业城市配送运输量变化统计

**4. 疫情期间的物流成本大幅度上升**

从调研结果整体来看，受疫情影响，与同期相比，企业的物流成本呈现不同程度的增加（见图5－7）。35%的企业物流成本增加30%以上，26.67%的企业物流成本增加10%～20%，10%的企业物流成本增加20%～30%。疫情期间，物流成本大幅度增加的原因一是员工作业需要做好严格的防护措施；二是医疗物资需求的紧急性，企业需要作出比往常更多的调整去满足业务需求；三是车辆、司机等人员需求大幅度增加，造成物流成本的大幅度上升。

**5. 疫情进一步促进仓储资源优化**

调研结果显示，抗疫对医药物流行业来说是一次大考，现阶段仓储资源、物流网络存在的问题已经显露出来。因此，81.67%的企业认为疫情会加快行业内仓储资源整合，优化现有物流配送网络；31.67%的企业认为行业内的企业将加快仓库布局及建设，以满足业务需求，具体见表5－1。

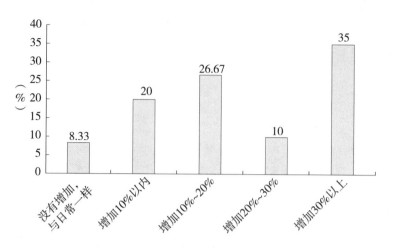

图5-7 疫情期间企业物流成本变化统计

表5-1 疫情对仓储资源影响统计

| 选项 | 比例 |
| --- | --- |
| 对仓储建设没有影响 | 13.33% |
| 加快行业内仓储资源整合，优化现有物流配送网络 | 81.67% |
| 企业将加快仓库布局及建设 | 31.67% |
| 其他 | 5.00% |

**6. 疫情给企业经营带来的困难**

调研结果显示，受疫情影响，承受业务量减少、成本上升的压力的企业均占70%；面临资金紧张、司机和车辆紧缺的困境的企业均超过了40%；52%的企业部分干线运输中断。但是疫情无情人有情，企业内部军心稳定值得欣慰（见图5-8）。

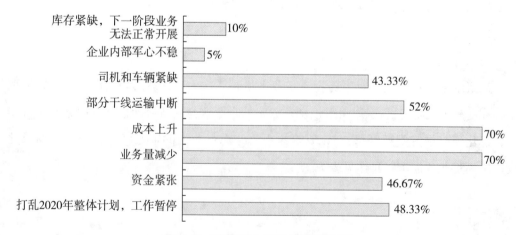

图5-8 疫情给企业带来的困难统计

整体来看，我们对疫情带给企业2020年经营的影响程度不必过于悲观。13.33%的企业表示影响较小，营业收入尚可；66.67%的企业表示影响一般，企业能正常运转；15%的企业表示影响较大，资金周转困难，影响员工工资正常发放；5%的企业表示影响严重，企业面临生存的困难（见图5－9）。

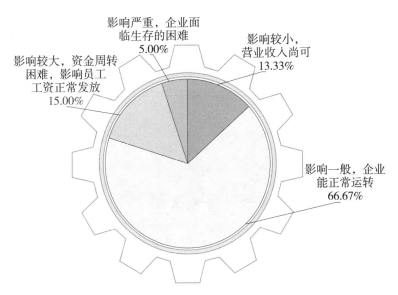

图5－9　疫情对企业2020年经营的影响程度统计

### 7. 疫情对医药物流行业的积极影响

调研结果显示，从长远发展来看，此次疫情对医药物流行业的影响也有积极的一面。疫情促使医药供应链进一步加强应急管理能力，提高协同发展水平，信息化、智能化、数字化发展的节奏也会进一步加快（见表5－2）。

表5－2　　　　　　　　疫情对医药物流行业的积极影响统计

| 选项 | 比例 |
| --- | --- |
| 此次疫情充分印证了应急管理的重要性，企业应进一步加强应急管理能力 | 80% |
| 大大提高业内医药供应链协同意识，有利于未来医药供应链的协同发展 | 70% |
| 此次疫情虽然对企业发展有暂时性的不利影响，但是蕴藏着更多的发展机遇 | 55% |
| 抗风险能力强的医药供应链模式将会受到重视 | 61.67% |
| 加快医药供应链的信息化、智能化、数字化发展 | 68.33% |

从另一个角度出发，"危"与"机"并存，此次疫情也给企业带来了发展机遇。经过此次疫情，认为企业树立了良好的社会形象、证明了自身实力的企业均超过80%；

66.67％的企业认为增强了与其他企业的沟通与合作，为未来发展业务奠定了基础（见表5-3）。

表5-3 疫情为企业带来的发展机遇统计

| 选项 | 比例 |
|---|---|
| 为企业树立勇于承担社会责任的良好形象 | 83.33％ |
| 证明企业实力和应急管理能力 | 81.67％ |
| 增强与其他企业的沟通与合作，为日后业务开展打下基础 | 66.67％ |
| 其他 | 1.67％ |

## 二、医药供应链短板

### （一）缺少完备的供应链风险管理体系

从企业规模看，规模越大的企业，应急管理机制越完备；从企业性质看，国企、外企好于民企，应急管理机制更完备。

### （二）缺少足够的供应链弹性

从此次抗疫经验来看，疫情对医药物流企业的最大影响是物流运输难、原材料紧缺，其中，小型企业受现金流的影响大于中、大型企业。从企业类型看，疫情对生产企业的最大影响也是物流运输难、原材料紧缺。所以，为保证供应链弹性，企业供应链不能中断，即使中断也要保证能迅速恢复。

### （三）供需间缺少精准对接

在疫情期间，企业首先关注的要素是物资交付，交付永远是采购的第一要务。其次是物流、信息流、资金流、人流这四大问题，也非常棘手。

### （四）缺少专业的人才

在疫情期间，企业面临很多共同的问题，车辆紧缺、司机紧缺、工作人员紧缺等。建议企业开展专业培训，范围包括一线员工及领导干部，进行全流程、全方位培训。

## 三、应急物流体系建设引起高度重视

此次疫情是对医药供应链的一次大考，也是对供应链应急能力的一次严峻考验。一方面，医疗人员、物资及设施的缺乏使得供不应求的矛盾日益尖锐；另一方面，除了疫情防控，还面临社会企业复工复产所需资源条件的巨大挑战。供应链危机是此次疫情中的突出问题之一，在聚焦供应链能力提升的同时，更应重视供应链应急体系的建设。

### (一) 应急物流体系亟待建立

在突如其来的新冠肺炎疫情面前，政府、企业、社会组织都深刻认识到了建立应急物流体系的重要性，医药供应链急需补短板，健全应急物流体系。所谓应急物流，是指为应对严重自然灾害、突发性公共卫生事件、公共安全事件及军事冲突等突发事件，而对物资、人员、资金的需求进行紧急保障的一种特殊物流活动。应急物流一般具有突发性、弱经济性、不确定性和非常规性等特点，多数情况下通过物流效率实现其物流效益。

有专家表示，应急物资保障是应对突发事件的重要支撑。在新冠肺炎疫情防控工作中，医用口罩、防护服、护目镜、医用酒精和消毒剂等重点物资的生产、采购、调配和供应至关重要。同时，维持疫区生产生活的日常物资供应也刻不容缓，应急物流发挥了疫情防控总体战"生命线"和保持生产生活平稳有序运行"先行官"的重要作用。

### (二) 国外典型国家应急体系

在美国国内救灾方面，FEMA（联邦应急管理局）设有物流管理的专门单位，平时主要负责救灾物资的管理储备、预测各级各类救灾物资需求、规划救灾物资配送路线以及救灾物流中心设置等工作。当灾害发生时，物流管理单位便会迅速转入联邦紧急反应状态，根据需求接受和发放各类救灾物资。日本在救灾的物流管理上，主要是制订灾害运输替代方案。事前规划陆、海、空运输路径（因海运和空运受震灾影响小，所以多利用这些资源）；编制救灾物流作业流程手册，明确救灾物资的运输、机械设备以及其他分工合作等事项。

## （三）如何建立应急物流体系

我国各类应急物资的采购、储存、调配、运输、回收等职能分散在不同部门，由于应急物流协调组织大多是在灾害发生时抽调组成的临时机构，不利于有效协调、沟通和整合。例如，医疗器械、粮食、帐篷、车辆等救灾物资分别由医药卫生、粮食、民政和交通部门负责，这种模式不利于救灾时快速传递信息，同时在一定程度上提高了救灾保障成本。

因此应在国家公共危机控制指挥系统中常设应急物流调度部门，统筹负责全国的应急物资储存和运输，对突发事件及时进行处理。完善应急物流法律标准体系，将现有法律和规范作为基础，明确各参与主体权责、主要物资的存储及配送标准、基础设施使用标准、救援人员执行工作标准等，以法律的约束性和强制性确保应急物流体系运作。

我国应依托现有资源挖潜升级，提升应急保障能力。应把确保应急物资快速准确运抵目的地并及时配送到急需应急物资的单位或个人作为应急物资物流保障能力建设的主要目标。可按照"平急结合、军民融合、共享联动"的总体思路，着力完善工作机制和政策制度，充分挖掘我国既有交通线路网络、物流枢纽网络、运力资源、信息平台等物流资源潜力，构建平急结合、保障有力的应急物流网络及运力储备体系，以及共享联动的应急物流保障大数据平台，有效增强突发公共卫生事件国家应急物资物流保障能力。

## 四、数字化供应链转型成行业共识

### （一）数字化供应链的概念

数字化供应链是新环境下供应链的新形态，是以客户为中心的平台模型，通过多渠道实时获取并最大化利用数据，实现需求刺激、匹配、感知与管理，以提升企业业绩，最大限度降低风险。数字化发展能力是企业未来竞争力的关键环节，数字化供应链将为疫情过后中国经济的快速恢复提供强劲动力。如何协同使得我们能够基于客户需求整合不同组织资源来快速响应是一个重要的问题。疫情加快了数字化供应链转型的步伐，越来越多的供应链将实现端到端的可视化、自动化和智能化，在提高响应速度和运作效率的同时降低对人工的依赖。

## （二）数字化供应链能力需求与构建

### 1. 供应链资源

通过共享资源池内服务能力的匹配以及端到端成本模拟，实现资源优化，为客户提供物流服务商选择的参考。

### 2. 供应链计划

利用产品的销售预测、库存预警来制订供应链计划，并通过分布式库存和分布式订单来实现计划，同时对供应链计划提前进行仿真模拟。

### 3. 供应链通路

用物流网络规划来制定供应链层级及选点，规划合理的运输网络覆盖，找到产品布局通路，实现产品流通可及，同时降低供应链整体成本。

### 4. 供应链透视

利用供应链可视化来实现端到端物流跟踪，提前对时效进行预测，对异常事件进行预判并加快处置，对供应链数据进行挖掘和分析，提升决策准确度。

### 5. 供应链追溯

自动实现商品、单据、追溯码、物流配送信息的关联。实现"流向＋追溯"，达成事前、事中到事后的供应链全方位管控和追溯。

### 6. 供应链结算

自动结算各个物流环节的费用，并能通过服务达成度和费率的不同维度比较来评价物流服务供应商服务质量。

### 7. 供应链金融

搭建金融机构与供应链上下游企业金融服务对接平台，为供应链企业融资提供新的解决方案，有效控制供应链风险。

## （三）数字化供应链的属性

①连接：连接是数字化供应链网络的基础。借助数字化技术，整个商业生态系统

进行更充分的互动，可以了解并满足客户真实需求。②智能：认知智能应用，为企业决策提供正确的信息。③创新：更高的智能化水平将孕育出智能化网络、可行性洞见、自动化执行，可以更快地创新。④灵活：数字化技术可以使企业更灵活地适应市场环境的变化，流程变得更易于优化和复制。⑤敏捷：应用新型数字化模型，供应链合作伙伴的加入可以实现"即插即用"，更快参与供应链协同。（见图5-10）

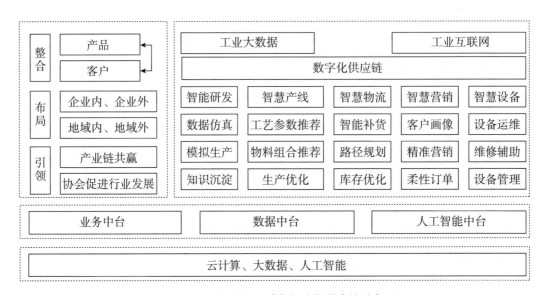

**图 5 - 10　数字化制造与数字化供应链融合**

## 五、智慧化医药供应链优势充分体现

### （一）什么是智慧化供应链

智慧化供应链是结合物联网技术和现代供应链管理的理论、方法和技术，在企业中和企业间构建的，实现供应链的智能化、网络化和自动化的技术与管理综合集成系统。

除了传统物流，智慧物流优势也逐渐凸显。为应对新冠肺炎疫情，一些重点物流企业和创新型企业积极采用大数据、人工智能、5G 等新技术。以无人机自动分拣为代表的智能物流设备在提高物流效率和减少人员交叉感染方面显示出优势。此外，无人机、无人车的送货上门更是博得眼球。这不仅对提高突发公共卫生事件和重大自然灾害场景下的应急保障能力具有重要意义，而且对促进物流业整体质量和效率提升具有深远影响。

## （二）智慧化供应链的特征

### 1. 工具性（Instrumented）

供应链管理中的信息是由自动化或感知设备产生的，例如 RFID（无线射频识别）、Tag 标签等。没有有效的信息通信技术的支撑，管理信息无从获取，因此，工具性是智慧化的第一特征。

### 2. 相互关联（Interconnected）

管理中所有的参与主体、资产、信息化系统、业务等一定是高度连接。智慧化就是要将不同的主体、不同的业务、不同的要素通过信息通信技术形成相互关联、相互依存的网络关系。

### 3. 智能化（Intelligent）

借助于 ICT（信息通信技术）能够实现大规模的优化决策，改善管理绩效。管理的智能化在于通过信息通信技术实现信息整合，从而优化决策过程，有效地引导生产运营走向高效、高竞争力方向。

### 4. 自动化（Automated）

业务流程能够通过信息化设备来驱动，进而替代其他低效率的资源，特别是低效率的人工介入。人为因素的频繁介入往往产生低效率，这不仅是因为人工介入延迟了反应时间，而且往往会有道德风险，增加了信息不对称和机会主义的可能性。

### 5. 整合性（Integrated）

智慧化能够推动不同参与者之间的协同合作，包括联合决策、公共系统投资、共享信息等。

### 6. 创新性（Innovative）

智慧化能够推动管理的创新，通过提供整合化的解决方案创造新价值，或者以全新的方式满足现有价值诉求。

近年来，不少大、中型药品流通企业在医药物流拆零技术、冷链箱周转、物流全程可视化信息系统等方面不断优化升级，同时医药物流企业智慧化运输、智能调度甚至到产业链终端的智慧药房等，全行业正在打造信息化的智慧化供应链。技术是降本增效最有效的办法，技术赋能下的智慧物流和智慧医疗供应链的建造成为核心。疫情过后，医药行业的智慧化供应链建设节奏必将进一步加快。

### （三）智慧化供应链的优势

第一，技术渗透性强。在智慧化环境下，供应链中的企业将采取积极措施，吸收和采用供应链所需的现代技术来实现智慧化供应链。

第二，可视化、移动化特征明显。智慧化供应链表达数据所传递的信息更加灵活，例如图片、视频等，同时采集数据的方式更灵活。

第三，信息集成性强。智慧化供应链打破企业各自为政、存在信息孤岛的现状，实现整个链条有效的信息共享和无缝对接。

第四，强有力的合作。智慧化供应链中的企业共同承担风险和收益，企业之间合作关系更加紧密，能够对供应链内外的信息迅速作出反应。

第五，市场和消费者的需求。智慧化供应链以需求为驱动力，强调供应链中企业之间的信息共享、互动与协调，通过前端研发和市场需求的引导，真正实现供应链的快速反应能力。

## 六、供应链协同化价值凸显

### （一）供应链敏捷化

武汉地区出现疫情以后，九州通第一时间响应，非常迅速，充分发挥了供应链敏捷化优势。可以看到在应对突发事件中，供应链一方面要在保民生方面突出基础性，要稳定安全、高效有序；另一方面在抗疫情方面要突出供应链的敏捷性，要具备快速响应机制。敏捷化是供应链的基础特征，也应在日常中体现。

### （二）进一步完善供应链平台化

平台型供应链真正实现产业上下游、企业内外的资源整合、组织协同。只有在平台基础上才能体现供应链柔性化，有了柔性化，供应链才能具备更大的张力，或者叫弹性，这在应急情况下非常关键。在全国供应链创新与应用试点期间，很多企业认识到了平台化的基本方向。

## （三）推进供应链的线上化

通过线上采购满足线下需求，通过电子合同、电子订单等充分发挥数字资源的作用。充分发挥供应链数字化优势，这也是今后的发展趋势。

## （四）增强供应链服务化

供应链创新时不能仅做资源整合、流程优化、组织协同、产业融合等管理流程的创新，这只是供应链基本的内容，要外化到产业链的基础能力提升上。供应链不仅要做管理系统的创新，也要在管理系统创新的基础上打造服务系统。如九州通通过供应链的数据积累商家信用，提供供应链金融服务；又如线上诊疗，为药店医疗服务能力的提升提供了平台。

## （五）实现供应链应急需求常态化，又反过来实现供应链常态业务应急化

在疫情期间，很多企业在提供物资供应链保障的同时，并没有因应对疫情的任务紧迫而暂停日常业务；相反，企业在疫情期间为常态化的需求提供供应链保障，如疫情期间的慢性病医疗和药品配送服务，没有顾此失彼。这是供应链创新中的一个重要启发。

# 第二节　C端药品配送赋能"互联网＋"医疗加速发展

2020年新冠肺炎疫情进一步推动患者的诊疗习惯变革，在国家大力推进"互联网＋"医疗健康的背景下，"互联网＋医疗"迎来了快速发展的契机。

## 一、政策背景

2020年2月25日，中共中央、国务院发布《关于深化医疗保障制度改革的意见》，提出高起点推进标准化和信息化建设，将符合条件的医药机构纳入医保协议管理范围，支持"互联网＋医疗"等新服务模式发展。

2月28日，国家医疗保障局、国家卫生健康委发布《关于推进新冠肺炎疫情防控期间开展"互联网＋"医保服务的指导意见》（以下简称《意见》），提出将符合条件的"互联网＋"医疗服务费用纳入医保支付范围。《意见》明确，对符合要求的互联网医疗机构为参保人提供的常见病、慢性病线上复诊服务，各地可依规纳入医保基金支付范围；互联网医疗机构为参保人在线开具电子处方，线下采取多种方式灵活配药，参保人可享受医保支付待遇。

今后，医保资金有了新流向：互联网医疗、在线问诊、医药电商。此举措一方面将进一步助推互联网医院发展，促进实体医院开设线上问诊/复诊开药服务，医院出于药房运营成本节约的角度，将加大药品从社康中心、商业RDC（区域配送中心）等直接配送到患者家中的力度；另一方面发现网售处方药增量空间巨大，疫情期间，为了减少出门，网上药店发挥了独特的作用，疫情结束后趋势已经形成，培养了用户习惯，线上下单购药，线下药品配送到家，或将成为常态。

## 二、C端药品配送需求大增，顺丰医药引领服务模式转变

受新冠肺炎疫情和政策的双重影响，实体医院纷纷推出线上问诊服务，加快建设信息化医院、智慧医院，互联网医疗平台联合线下医院、医药商业企业，加快线上线下布局，"线上问诊，送药上门"需求大增，医药电商增量市场可期。这些对医药物流领域的C端药品配送发展带来机遇与挑战。

面对陡增的在线咨询量和开具的药品量，如何高效、安全地将"在线药房"搬到患者家门口，成为各大医院、医药电商亟须解决的问题。顺丰医药供应链有限公司（以下简称"顺丰医药"）第一时间提供C端药品配送解决方案：通过迭代优化精温专递产品，在医院设立服务点、线上平台搭建、派驻服务团队等手段，帮助实体医院和互联网医院，打通处方药品（含中药）、冷链药品（胰岛素、血液制品、抗癌药品等）、诊断试剂等直配到家，让患者无须往返医院，"零接触"就医，助力居家防控。

长期以来医药电商、药店、医药商业企业的C端药品销售市场都以常温药为主，随着电子处方流转和医保线上支付逐步推广，通过借助精温专递90%以上大、中城市直配到家的服务能力，冷链药品C端销售市场有望被激活，让胰岛素等常用慢性病冷链药品安全、便捷、低成本地配送到患者家中，为疫情期间慢性病患者足不出户线上

购药提供便利。

## 三、药品配送到家的要求

药品配送到家不同于普通物品配送到家模式，在资质保障、从业人员要求、质量安全、收派操作规范、追溯体系、交付标准等方面都要严苛得多。

以顺丰医药为例，其已获得第三方医药现代物流资质，拥有合规的许可认证，如药品经营质量管理规范认证证书、药品经营许可证、道路运输经营许可证等；配备了质量管理团队，并建立质量管理体系，包括质量体系文件、偏差管理、现场管理、变更管理、验证与校准、内审管理等十余个体系化的管理活动，保障药品全程质量安全；建立了医药物流运作标准，从订单管理、收件、运输、中转、派件5个核心环节，人员培训、设施设备、管理系统、应急机制等31个运作步骤和65个标准动作全面规范，确保药品配送的安全性、可控性、可追溯性。

## 四、顺丰医药 C 端药品配送到家服务模式

### （一）项目简介

顺丰医药依托顺丰在 C 端配送服务方面的良好口碑和覆盖全国的服务网点，以及自身全国性的专业医药冷链资源和成熟的冷链药械 C 端配送经验，为实体医院、互联网医院、医药电商、处方流转平台等提供处方药品、冷链药品、中药、诊断试剂等配送到家服务，配送范围覆盖了我国绝大部分城市（不含港澳台地区）（见表 5 – 4）。

表 5 – 4　　　　　　　顺丰医药 C 端药品配送到家服务范围及时效

| 配送范围 | 配送时效 | 常温药品 | 冷链药品（精温专递） |
|---|---|---|---|
| 发货地 10km 内商圈 | 最快 2 小时内即时送达 | √ | √ |
| 同城 | 上午订单，下午送达<br>下午订单，次日送达 | √ | √ |
| 省内 | 最快次日 12：00 前送达 | √ | √ |
| 邻省 | 最快次日 18：00 前送达 | √ | √ |
| 跨省 | 最快隔日 12：00 前送达 | √ | √ |

## （二）服务亮点

顺丰医药在资质、操作标准、发货模式、包装安全、温度追溯等方面均做到了药品 C 端寄递场景下的优化保障，以药品全程质量安全为第一前提。

**1. 第三方医药物流资质**

顺丰医药已获得药品经营质量管理规范认证证书、药品经营许可证、道路运输经营许可证，从业人员、质量体系、操作标准、系统追溯等均符合药品质量安全标准。

**2. 支持多模式配送到家**

支持医院门诊药房、社康中心、药店、商业 RDC 发货的多药品品类直配到家，包括玻璃容器药品和胰岛素、血液制品等冷链药品。

**3. 多重措施保障安全**

唯一患者对应唯一处方、唯一签收二维码、唯一运单号，四重绑定核验，药品清单与药师逐一核验交接，保障处方单、药品、物流单统一正确。

**4. 医嘱式药品交接**

派件员提前与收件人预约派件时间，要求当面核验签收，并复述医生用药安全提醒，收件人可体验与传统线下取药时同样的面对面医嘱服务，确保患者用药安全。

**5. 专业医用安全包装**

采用防拆、防摔、防损、防盗和可循环包装，满足胶囊、片剂、玻璃或陶瓷容器灌装药品的安全寄递；冷链包装从包材选型与验证、冷媒预冷释冷、收派全流程操作标准化等制定安全规范，确保全程温度可视化、可追溯，保障胰岛素、血液制品、干扰因子等冷链药品的全程 2~8℃ 精准温控（见图 5-11）。

**6. 冷链药品全程 2~8℃ 可追溯**

参照商业配送标准，具有全程温度外显功能，支持提供全程 2~8℃ 温度数据。

**7. 专项客服跟踪服务**

主动预警风险点，异常件统一由专人团队跟踪处理。

**8. 精温专递定价亲民**

顺丰医药充分考虑到了患者的承受能力，在保障配送服务品质和全程质量安全的前提下，单票配送费低至 58 元，疫情期间顺丰医药还为患者提供一定的运费补贴，2020 年 6 月 30 日前仅 42 元起/票。以一个近乎顺丰普通件的价格，帮助亿万患者实现

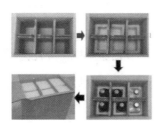

| 强力胶袋包装 | 泡沫防损包装 | 丰BOX |
|---|---|---|
| 破坏性封口，拆封后不可逆保障胶囊、片剂药品的全程密封安全 | 对易碎药品进行完全贴合的包裹适用于玻璃瓶、陶瓷容器灌装的药品 | 使用封条和拉链封口，可循环使用二维码追踪适用于高价值药品安全配送 |

图 5－11　顺丰医药多种常温药品包装方案

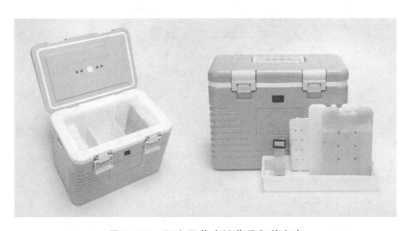

图 5－12　顺丰医药冷链药品包装方案

冷链药品送药上门，顺丰医药以实际行动践行了新医改下医药物流革新升级的使命担当。

### （三）项目效果

顺丰医药 C 端药品配送到家解决方案，助力实体医院、互联网医院等构建"线上问诊/复诊开药，线下药品配送到家""医院现场就诊，免排队取药，送药上门"的服务闭环，让药品多跑路、患者少跑腿，尤其极大方便了慢性病患者长期、稳定用药，进一步落实国家"互联网＋"医疗发展要求。

2020 年 4 月顺丰医药推出精温专递产品，首开 3200 条收寄流向，让我国 90%以上大、中城市实现胰岛素、冷藏抗癌药、血液制品等冷链药品直配到家，打破了冷链药品不能送药上门或配送范围过小的行业瓶颈，有力提升了我国冷链药品市场更深、更广的终端配送能力。

目前，已有几十家实体医院、互联网医院、慢性病管理中心、医药电商平台等率先与顺丰医药达成合作，为 C 端患者开通常温或冷链药品配送到家服务，其中不乏知名三甲医院和互联网医院龙头企业等，如深圳市宝安人民医院（集团）、海南省人民医院、深圳市慢性病防治中心、天津市中医药研究院附属医院、微医互联网总医院等。

顺丰医药致力于为药品厂家、流通企业、疫苗厂家、各级疾控中心、医院和连锁药店等医药产业链上下游企业，提供质量安全、经营合规、科技领先的仓储物流和供应链服务。顺丰医药服务模式如图 5 – 13 所示。

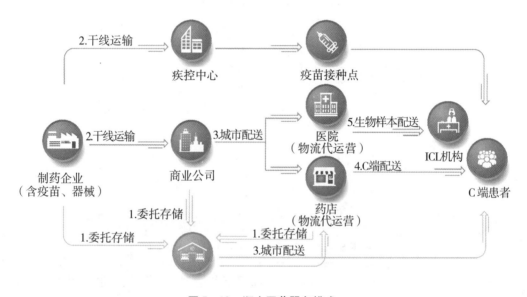

图 5 – 13　顺丰医药服务模式

目前，顺丰医药已为赛诺菲、拜耳、哈药集团、华润三九等国内外知名药企，以及巴斯德、中生所、成都疾控、深圳疾控等疫苗厂家和疾控中心提供了优质的仓储、运输和全程质量追溯等服务。

截至 2019 年，顺丰医药拥有 4 个 GSP 认证医药仓，医药冷链运输干线贯通东北、华北、华东、华南、华中核心城市，拥有通过 GSP 验证自有冷藏车 242 台，并配备完善的物流信息系统以及自主研发的 TCEMS 全程可视化监控平台。

# 第三节　数字化供应链可视化风险管控体系的建立与应用

## 一、项目背景

### （一）行业竞争格局与发展趋势

**1. 医药流通市场同比增速略有上升**

在政府加大医药卫生投入和居民健康消费需求升级的背景下，受益于全民医保、人口老龄化进程加快、疾病谱变化、慢性病用药需求增大、人均用药水平提高以及大众消费升级等利好因素，我国医药流通市场规模将持续扩大。

**2. 行业集中度提升加快**

根据全国医药流通上市企业年报测算，2019 年前三季度，全国前三强医药流通企业营业收入平均增长 20.6%，剔除三强的全国十强平均增长 16.5%，均远超直报企业和全国平均同比增速，表明"两票制""4＋7"带量采购等政策的实施进一步加剧行业集中趋势；另外，全国性和区域性龙头企业间的强强联合也将加快推动行业协同整合，重塑行业生态链，实现优胜劣汰。

**3. 商业模式转型和新兴业态培育**

带量采购、强化药品全生命周期管理、医院考核管理等医改政策，"互联网＋"正全面连接医疗、医药、医保服务的技术变革，顺丰医药、阿里健康等巨头的加速跨界融合，促使传统医药商业企业模式转型和业务创新，新兴业态和商业模式不断涌现。在新技术、新动能的驱动下，"互联网＋"药品流通将重塑医药流通行业的生态格局，信息化、智能化将成为行业发展趋势和企业核心竞争力，应用互联网、物联网、大数据、云计算等现代物流及信息化先进技术提升效率，实现经营模式的转型升级。医药商业企业通过提供智慧化供应链综合解决方案，合作发展物流、信息流、资金流三流融合的多元协同医药供应链体系，向客户提供专业化、高效率的增值服务；通过发展DTP 药房（直接面向患者提供更有价值的专业服务的药房）、智慧药房、慢性病管理药房、现代社区药店和 O2O 新零售等模式向终端客户提供专业化、定制化、多元化服务，优化客户体验，持续为客户创造价值。

## （二）项目回顾

浙江英特集团股份有限公司（以下简称"英特集团"）经过十几年的信息化建设，持续致力于搭建集团信息一体化格局的业务、财务、电商、物流、协同等系统平台，基本完成了各项原始数据收集体系和规范的建立，同时也通过系统建立了初步的统计分析功能。

但数据整合、分析及展现能力仍较薄弱，数据分散在各个系统上面，缺乏统一平台进行完整的运营数据展示。系统外部数据，如各类手工台账、行业数据、互联网数据等无法得以高效利用，且数据统计及分析工作主要依赖于 Excel，工作量大、效率低下，图表展现模式单一，综合性及实时性分析能力不足。

随着公司管理的日渐深入，在管理决策、运营分析、财务分析、风险管理、电商、药店在线数据分析等方面都对数据的提取、分析、展示及应用提出更高的要求，目前的数据分析能力已无法满足日益增长的决策分析需要。因此，在完成全集团信息一体化的基础上，系统应当具备对现有数据进行转化应用的能力。

## 二、项目目标

通过数据挖掘及分析，实现风险管理量化分析模型的客观性、准确性和有效性；通过系统提供风险信息预警，为提升风险管理能力提供技术支持；借鉴金融行业信用评级的概念和房地产行业去化率的思想，利用帆软的数据分析工具，建立一套用于防范贸易风险的可视化管理系统及相应的企业管理配套制度。

## 三、项目解决方案

### （一）基于信用评级和数据可视化管控贸易信用风险

对于医药商业企业来说，客户的总量其实是有限的，所以在竞争性强烈的销售环境中，赊销是一种很重要的销售方式。但就像借钱给朋友一样，这种方式存在很大的风险，很可能会造成企业的损失，所以在进行赊销时，了解客户的信用情况并进行信用风险的管控对于医药商业企业来说至关重要。

那么该如何管控呢？英特集团采用了一套"法人客户"体系，并结合信用评级和可视化工具建立风险管控系统。

### 1. 用"法人客户"体系为数据系统架构主心骨

英特集团的"法人客户"就是指英特集团的每一个客户都必须具备独立的法人营业执照。为什么要求每一个客户必须是法人呢？因为很多时候，客户的分支机构并不具备债务的偿付能力。赊销这种销售方式其实在日常生活中很常见。但是，对于企业来说，赊销的产品所涉及的金额通常都会很大，赊销的客户数量也不会小。所以在这种情况下，企业就必须考虑客户欠债不还的可能，通常会采用投赊销信用保险的方式来将一定的风险转移给保险公司，在企业的欠款遭到延付时可以获得一定的补偿款来减少损失，而这种保险通常会要求买方必须为独立法人。

"法人客户"体系又如何与数据系统结合落地呢？为了满足集团授信管理的需求，英特集团在应用"法人客户"体系时，是按照集团和业务公司两个层面在主数据中构建客户体系的。采取一对多的方式，同一个"法人客户"在集团层面只有一个，但在多个业务公司中却是对应多个"业务客户"（见图5－14）。

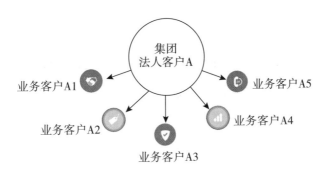

**图 5－14　法人客户与业务客户映射关系**

由于英特集团的体量相对比较大，所以存在同一个客户跟多个子公司都有业务往来的情况。这种情况下，如果只按照业务公司一个层面来建立客户体系，信用风险的管理就会存在漏洞。比如说，英特集团的某一个客户，在跟金华英特公司做生意的同时，还跟温州英特公司和嘉兴英特公司有业务往来，那么每一个子公司都会对这个客户进行单独授信。每个子公司都认为这个客户的体量、规模不错，相信它有能力偿还债务，所以各子公司都给该客户一个足够的授信额度，赊100万元的货没问题。而对于整个集团来说，这个客户赊的货总价值可能达到500万元了，这时候信用风险就存在爆发的可能了。

所以英特集团按照两层客户体系、一对多的方式建立主数据的主心骨。首先集团先对每个客户进行授信评级，比如给一个200万元的授信额度，之后每一个业务公司在与这个客户进行业务往来时，除了要考虑本业务公司和客户的情况，还要考虑整个集团为这个客户制定的授信额度。所有子公司对同一个客户的授信额度之和，原则上是不能超过集团制定的授信额度的。

**2. 结合信用评级制度，流程化管控风险**

首先，各个子公司在新增了一个业务客户后，集团公司会同时新增一个"法人客户"，并建立相应的关联关系。

其次，集团公司会根据客户的规模、性质和偿债能力等情况对法人客户进行资信评级，并给出相应的授信政策，这个授信政策中会包含这个客户的授信额度为多少，最多可以让这个客户欠多少钱、欠多长时间。这里的资信评级还会按照不同的客户类型采用不同的方法，但最终都会纳入内部资信评级的体系中来。公立医疗机构直接进行内部评级；非公立医疗机构，首先由外部保险公司进行评级，之后纳入内部评级中去。

最后，结合各个业务系统进行授信管控，来控制可能出现的信用风险。比如一个客户的赊账金额已经超额，不满足该客户的授信政策，那么销售业务中的货权交付将会被锁定，货品无法出库，以防范出现客户失信的风险。新增客户信用评级制度如图5-15所示。

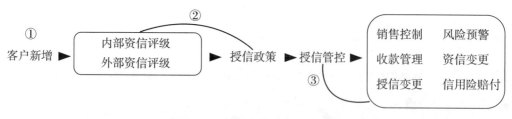

**图 5-15 新增客户信用评级制度**

**3. 通过帆软数据分析平台，研判信用风险**

在信用风险管控的一套制度流程建立起来之后，基本上可以实现对客户信用风险的管控，但英特集团在这基础上还想进行更多的改变，希望能从数据中发现问题、研判风险。要从数据中发现问题有两个要点：一个是数据要能够传递出足够直观的信息，另一个则是能够通过数据找到问题的根源。

英特集团用帆软数据分析平台作为各类业务数据的统一化平台，达到了研判风险的目的。

例如，之前在信用评级制度中提到要对客户进行资信评级，这是一个保险行业的概念。评级后至少会给出两个指标，一个是客户可以欠多少钱，另一个是可以欠多长时间，对应保险行业的指标就是限额和逾期，对这两个指标的观测可以有效监管"法人客户"的信用健康情况。

从集团层面观测整个集团的限额满足率、不同类型"法人客户"限额的满足程度，还有各个子公司报损的情况。

在发现异常后，可下钻到某个经营单位的明细表中，观察该单位下不同类型客户的详细情况，对比实际占用额度和信用评级限额、实际占用时间和信用评级可逾期天数，找到信用高风险的"法人客户"。

在发现信用高风险的"法人客户"后，就要迅速对这部分客户进行下一步的关系管理，实现从宏观风险管理到细节行动决策的突破。

## （二）基于去化思想和数据可视化管控库存风险

作为一家年营运收入近 200 亿元的医药企业，英特集团的销售规模也十分庞大，而支撑销售运行的一个关键环节就是库存管理。随着库存规模越来越大，这一环节的资金占用数量也越来越大，例如保管费、库存管理的费用等都在持续增长。所以如何有效进行库存管理，避免存货重大风险，也是英特集团曾经头痛的一个问题。

好在问题得到了转机，在房地产行业去化思想的启发下，英特集团结合数据分析平台，初步解决了这一难题。

### 1. 利用"高去化"指标，定位存货风险

什么是"高去化"指标？这个指标脱胎于"去化率"这个房地产行业常用的销售指标，百度百科给"去化率"的定义是一定时间段内的销售率。

预计去化天数 = 货品当前库存/货品前 90 天日均销售额。高去化货品定义是当前库存预计去化天数 >180 天，即货品当前库存预计可覆盖未来半年的销售。

英特集团借用销售率这个概念，结合本集团的销售特点，给出了高去化的具体定义。简单理解就是，如果某种药品按照过去90天的销售速度去卖，要半年以上才能卖完，那么这种药品就是高去化的。通过这一指标我们就可以定位库存风险在哪里。

**2. 在掌握预算的基础上，通过预警定位、限管和考核解决问题**

首先是将高去化指标纳入集团的考核指标，作为考核各单位库存管理水平的参考之一。然后通过预算来定位数据分析考量标准，经过指标数据的可视化分析来发现问题。

其实上述从高去化指标去定位库存风险的这个过程，就是一个从整体库存把控出发，逐步深入单个品规把控的过程，可以将发现的风险因素统一纳入预算制定的考量之中，为下一步库存风险的监控提供一个科学的考量标准。打个比方，当你感觉短袖在冬天卖的速度变慢时，自然就会少花些钱去准备这一类的货品（见图5-16）。

**图5-16 预算监控与库存限管**

那么怎样才能精确地发现销售速度减慢，从而进行有效预警呢？光靠感觉当然不行，要进行可视化。英特集团利用帆软的数据分析平台，搭建了一套基于高去化指标分析的存货预警系统，从集团到各个经营单位，再到具体的采购员和货品，全面细致地做好关键指标预警。集团层面可以通过高去化指标预警，定位异常所在单位。

经营单位层面可以观察高去化药品的转化情况，分析异常原因。

采购员或风险管理员可以通过明细报表，定位高去化和有效期短的具体风险药品。

**3. 对冗余药品进行限制和管理，解决库存风险源**

如果发现存在某类药品具有高去化的属性，那么这一类药品就属于高度冗余的品规，业务层面会限制该类药品的补货量，控制库存风险。当然遇到如客户的协议库存、重症的储备药品等特殊情况时，也可以走特殊的解锁审批流程，再行采购。

## 四、项目经验总结

准确定位问题。由于英特集团所在的医药流通行业的特性，其贸易风险的关键点就在于处理"客户应收账款"和"平衡货品的存货与销售"这两点，英特集团运用的信用评级和去化率这两个思路正好能切中要害，所以才能建立起合适的风险管理体系，而其他行业可以借鉴但不一定能完全套用。

厘清业务环节，找准关键的业务指标。例如"高去化"这种能明显反映问题的指标，找准了事半功倍；但要是找不准，贸易管理也只会是"浮于管理，却找不到道理"。同时，在找关键指标时，借鉴其他行业成熟的理论去衍生，也是一种可以参考的思路。

利用好工具，将业务指标落在管理实处。英特集团采用的这种可视化分析工具，能将问题具体落地、产生数据价值，可以作为一种参考。当然，也要根据具体的问题选择真正合适的工具，这样才能将风险管理落实到位。

帆软是中国大数据 BI 和分析平台领导厂商，专注商业智能和数据分析十余年，合作客户 11000 余家。帆软旗下品牌 FineReport（帆软报表）、FineBI（帆软商业智能）等在各自的领域内处于领先地位，被 IDC 和 CCID 等多家机构的行业分析报告评为商业智能领域占有率第一。

2014 年帆软组建团队开始深耕医药行业，从数据基础、数据价值、数据文化等角度进行实践与研究，致力于帮助医药企业数据实现应用自动化、信息透明化，实现数据赋能落地于业务实践。截至 2019 年 12 月，帆软医药大健康合作客户超过 300 家，经过 5 年时间沉淀，目前帆软在医药行业已经拥有成熟的解决方案，并应用在众多医药企业之中，合作客户包括国药、上药、远大制药、豪森药业、济川制药、康恩贝集团、九州通等百强药企（见图 5-17）。

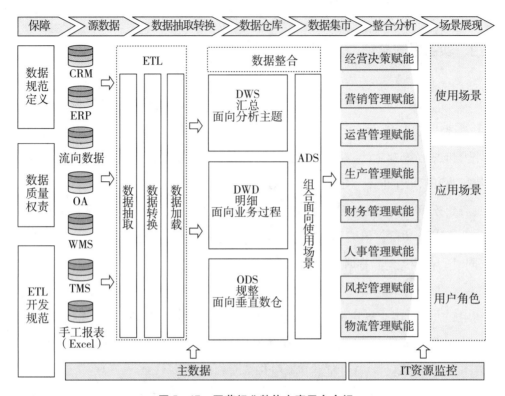

**图 5 – 17　医药行业整体方案平台介绍**

# 第四节　"区块链 + 供应链 + 金融" 在医药供应链中的应用

## 一、项目背景

### （一）政策背景

我国从 2013 年开始陆续出台虚拟货币监管政策，区块链的技术逻辑和底层价值开始被人们认识和了解。从 2013 年到 2018 年，中国人民银行、工业和信息化部、中国银行业监督管理委员会（现中国银行保险监督管理委员会）等各部门对区块链数字货币的可行性、流通环境及数字货币面临的法律问题进行研究，发布了一系列研究报告。

2017 年 10 月，国务院办公厅发布的《关于积极推进供应链创新与应用的指导意见》中，将"积极稳妥发展供应链金融"作为六大任务之一，这标志着我国政府已经将供应链金融发展上升至国家战略高度。

2019 年，国家互联网信息办公室发布《区块链信息服务管理规定》，为区块链信息服务提供有效的法律依据。同年，中共中央政治局第十八次集体学习指出，要把区块链作为核心技术自主创新的重要突破口，将区块链技术上升为国家战略。

为贯彻落实中央指导意见，各地政府分别出台相应的具体落实政策，鼓励企业开展供应链金融创新业务，将资金流有效整合到供应链管理中来，既为供应链各环节的企业提供商业贸易资金服务，又为供应链弱势企业提供新型贷款融资服务。通过建设供应链金融，改善企业资金效率，以高效的资金流提升整个供应链竞争力。

## （二）行业背景

根据《2018 年药品流通行业运行统计分析报告》，2018 年全国七大类医药商品销售总额达 21586 亿元，同比增长 7.7%。

医药行业是关系国计民生的重要行业，医药商业则是整个医药供应保障体系的中枢环节，承担了药品、器械从生产企业到医疗机构的销售和配送重任。长期以来，医院客户对药品和医疗器械的采购都采用赊购方式，平均账期在 6 个月以上，医药商业企业普遍需要为医院的采购垫付资金。这种模式下，资金的占用成为限制整个医药产业链发展的瓶颈和沉重负担。

2017 年 1 月 9 日，国家为控制药品价格，推行"两票制"政策，大大缩减了医药流通环节。这一政策直接取消了多级销售代理，批发商或者医药商业企业则要独自承受巨额的应收账款。医药商业企业处在供应链核心地位，加之下游医院处在的强势地位，普遍采用赊销方式以及行业整体较长的回款账期，让处于中间位置的医药商业企业以及广大中小企业生产面临巨大的资金链压力。

## 二、区块链的发展现状

### （一）概念

区块链技术是利用块链式数据结构来验证和存储数据、利用分布式节点共识算法来生成和更新数据、利用密码学的方式保证数据传输和访问的安全、利用由自动化脚本代码组成的智能合约来编程和操作数据的一种全新的分布式基础架构。

区块链技术特点如下：①去中心化模式保障系统稳定运作；②通过非对称加密技术（公私钥）保证数据传输的安全；③通过共识机制，保障数据不被篡改，实现可追溯。

## （二）行业作用

借助区块链技术"去中心化、点对点交易、时间戳、分布式记账"的特性，在供应链金融数据保护、数字存证追溯、合约自动高效执行方面具有独特的优势。

区块链有助于解决金融数据的安全问题以及金融领域的信任难题。

## （三）在医药供应链中的应用

针对医药供应链的特点，可使用区块链技术将贸易往来过程的数据（包括订单、发货单、物流单、发票等），经数据验证打包成应收账款债权电子凭证（区块链应收账款）。该凭证可以应用区块链技术，实现数据存档、安全保护；可以通过金融机构加载信用，并可实现拆分、合并、转让、转支付等操作，最终以智能合约形式实现自动履约。

同样道理，区块链技术对医药供应链中药品产品批次（或药品监管码）追踪，质量追溯方面具有优势。

## 三、区块链的发展趋势

区块链技术演进发展历程分为三个阶段。区块链 1.0 以比特币为典型应用，实现了数字货币的发行和流通。区块链 2.0 以智能合约的应用为特征，通过智能合约推动多业务系统的协作，扩展了区块链应用领域。区块链 3.0 将实现与物联网、云计算等技术融合发展，试图在大规模协作领域提高行业的运行效率和管理水平。

金融领域仍然是区块链技术的重点领域，同时贸易与工业互联网也成为新的区块链技术应用热土。

2019 年国家区块链政策占比如图 5-18 所示。

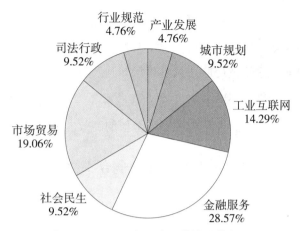

**图 5－18　2019 年国家区块链政策占比**

资料来源：《区块链金融应用发展白皮书（2020）》。

## 四、案例的整体介绍

### （一）案例背景

瑞康医药是一家向全国医疗机构直销药品、医疗器械、医用耗材，同时具有金融科技、中医药、数字化医疗、药品学术、专业物流、器械研发生产、医学诊断、器械综合八大服务板块的综合医疗服务商。

2019 年 11 月，瑞康医药集团股份有限公司（以下简称"瑞康医药"）与浙商银行深度合作，双方依托自身的优势，践行国家普惠金融的理念，致力于服务中小企业，满足其在经营活动中的资金需求，共同打造"吉祥天区块链医疗健康服务平台"（以下简称"吉祥天平台"）。该平台利用区块链技术，结合浙商银行专业的金融机构背景以及瑞康医药作为医药头部流通企业的行业经验，共同进行"区块链＋供应链＋金融"融合创新。

2020 年 3 月 18 日，经过双方技术团队通力合作，吉祥天区块链医疗健康服务平台正式上线。吉祥天是由瑞康医药集团与浙商银行携手打造的区块链医疗健康服务平台，该平台将会对医药上游供应商—医药商业企业—医疗机构—金融机构全覆盖的医药业务数据进行整合；同时通过收集、传递、发掘产业链各主体的融资需求并提供底层真实业务数据，采用风险管理和信用注入，快速将融资需求和风控数据直接传导给资金方，打通整个产业链的融资渠道，最终实现整个产业链的价值创造。平台实现了用户管理、账户管理、身份实名认证及数字证书管理、企业 ERP 对接、合同线上签署、区块链数据存证、对接银行系统（风控、资金管理、账户管理）等功能。

目前业务上已实现区块链应收账款签发、转让、支付、融资、兑付等一系列功能。通过金融机构的信用管理体系改善核心企业应收账款管理、应付账款管理的信用管理能力，同时为供应链上中小企业提供了一种全新的高效、便捷、低成本的融资工具。

### （二）吉祥天区块链医疗健康服务平台主要功能介绍

**1. 用户管理**

吉祥天平台以核心企业邀请方式注册，供应链成员单位依据邀请信息到平台完善并提交资料，资料通过后台审核后，完成注册人员实名认证。平台对接工商部门、公安部门、移动运营商，使用人脸识别等技术，完成企业及操作人员的实名认证，并对注册用户发放 CA 数字证书。数字证书用于签署平台协议、区块链应收账款债权合同在线签署电子签名。

**2. 账户管理**

吉祥天平台借助银行的账户管理体系，使用银行内部账户进行托管管理，包括用户平台账户出入金、区块链应收账款自动兑付、应收账款转让交易等。

**3. 贸易背景审核**

吉祥天平台对接核心企业（目前核心企业为瑞康医药，未来会引入其他企业为核心企业）ERP 系统。瑞康医药目前使用国际最先进的 ERP 系统——SAP，进一步保证了贸易背景数据的真实可信。贸易背景数据包括订单信息、发货信息、物流信息、发票信息，平台对发票信息进行网上自动验真。贸易背景数据的真实有效是后续签发区块链应收账款的第一道保证。

**4. 区块链应收账款**

客户依据核心企业应收账款贸易背景，签发区块链应收账款——吉祥通（债权电子凭证），核心企业签收完成后生成电子凭证并写入区块链。吉祥通可以申请银行保兑进一步增信，保兑过程对接银行风控系统。经过保兑的吉祥通，可以直接向银行进行融资，也可以拆分转让给上游供应商，由供应商进行融资。

吉祥天平台从生成、保兑、支付、转让融资到最终到期兑付的整个过程通过区块链技术进行数字存证，保证了数据的安全不可篡改及追溯性。

吉祥天区块链医疗健康服务平台示意如图 5 - 19 所示。

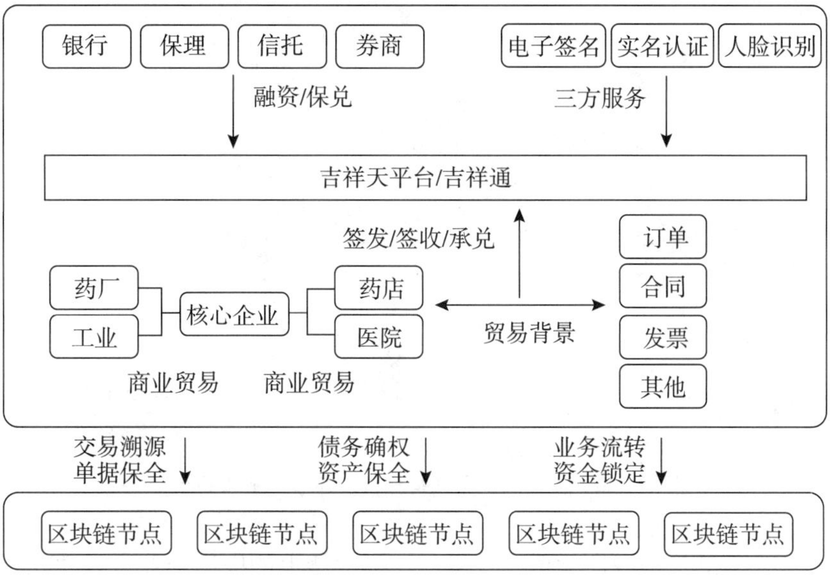

**图 5 - 19　吉祥天区块链框架**

### 5. 区块链技术

吉祥天平台借助浙商银行的区块链技术为底层技术平台，搭建瑞康医药、浙商银行、吉祥通的联盟链。借助区块链"去中心化、点对点交易、时间戳、分布式记账"等特性，以开放性、自治性、安全性为原则，为企业提供可信任、全方位的自金融服务。

## （三）平台优势

吉祥天平台将资金方、核心企业和上下游企业联系在一起，利用资金方的资金优势，为供应链上的企业提供符合产业的金融产品和服务，将资金作为供应链中的一个润滑剂，增加其流动性。

吉祥天平台的优势包括以下几点。

（1）各利益主体（核心企业、资金方、监管方等）通过在平台上提前设定的规则，加速数据的互通和信息的共享，解决企业间信息孤岛的问题。

（2）根据《中华人民共和国物权法》《中华人民共和国合同法》《中华人民共和国电子签名法》等，核心企业的应收账款可以通过平台区块链技术，转化为可支付、可转让的电子合约，使核心企业信用能够有效传导。基于区块链技术，整个电子合约可以进行拆分、溯源等多种操作（见图5-20）。

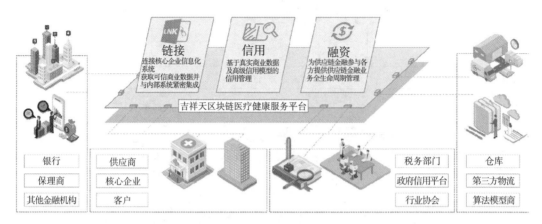

图 5-20　吉祥天平台优势分析及各参与主体关系

（3）核心企业通过平台进行信用传导后，供应链上的中小企业可以使用核心企业的信贷授信额度，降低融资成本，提升融资效率，从而实现企业的降本增效。

（4）基于区块链技术以及借助资金方的账户体系架构，使得区块链应收账款可以实现自动清、结算，减少人工干预，降低操作风险，保障回款安全。

总而言之，在平台中整个贸易环节的信息流转，从以前的信息孤岛变成了全链条的信息打通。基于交易确权的数据加密、交易真实证明的有效存证、信任传递的共享账本和自动执行的智能合约，形成回款安全可控、监管透明可穿透、打通供应链全链条数据的新生态，有助于解决供应链上中小微企业"融资难，融资贵"这个老生常谈的难题。

# 第五节　医药物流标准体系现状及趋势

## 一、标准的分类

按照标准的适用范围分为国际标准、国家标准、行业标准、地方标准、团体标准和企业标准。国家标准分为强制性国家标准、推荐性国家标准。行业标准、地方标准等是推荐性标准。强制性标准必须执行，国家鼓励采用推荐性标准。

## （一）国际标准

指国际标准化组织（ISO）、国际电工委员会（IEC）和国际电信联盟（ITU）制定的标准，以及国际标准化组织确认并公布的其他国际组织制定的标准。国际标准在世界范围内统一使用。

## （二）国家标准

### 1. 强制性国家标准

为保障人身健康和生命财产安全、国家安全、生态环境安全以及满足经济社会管理基本需要的技术要求所制定的标准，代号为"GB"。

国务院有关行政主管部门依据职责负责强制性国家标准的项目提出、组织起草、征求意见和技术审查。省、自治区、直辖市人民政府标准化行政主管部门、社会团体、企业事业组织以及公民可以向国务院标准化行政主管部门提出强制性国家标准的立项建议，由国务院标准化行政主管部门会同国务院有关行政主管部门决定。

强制性国家标准由国务院批准发布或者授权批准发布。

### 2. 推荐性国家标准

为满足基础通用、与强制性国家标准配套、对各有关行业起引领作用等需要的技术要求所制定的标准，代号为"GB/T"。

推荐性国家标准由国务院标准化行政主管部门制定。

## （三）行业标准

对没有国家标准而又需要在全国某个行业范围内施行统一的技术要求所制定的标准叫行业标准，行业标准为推荐性标准。

行业标准由国务院有关行政主管部门制定，报国务院标准化行政主管部门备案。行业标准不得与有关国家标准相抵触。有关行业标准之间应保持协调、统一，不得重复。行业标准在相应的国家标准实施后，即行废止。

## （四）地方标准

为满足地方自然条件、风俗习惯等特殊技术要求所制定的标准。地方标准为推荐性标准。

## （五）团体标准

是指依法成立的社会团体，为满足市场和创新需要，协调相关市场主体共同制定的标准。团体标准为推荐性标准。

团体标准应当以满足市场和创新需要为目标，聚焦新技术、新产业、新业态和新模式，填补标准空白，技术要求不得低于强制性标准的相关技术要求。

国家鼓励学会、协会、商会、联合会、产业技术联盟等社会团体协调相关市场主体共同制定满足市场和创新需要的团体标准，由本团体成员约定采用或者按照本团体的规定供社会自愿采用。

## （六）企业标准

企业根据需要自行制定的标准，或者与其他企业联合制定企业标准。

## 二、标准是医药物流行业发展的重要抓手

当前随着贸易的国际化，物流标准也日趋国际化，国际上开始以各国标准的先进程度衡量国家发展程度。2020 年出台的《2020 年全国标准化工作要点》中明确提出"2020 年是全面建成小康社会和'十三五'规划收官之年，是'十四五'谋篇布局之年，也是提升标准化治理效能之年"。习近平总书记、李克强总理等国家领导人都在多种场合提出要大力推进物流标准化的工作，把物流标准化放在物流工作的首位，是抓住了中国物流发展的关键问题。由此可见，标准化是推动中国物流创新和规范发展的主要动力，尤其是与民生相关的医药物流标准化显得尤为重要。

## （一）政策层面

为支持医药物流标准化发展，国家不断出台标准相关政策、深化标准化改革工作。2020 年年初发布的《2020 年国家标准立项指南》中，就多次强调持续推进生产性服务领域标准制修订，加快对医疗设施建设等标准的制定、修订，重点支持逆向物流、即时配送等方面的标准制修订。

因此，医药物流标准化建设不仅可以规范国内医药物流的概念、使医药物流相关内容达成共识，更会加快我国医药物流的发展，为国民经济贡献更多价值，提升我国医药物流的国际竞争水平。

### （二）行业层面

越来越多的物流企业开始进入医药物流市场，然而，医药物流企业多样化导致了物流队伍存在着水平参差不齐的问题，并且存在着服务质量不一致、内部结构不合理以及运输不规范等多种问题。这对于医药物流业整体的发展产生了不利的影响。因此，建立医药物流标准化可以对于已进入医药物流市场以及即将进入医药物流市场的企业进行标准化管理，保证医药物流行业的稳步运行，提升医药物流行业的整体化水平。

### （三）企业层面

医药物流标准化建设可以提升药品流通的效率。医药物流行业属于服务行业，涉及收货、验收、储存、养护、发货、运输、温度监测和控制、设施设备以及人员与培训等多个方面。我国现在医药物流标准化发展较晚，虽然国家陆续出台《药品经营质量管理规范》等法规政策，但针对药品流通各个环节的操作仍然有待规范。因此，医药物流标准的制定会为业内企业提供标杆，作为日常工作的依据，规范不当的操作行为，使得整个企业系统内部能够实现协调统一，为企业降本增效。

## 三、医药物流标准化现状

为了更好地促进医药物流行业的发展，2015 年 6 月，经全国物流标准化技术委员会（SAC/TC269，以下简称"物标委"）批准，成立全国物流标准化技术委员会医药物流标准化工作组（SAC/TC269/WG2，以下简称"医药工作组"），秘书处设在中国物流与采购联合会（简称"中物联"）医药物流分会。医药工作组负责开展医药物流相关国家标准、行业标准的制修订以及推广工作。

医药工作组由来自协会、医药生产、经营批发、物流、疾控、医院、信息化等方面的 29 名委员组成。目前已牵头制修订 12 项标准，涉及设施设备验证、药品物流、冷链物流、医药冷藏车、阴凉箱、保温箱、IVD（体外诊断产品）、医学检验、院内物流、承运商审计、冷藏车认证等方面。医药工作组努力完善医药物流标准体系，力争在未来制定更多的医药物流相关标准、填补行业空白。同时，也鼓励企业参与制定高于国家和行业标准的团体标准。

医药工作组联合中物联医药物流分会一直致力于标准的推广工作，自 2014 年 7 月以来，在行业中开展《药品冷链物流运作规范》（GB/T 28842—2012）国家标准的试点—达标—示范企业工作。截至 2019 年，共开展 11 批试点企业工作，381 家企业成功入选；8 批达标企业工作，115 家企业成功入选；2 批示范企业工作，15 家企业成功入选。与此同时，为加强标准的宣贯实施，用标准来规范企业的管理，指导企业的实际运营，让更多的试点企业以及医药冷链物流的运输企业能够成为国标达标企业，中物联医药物流分会在北京、上海、广州、南京、成都、武汉等地举办了 9 场《药品冷链物流运作规范》（GB/T 28842—2012）试点企业培训，已有来自 300 家企业的 450 余名质量管理人员深入学习标准。受疫情影响，分会特举办了 1 场线上标准宣贯活动，观看次数达 6000 余次，受到了广泛关注。

对于 2018 年 5 月实施的《医药产品冷链物流温控设施设备验证 性能确认技术规范》（GB/T 34399—2017）国家标准，截至目前，已在全国开展十余场线下宣贯活动，800 余名质量管理人员、350 余家企业参与深度学习；也举办了 1 场线上标准宣贯活动，观看次数达 4000 余次，深受大家欢迎。

中国物流与采购联合会医药物流分会标准制修订情况如表 5－5 所示。

## 四、医药物流标准化发展中存在的问题

（1）医药物流行业标准仍有空白部分。目前，虽然医药物流行业已经制定了相关标准，但是并没有覆盖整个行业，仍存在标准空白的情况，如医药物流应急标准、医药零售标准等，都亟待解决。

（2）标准归口众多。目前存在多部门制定医药物流标准，然而各部门协调、沟通效率较低，很容易导致出现标准内容重叠的现象。

（3）标准化人才匮乏。医药物流从业人员风控意识淡薄，专业人才的数量有限，对药品和医疗器械的安全管控不足、追溯不力。专门从事研究标准化、熟悉了解标准化知识的人才也有待培养。

表 5 - 5　　　　　　中国物流与采购联合会医药物流分会标准制修订情况

| 标准类型 | 标准名称 | 标准编号 | 制定情况 | 实施日期 | 适用范围 |
|---|---|---|---|---|---|
| 国家标准 | 《药品冷链物流运作规范》 | 20190924—T—469 | 修订阶段 | — | — |
| | 《药品物流服务规范》 | GB/T 30335—2013 | 已实施 | 2014/7/1 | 本标准规定了药品物流服务的基本要求，仓储、运输、配送、装卸搬运、货物交接、信息服务等作业要求，以及风险控制、投诉处理、物流服务质量的主要评价指标。本标准适用于药品流通过程中的药品物流服务。药品生产过程中涉及的药品物流服务可参照执行 |
| | 《医药产品冷链物流温控设施设备验证 性能确认技术规范》 | GB/T 34399—2017 | 已实施 | 2018/5/1 | 本标准规定了医药产品冷链物流涉及的温控仓库、温控车辆、冷藏箱、保温箱及温度监测系统验证性能确认的内容、要求和操作要点。本标准适用于医药产品储存运输过程中涉及的温控仓库、温控车辆、冷藏箱、保温箱及温度监测系统的性能确认等活动 |
| 行业标准 | 《药品阴凉箱的技术要求和试验方法》 | WB/T 1062—2016 | 已实施 | 2017/1/1 | 本标准规定了药品阴凉箱的术语和定义、技术要求和试验方法。本标准适用于箱内温度范围为 8 ~ 20℃、相对湿度范围为 35% ~ 75% 的电机驱动压缩式全封闭型制冷系统的立式药品阴凉箱 |
| | 《药品冷链保温箱通用规范》 | WB/T 1097—2018 | 已实施 | 2018/8/1 | 本标准规定了药品冷链保温箱的技术要求、试验方法、检验规则和标志。本标准适用于冷藏药品运输、暂存和流通加工中所使用的冷链保温箱 |
| | 《道路运输医药冷藏车功能选型技术规范》 | 303—2017—002 | 编制阶段 | — | 本标准规定了医药冷藏车的分类、功能配置要求。本标准适用于道路运输医药冷藏车的功能配置 |
| | 《体外诊断试剂温控物流服务规范》 | 303—2018—002 | 编制阶段 | — | — |
| | 《医学检验生物样本冷链物流运作规范》 | 303—2019—010 | 编制阶段 | — | — |

| 标准类型 | 标准名称 | 标准编号 | 制定情况 | 实施日期 | 适用范围 |
|---|---|---|---|---|---|
| 团体标准 | 《医药冷藏车温控验证性能确认技术规范》 | T/CFLP 0013—2018 | 已实施 | 2018/5/1 | 本标准规定了医药冷藏车的车辆技术要求，温度传感器技术和布置要求，温控性能确认测试内容及要求、合格判定标准、确认程序、数据分析、偏差处理、确认周期和确认结果评定内容。<br>本标准适用于医药冷藏车的温控性能确认活动 |
| | 《医药物流承运企业质量管理审计规范》 | T/CFLP 0012—2018 | 已实施 | 2018/5/1 | 本标准规定了医药物流承运企业质量管理审计的目的、类型、范围、人员、准备、流程、内容和结论。<br>本标准适用于药品/医疗器械生产和经营企业对承运企业的质量审计，也适用于承运企业对分包企业的审计 |
| | 《医药产品医院院内物流服务规范》 | T/CFLP 0023—201 | 已实施 | 2019/12/30 | 本标准规定了物流服务商从事医药产品医院院内物流服务的基本要求和服务要求。<br>本标准适用于物流服务商对医院院内除特殊药品、大型医疗设备之外的医药产品的物流 |
| | 《医药物流从业人员能力要求》 | 2019—TB—006 | 编制阶段 | — | — |

（4）标准应用难见效。企业是否使用标准是检验标准推广成效的依据之一，然而目前多数标准制修订后就束之高阁，没有进行有效推广，应用难见效，甚至有些企业不知标准的存在，无法做到行业的支撑。同时，企业自身标准化建设意识淡薄，对标准化理解有误区，认为行标、团标、企标的水平不高，只有国标才显得有水平，缺乏执行标准的自觉性。

（5）与国际对接比较难。随着国际医药物流业进入快速发展阶段，WTO（世界贸易组织）、ISO（国际标准化组织）、EU（欧洲联盟）等国际组织和美国、日本等发达国家纷纷加强医药物流标准化发展战略的研究，制定出相关医药物流标准化发展战略和对应政策，医药物流标准化程度进一步提高。但是国内的标准能够走向国际的较少，原因之一就是国内技术水平还没有达到国外标准水平，造成国内标准很难成功地与国际接轨。

## 五、医药物流标准化发展趋势

医药物流标准化的发展会由浅入深、逐步深入，逐步发展，系统推进，弥补、完善不足之处。

**1. 补充空白标准，但立项前期审查会更严格**

未来标准的编制会更着重于行业空白部分，加大标准编制的前期调研活动力度，争取让标准覆盖整个行业，让企业有标可依、有标可寻。同时，标准监管会更严格，尤其是标准立项前期的审查会，要做到从源头把控标准，在保护企业参与标准制修订的积极性条件下，保障标准的质量，提高医药物流标准化水平。

**2. 加大标准推广、评估，提升标准发展质量**

让标准使用起来是标准推广的重中之重，加大标准宣贯，增加标准的推广形式，让标准走进企业，不仅让企业高层了解标准，还要让真正使用标准的基层员工深入熟悉标准内容，只有企业认可标准，才会自觉地使用标准。

**3. 加强与政府的沟通**

标准的推广离不开政府的支持，一旦政府部门认可标准、使用标准、推广标准，无形中就拓宽了标准的宣传渠道，推广效率也就会大幅度提高。未来，将积极邀请相关政府部门，参与到标准制修订以及标准推广等活动中，助力行业标准化工作。

**4. 加强与国际沟通，尽快与国际接轨**

只有发展国内标准，提升国内标准的质量，才会加速国内标准与国际接轨。同时，要紧密关注国际医药物流行业动态，深入研究相关国际标准，加强与国际标准化组织的交流、沟通，深刻认识并努力打破自身的局限性，更多地参与标准的编制。

随着医药物流标准化基础工作的不断深入，未来医药物流的发展会得到政府部门、协会以及企业的积极响应、大力支持，并达到高效协同。同时，标准的有效使用将会大幅度地降低医药物流成本、提高医药物流效率，推动医药物流行业的向前发展，对于社会效益与经济效益的提升将会大有裨益。

# 第六章

# 国外经验，去糟取精

# 第一节　国外典型国家药品流通模式

## 一、美国药品流通模式

医药物流行业在美国高度集中于三家巨头公司——麦克森、康德乐和美源伯根，约占整个市场的90%。除了医药行业本身赫赫有名的美国食品药品监督管理局（FDA）以外，美国专门的医药物流行业协会有美国连锁药店协会、美国卫生保健产品分销管理协会和美国医疗行业供应链协会。美国最为主流的药物销售渠道是连锁药店，其次是邮购、独立药店等。

美国的药品流通模式中间环节很少（见图6-1），这点得益于美国企业在巨大竞争压力下的重组和兼并。在这种情况下，批发商、零售商为了降低运营成本而不断提高分销效率，以扩大经济模式从而获得规模效益；同时使用电子商务手段使得交易电子化、自动化，既为高效率运营提供技术支持，又为营销活动提供专业化服务和增值服务。在这其中，最为重要的部门有药品生产企业、批发商、药店、雇主、保险支付方、健康管理组织、药品福利管理机构，各主体之间存在着一系列资金流向关系，各个机构通过谈判和竞争，最终使得药品流通环节的费用大大降低。

美国医药物流以大型制药企业和批发企业为中转枢纽，由批发企业提供两方面的物流服务：一是承担药品由制药企业到终端零售企业，"库房到库房"的运输配送服务；二是负责向制药企业下订单、付款，并提供将药品从药厂运送到大的零售商客户手中的"直接运输"服务。这种由批发企业提供物流服务的模式，可以避免企业直接面临小额订单，有效降低了流通企业的管理和运营成本，加上长期优胜劣汰的市场竞争，就形成了美国医药流通市场高度集约化的市场格局。在美国，前三大药品批发商占据国内约90%的市场份额。健全完善的法律、法规，发达的经济和成熟的市场，使得美国医药物流水平始终处于国际领先之列。

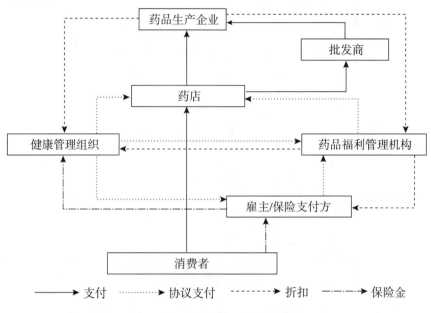

图6-1 美国药品流通模式

强大的规模效应之下，美国药品流通市场靠量驱动，产业链上的合纵连横屡屡上演。各家企业面向市场，为上下游客户提供创新性增值服务，并逐步建立起差异化竞争优势，同时通过技术升级或精益手段降低成本、力求高效。总体而言，美国药品供应链有以下特点。①规模化之下合纵连横：近年来，美国药品流通产业发展的一大显著特点是终端各主体之间的合纵连横。比如批发商与大型零售药店合作，药品福利管理部门与零售药店合作，借以推高采购量从而压低价格。再如医院联合采用 GPO 或 ACO 模式，尽量扩大采购主体的采购量，从而获取药品价格的最优折扣；单体药店结成联盟，由联盟去采购，得以增加谈判优势。随着仿制药逐渐主导美国市场，加之付费方控费力度加大，以采购与议价为导向的药品流通批零合作模式逐渐形成，规模效应下的强强联合屡见不鲜。②微利化高效运行：在美国，有65%左右的处方药由批发企业配送，批发行业的平均毛利率约为5%，净利率在1%左右。中美两国的医药批发企业均保持微利化属性，不同之处在于美国药品批发行业运行更高效、平均费用率更低。美国药品批发企业平均每天需处理25万份订单、1000万条信息，配送到12.5万个分销机构，隔天配送的响应率高达95%，准确率达到99%，每个订单条目的配送成本仅为0.3美分。

## 二、日本药品流通模式

日本药品批发商协会联合会（JPWA）是日本药品批发企业的管理机构，其前身是组建于1941年的"全国地方药品批发业联合会"，它作为日本药品批发业唯一的全国性团体，主要负责其会员和会员企业的联络与协调，为达成安全稳定供给药品的使命，推进各项现代化、合理化政策。从20世纪90年代开始，日本的药品流通中介组织日趋成熟。药品的集中招标采购、医生处方审核、加盟药店联合采购、药品分类编码、组织机构代码、数据通信服务、市场信息服务、企业信用服务等，均有专业化的中介服务机构提供服务。

随着信息技术发展的日新月异，电子商务逐渐普及，日本药品的流通渠道也发生了新的变化。承担药品物流重任的除药品批发企业外，1996年日本就已经出现了第三方物流公司。这种现代物流作业方式使企业通过信息系统与物流服务企业保持密切联系，以达到对物流活动全过程管理和控制。以社会共用物流配送中心为平台，可使生产、流通和医疗机构等环节的药品库存量大为减少，有的企业甚至达到"零库存"，大大降低了药品的流通费用、加快了资金的流通速度。

日本医药的流通渠道大致分为4个。处方药为：药品制造厂商—处方药直销批发商—医院/诊疗所—消费者。非处方药为：药品制造厂商—非处方药直销批发商—药房/药店—消费者，药品制造厂商—各级批发商—药房等—消费者。家庭常备药品为：药品制造厂商—家庭常备药经销商—消费者。约70%的处方药由制造厂商经过一级批发商销售给医疗机构，剩余部分由与大中型制造厂商没有直接交易关系的二级批发商进行销售。非处方药有2个渠道：大型大众药制造厂商直销或者通过批发商销售。日本药品流通示意如图6-2所示。

值得注意的是，日本的"药房"有三种不同形态：医保药房（配有药剂师，全日本注册在案的有57784家），Drug Store（药妆店，除了一般药品还经营日用百货，如大国药妆、唐吉诃德等，全日本有19097家）以及普通的药店（仅经营一般医药产品，门店内没有药剂师，不可经营处方药）。由于老龄化而造成医疗费用的增加及医药分开加速，日本在2013年药房数量已经超过57000家。但由于医药分开率（分业率）接近70%，市场增速开始减缓。随着政策对调剂报酬的修订以及其他行业进入市场，药房市

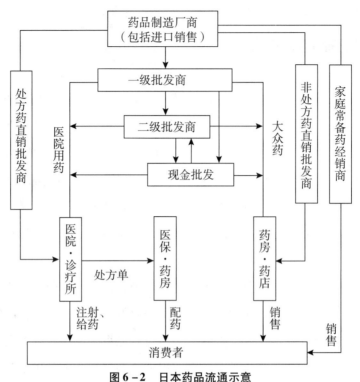

**图 6-2　日本药品流通示意**

资料来源：《厚生劳动白皮书》。

场的竞争越来越激烈。在这种情况下，个人经营的药房也产生后继人员问题，竞争激烈后造成收益恶化，经营陷入困难的药房也开始逐渐增多。连锁药房为了改善收益，扩大规模化经营，提高药品采购的话语权，积极开展商业并购（M&A）。

## 三、英国药品流通模式

英国建立了比较完善的药品流通体系，保障了药品流通的安全、高效。药品从制药商送到患者手里的过程中，在不同条件下形成了多样化的流通方式。英国的药品流通体系主要由制药商、批发商和零售终端三大体系构成。零售终端方面又主要分为公立医院和社区药店这两大药品采购主体，它们对品牌药和非专利药采用不同的采购机制。英国社区药店的药品采购呈现分销体系扁平化的特征。在英国，大型连锁药店逐渐减少了对批发商的依赖，直接从制药商处进货，并建有大型仓库用于储存药品，通过内部分销系统直接供应到各个门店。图 6-3 展示了英国药品流通体系的总体情况及发展变化的方向。在传统流通方式下，药品主要通过两种形式从制药商到达患者手中。

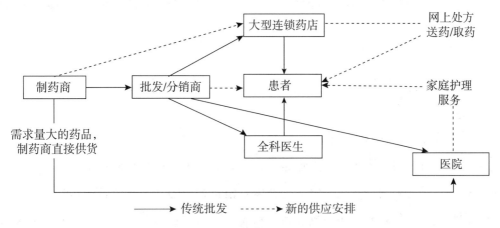

图6-3 英国药品流通示意

一是厂家直销。对于那些需求量比较大的药品，制药商可以直接销售给医院，不经过任何中间环节，采用这种方式的主要是品牌药。二是代理销售。制药商委托批发商销售药品，批发商将药品销售给全科医生或大型连锁药店，最后到达患者手中。不同的制药商采取的代理销售模式又有所区别，也有的制药商采取独家代理方式，一些制药商同时指定少数的几家批发商进行销售。

由于内外部发展环境的变化，英国的药品流通体系也处在变革之中。目前，一些新的流通方式正在兴起，包括以下三种：一是制药商将药品直接销售给药店，药店通过在线处方收集平台获得处方信息，并将相应药品提供给患者；二是药品批发商直接向患者提供药品；三是随着医院门诊患者家庭护理服务更为普遍，医院可直接将药品送到患者家中。

英国公立医院的仿制药和处方药的流通体系呈现不同的特点。英国公立医院对仿制药实行集中招标采购，具体由卫生部商业药品处（CMU）负责。卫生部把英国划分为6个大区，每个大区中的医院作为1个采购团队，然后商业药品处将各区医疗机构对药品需求的信息汇总起来，发布招标的消息，邀请合格的供应商进行投标。参与投标企业报出药品价格后，招标机构首先按照报价进行排序，然后由质量控制部门对价格最低的产品进行评估，最终向价格低并且药品质量合格的企业授标。商业药品处与中标供应商签订框架协议，明确价格、估计的采购数量和供应方式，医院按照这个框架协议采购仿制药。一般以 2 年作为一个采购周期，其间对 6 个区域采购团队分 3 批进行采购。根据伦敦市旺兹沃思区首席药剂师和卫生部专家介绍，虽然不允许医院与中标供应商进行二次议价，但在实际采购中，医院出于压低成本的考虑，仍会与供应商谈判，进一步降低采购价格。

### 四、欧洲药品流通模式

企业整合是促进欧洲医药物流市场发展的根本动力，冷链药品流通作为医药物流的重要组成部分，与整体行业发展道路相同，先后经历了三个阶段：第一阶段为医药企业和药店、药房等销售终端的内部整合以及销售企业的品牌化经营；第二阶段为医药企业向物流企业的转型，并构成了利润和成本两大中心体系；第三阶段为 VMI（供应商管理）模式的广泛采用，重点在于信息的全方位整合。目前，欧洲的医药冷链物流依靠企业标准化操作、先进的技术手段以及遍布各市场区域的分销网络，实现了物流系统的高效率运作。

欧洲药品的主要销售路径为：批发企业—零售药店—患者。以法国为例，在法国有近 85% 的药品是通过药店售出的，药店销售的药品中，批发企业分销部分约占 90%，其余由厂家销售给药店，生产企业和批发企业的药品销售不针对普通患者。此外，法国的医药流通在生产、批发、零售各个环节价格和利益的分配大体由政府规定，一般情况为生产企业约占 55%、批发企业约占 6.3%、零售企业约占 25%，剩余部分为税收。

## 第二节　美国处方药的市场现状

### 一、处方药流通相关法规

《美国联邦法规》（*Code of Federal Regulations*，CFR）是将发表在《联邦公报》（*Federal Register*，FR）的一般性和永久性法规集合成册的法规典籍。CFR 的法规涵盖各方面主题，其中第 21 篇"食品与药品"就是美国食品药品监督管理局（Food and

Drug Administration，FDA）管理食品和药品的主要法规依据。所谓知己知彼，百战不殆。做好国际药品注册，需要从其法规源头入手。

CFR 的第 21 篇主题是"食品与药品"（Title 21 — Food and Drugs），该篇有 9 卷、3 章、1499 部。其中：第 1 卷到第 8 卷都是第 1 章"卫生及公共服务部，食品与药品管理局（Food and Drug Administration，Department of Health and Human Services）"；第 9 卷包含第 2 章"司法部，毒品管理局（Drug Enforcement Administration，Department of Justice）"和第 3 章"国家毒品控制政策办公室（Office of National Drug Control Policy）"（见表 6 - 1）。

表 6 - 1　　　　　　　　　　"食品与药品"章节内容概览

| 篇 | 卷 | 章 | 部 | 分章 |
|---|---|---|---|---|
| 21/食品与药品 | 1 | 1. Food and Drug Administration, Department of Health and Human Services | 1—99 | A. 总则 |
| | 2 | | 100—169 | B. 人用食品 |
| | 3 | | 170—199 | B. 人用食品（续） |
| | 4 | | 200—299 | C. 药品；总则 |
| | 5 | | 300—499 | D. 人用药品 |
| | 6 | | 500—599 | E. 动物用药，饲料和相关产品 |
| | 7 | | 600—799 | F. 生物制品<br>G. 化妆品 |
| | 8 | | 800—1299 | H. 医疗器械<br>I. 乳腺钼靶影像质量标准法案<br>J. 放射卫生<br>K. 烟草产品<br>L. FDA 管辖的其他特定法案法规 |
| | 9 | 2. Drug Enforcement Administration, Department of Justice | 1300—1399 | — |
| | | 3. Office of National Drug Control Policy | 1400—1499 | — |

所涉及法规包括处方药广告，处方药销售，对批发处方药销售商颁发州执照的指南，处方药的药物治疗指导、制造、加工、包装或者保存药品的现行良好制造规范、

药房配药等。

## 二、零售和邮购是美国处方药的主要流通方式

美国的药品管理市场化程度高，处方药完全市场化，制药企业、分销商、药店、PBM（药品福利管理）机构、保险公司在药品供应链各环节中发挥着主体作用。2018年，美国共开具调剂处方（30天供应量）约58亿张，其中53.665亿张通过零售和邮购渠道完成，4.031亿张由非零售渠道完成；处方药市场销售金额达到4820亿美元，其中零售和邮购渠道为3364亿美元，非零售渠道为1456亿美元。由此可见，在美国零售和邮购是处方药销售的主要方式，占比达70%。其中，连锁药店和邮购服务药店销售额分别为1400亿美元和1207亿美元，特别是邮购处方药的兴起为患者带来很大便利，其销售金额在2014—2018年共增长了384亿美元，网上药店规模有望在2023年达到1280亿美元。

2019年按处方药市场份额排名的美国顶级药房如图6-4所示。

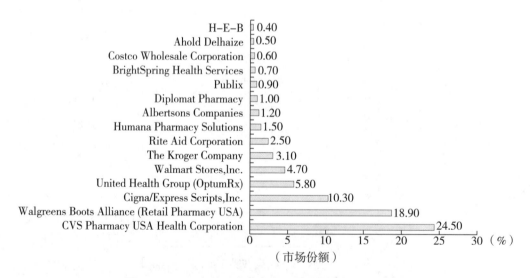

图6-4　2019年按处方药市场份额排名的美国顶级药房

2019年，依据处方药市场占有份额来看，CVS Pharmacy USA Health Corporation位列第一，随后是Walgreens Boots Alliance。Cigna增长较快，主要是由于其收购了全美最大的药品福利管理公司Express Scripts公司。

先进的药品管理制度和完善的医保制度是推动美国医药电商繁荣的主要动力。通

过中美医药电商市场的对比，可以发现我国医药电商市场还处于较低水平，发展潜力大。两国市场存在差距的主要原因在于药品管理体制的差异。

美国商业医疗保险发达，患者只需向保险机构缴纳保费，就可以获得药品报销服务。同时，政府的基本医疗保险也会为患者承担部分药品费用。特别是市场中存在大量的 PBM 机构，在美国的整个药品管理体系中起着不可替代的作用。PBM 机构是专业化的第三方机构，独立于制药商、经销商、医疗服务机构、政府，通过与药品企业、医疗服务机构、保险机构签订合同，在不降低医疗服务质量的前提下，达到药品控费的目的。

除了药品管理体制外，美国完善的医保制度也是推动美国医药电商发展的主要动力。美国公民线上、线下药品消费都可以通过医保支付，特别是在 2010 年，美国前总统奥巴马签署颁布了《平价医疗法案》（*Patient Protection and Affordable Care Act*，PPACA），该法案是由美国政府主导的，旨在提高美国人民的医疗保险覆盖率以及降低美国的医疗费用。该法案允许个人和小企业在政府的医疗保险市场为个人、家庭和企业员工购买医疗保险，并且为中低收入的个人和家庭提供保险购买补助，确保每个公民都能获得政府的医疗保障。《平价医疗法案》的颁布意味着居民的药品消费得到了更进一步的报销保障。

## 三、美国处方药消费现状

### （一）总体情况

2018 年，美国开具调剂处方约 58 亿张，较 2017 年增加 2.7%（见图 6 - 5）。处方数量增长的原因包括：一是慢性病处方占处方的 2/3 以上；二是 90 天处方使用频率上升，且可以自动续药，导致患者手头的药品数量显著增加；三是来自药房、供应商和责任医疗组织[①]（Accountable Care Organization）的激励措施与长处方的增加密切相关。

2018 年，特效药物的处方数量为 1.27 亿张，主要是通过零售和邮购药店调剂，较上年增长了 5%，但是这些药物只占总额的 2.2%，对总体增长影响甚微。

---

[①]　由医生、医院和医疗相关从业人员或机构组成，且和医疗保险机构合作，以提高服务水平，节省病人开支。简单来说，即以特殊支付方式和医疗服务体系为特征的美国医疗健康组织。

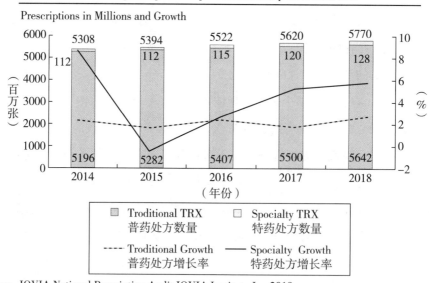

There were 5.8 billion prescriptions dispensed in 2018,up 2.7% from 2017

Prescriptions in Millions and Growth

Source：IQVIA National Presciption Audit,IOVIA Institute,Jan 2019.

**图 6-5　2014—2018 年美国处方数量统计**

## （二）2018 年美国处方药的用药依从性提高

（1）在慢性病治疗中，用药依从性是关键因素。在美国，提高用药依从性的方式包括健康导航设备及通过电话、邮件、App 进行定期提醒。最常见且有效的方式可能是使用 90 天的长处方及自动续药。

（2）虽然使用长处方或自动续药的患者药物使用率较高，但尚不清楚这些药物是否真正有助于改善治疗效果。

（3）临床复杂的患者通常依从性较低，并可能面临多种慢性病或严重的原发病（如严重的心力衰竭、转移性癌症、终末期肾病），或者同时存在精神和身体健康问题。

（4）坚持服用精神疾病药物治疗的患者通常对于其他慢性病的用药依从性也较高。

（5）用药依从性低的原因还包括由多个医疗服务供应商提供治疗、患者负担过重、专门护理地点附近交通不便、患者教育文化水平低。

（6）图 6-6 比较了美国四个地区（南部、中西部、东北部、西部）在 2016 年和 2018 年处方药的用药依从性水平。美国各地区群体的处方药的用药依从性均有提高，其中老年和残障保险群体及私人医疗保险群体依从性均达到 70% 以上，而医疗补助群体依从性最低。

Prescription adherence has improved since 2016 across all regions,Particularly in Medicare, which ranged from 78%~81% in 2018

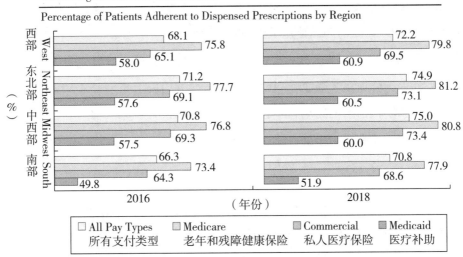

Source：IQVIA Real World Evidence, Longitudinel Prescription Dete,Dec 2018.

**图 6 - 6　2016 年、2018 年美国处方药依从性水平**

注：美国健康保险

老年和残障健康保险（Medicare）：由美国联邦政府开办，其服务对象是 65 岁以上的老人或者符合一定条件的 65 岁以下的残疾人或晚期肾病患者。其中处方药计划（Part D）由 2003 年颁布的《医疗保险现代化法案》通过，自 2006 年 1 月 1 日起执行，是处方药补贴的社会保障措施。

医疗补助（Medicaid）：针对低收入群体的医疗健康保障项目，服务对象是低收入的家长、老人、儿童及残障人士。该项目由美国联邦政府和各州政府共同资助，联邦政府提供一部分项目经费，具体运作由各州负责管理。

私人医疗保险（Commercial）：公司或个人自费购买。

## （三）普药处方占比最多

2018 年，普药处方占比为 97.8%，大多数治疗领域的增速高于整体市场水平（见图 6 - 7）。2018 年，美国十大治疗领域中降血糖药物处方数量为 40.03 亿张，处方数量由高到低依次为：降血压、心理健康、降血脂、疼痛、糖尿病、抗菌、抗溃疡、呼吸系统、其他中枢神经系统、抗血凝。

十大普通治疗领域的处方量占普药处方量的 2/3。降血压处方量增加了 4600 万张，较 2017 年增长了 4%，其中 3600 万张与人口老龄化有关、1000 万张与人口增长有关。在心理健康领域的处方数量增加了 2600 万张，其中 500 万张与人口变化有关（人口增长及老龄化）、2100 万张与药品使用量增加有关。

相比 2017 年，2018 年普药处方变化最大的两个领域是降血脂（上升 5.7%）和疼痛（下降 4.5%）。降血压、降血脂和糖尿病用药处方均较上年增长 4% 以上，且都是由于患病人数的增加和用药依从性的提高。止痛用药处方（包括非麻醉性药）较上年减少了 2100 万张，主要是由于处方阿片类药物减少。

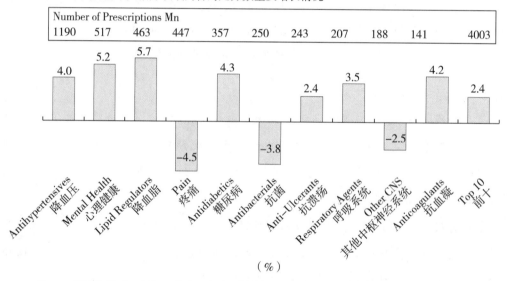

Traditional medicines made up 97.8% of prescriptions in 2018 and most large therapy areas grew faster than the total market

Traditional Drug Proscriptions and Percentage Growth in 2018 for Top 10 Therapy Areas
2018年美国前十大治疗领域内普药处方数量及增长情况

Source: IQVIA National Prescription Audit, IQVIA Institute, Jan 2019.

图 6-7　2018 年美国前十大治疗领域内普药处方数量及增长情况

## （四）特效药处方占比甚微

2018 年，美国特效药处方仅占总额的 2.2%，但增速达到传统药物处方的两倍，较上年增长了 5.7%，自 2003 年来复合年增长率达到 4.2%（见图 6-8）。

近年来，由于肿瘤类、多发性硬化症、获得性免疫缺陷综合征等领域的治疗中引入了一系列新疗法，这些领域的处方量出现了显著增长，零售渠道占据销售的 55% ~

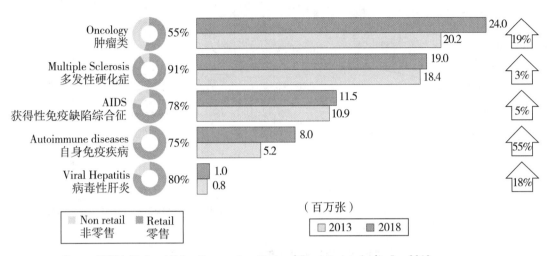

2018 Retail Share of Volume for Selected Specialty Therapy Areas and Adjusted
Dispensed Prescriptions, Mn

Source: IQCIA National Sales Perspectives National Prescription Audit, Jan 2019.

**图6-8 2016年及2018年美国不同治疗领域内特效药处方数量、增长情况及零售占比**

91%。处方量增加最多的治疗领域是肿瘤类，2018年达到2400万张，较2013年增长19%。先前某些肿瘤治疗多采用注射方式，特效药为患者提供更为便捷的治疗方式。近年来，用于治疗实质固态瘤的口服激酶抑制剂显著推动了处方量的增长，为患者提供了比先前更方便、更易接受的治疗方法。

## （五）仿制药处方占比由2009年的75%升至2018年的90%

仿制药处方占比由2009年的75%升至2018年的90%。在这十年间，仿制药可进入市场（以仿制药上市的部分衡量）由80%增长到92%。在有仿制药的情况下，仿制药的配药率在2009年为93%，2013年达到97%，并在此后6年保持稳定。如此高的仿制药配药率主要是与寻求使用成本较低的替代品的财政激励有关。若同时存在品牌药和仿制药，患者选择品牌药意味着自费承担更多。在许多治疗领域中，仿制药的配药率甚至达到100%，这包括生物仿制药，特别是自2016年来许多生物仿制药获批上市，尽管可进入的市场仍然很小，但增长趋势明显（见图6-9）。

## （六）阿片类药物处方在2018年下降17%

2018年，阿片类药物处方用量显著下降，相比2017年减少了292亿MME（吗啡

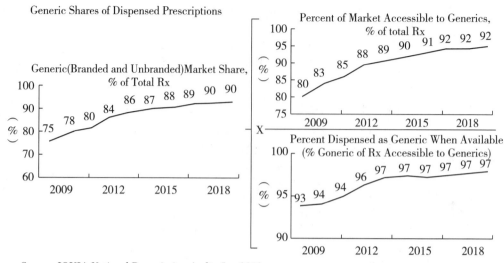

Generic Shares of Dispensed Prescriptions

Generic(Branded and Unbranded)Market Share,
% of Total Rx

Percent of Market Accessible to Generics,
% of total Rx

Percent Dispensed as Generic When Available
(% Goneric of Rx Accessible to Generics)

Source: IQVIA National Prescription Audit, Jan 2019.

**图6－9　2009—2018 年美国仿制药处方占比**

毫克当量），自2011 年来降低了43%。1992 年，美国每位成人阿片类药物处方用量约为22 片药或134 MME，2011 年上升至峰值，为72 片药或768 MME。此后，每位成年人的阿片类药物处方用量已降至34 片药和432 MME。阿片类药物处方用量减少的原因包括临床用途限制、监管、报销政策和法规的变化，自2012 年以来，这些限制和监管都不断加大对阿片类药物的控制。美国处方药监计划（PDMP）正在 49 个州实施，大大限制了大剂量阿片类药物的处方，据美国疾控中心（CDC）称，限制大剂量阿片类药物处方与依赖和过量用药的高风险有关。

## 四、美国处方药患者自费情况

整体来看，在所有支付类型中，美国8.8%的患者处方药自费金额超过500 美元，1.8%的患者支付超过1500 美元。除医疗救助外，10.8%的患者自费超过500 美元，2.2%的患者自费超过1500 美元。Medicare 群体中，19.8%的患者自费超过500 美元，4.7%的患者超过1500 美元（这之后由重疾险覆盖）。在 Medicare 处方保险计划中，平均免赔额为185 美元，2018 年最高为405 美元，超过此额度到重疾险额度之间，患者需自行承担25%，且不可使用优惠券。Medicare 群体自费金额较高，影响到患者用药依从性。商业保险群体中，超过50%的患者自费金额低于50 美元，8%的患者自费金额超过 500 美元，1.4% 的患者超过 1500 美元。医疗救助群体中，90% 的患者自费金额低于 50 美元（见图 6–10）。

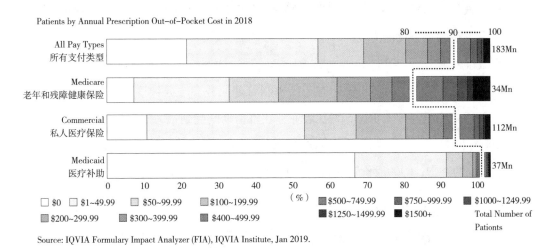

图 6–10 2018 年美国患者年度自费金额

## 五、新冠肺炎疫情使美国医药零售业务飙增，其他业务受限

了解疫情对美国医药零售公司的影响还要从分析三大公司的业务开始。三大公司的主要业态都是药店经营，疫情期间消费者通过药店购买口罩、防护用品，大量囤积各种常用药品给药店带来了客流的飙升，带动业绩增长，这是疫情初期美国医药零售业的主要增长驱动因素。美国在疫情暴发后不少药店都被抢购一空，是这个环境下的真实写照。

不过，随着疫情的进一步扩散，3 月 19 日开始加利福尼亚州、纽约州、伊利诺伊州都先后宣布"封城"，要求居民尽量居家，这对客流产生较大的影响，尤其是位于商圈的门店受到较大的冲击，社区附近的门店受到的冲击则相对较小。

此外，美国三大医药零售公司的业态属性并不完全一样，来德爱是其中相对纯粹的医药零售公司，公司的主要业务就是医药零售。而美国医药零售霸主沃博联的主要业务除了医药零售还有医药批发，由于交通物流等的管制，对医药批发业务带来不可避免的影响。

沃博联除了在美国展开零售业务外，还广泛分布在英国、墨西哥、智利、泰国等国家，各种业务影响相互交织。再加上 2019 年财年沃博联业绩表现平平（营收增长

4.1%，净利润负增长 20%，净利润率从 2018 年的 3.82% 下降到 2019 年的 2.91%），从 3 月 6 日到 3 月 20 日刚替代 GE（通用电气公司）进入道·琼斯工业指数的沃博联股价就下跌了 8.1%。不过，这与道·琼斯指数下降 23.78% 相比，还是表现出了医药零售行业不错的抗干扰能力。

再看排名第二的 CVS Pharmacy USA Health Corporation（简称 CVS），CVS 的业态更为复杂，除了零售业务外，CVS 还拥有药品福利管理业务、一分钟诊所业务和保险业务。CVS 于 2018 年收购了安泰保险，而保险业务在疫情期间受到很大影响，保险线下营销业务受限，个险渠道代理人拜访客户频次和活动率降低，线下网点客户减少等都给保险业务带来不小的冲击，CVS 股价表现为下降 14.73%，受到的影响要大于沃博联。

# 第三节　DRGs 国内外发展现状概述

## 一、什么是 DRGs

疾病诊断相关分组（Diagnosis Related Groups，DRGs）是一种将住院病人分类和分组的方法，该方法基于病人的病历，参照相关医疗要素（出院主要诊断、并发症、手术处置等），按照 ICD - 10 的诊断码和操作码，使用聚类方法将临床特征和医疗资源消耗情况相似的出院者分为同一组，并编制各诊断相关组的编码、确定各组的费用偿还标准。这种分组方法产生的背景是传统的按项目付费等医疗支付结算方式引起了医疗费用过快增长和平均住院日等医疗检测指标的不合理变化。

DRGs 的分组过程大致可分为三个步骤：第一步把大部分病例根据主要诊断分出主要疾病分类（Major Diagnosis Category，MDC）；第二步根据疾病的主要诊断编码和主要操作编码从 MDC 细分为基干 DRGs（Adjacent DRGs，ADRGs）；第三步根据疾病的其他诊断和操作以及反映病例个体特征的其他变量从 ADRGs 再次细分为 DRGs。

## 二、我国 DRGs 研究发展历程

我国 DRGs 支付制度的发展历程可分为学习、试点和完成 3 个阶段（见图 6 - 11）。

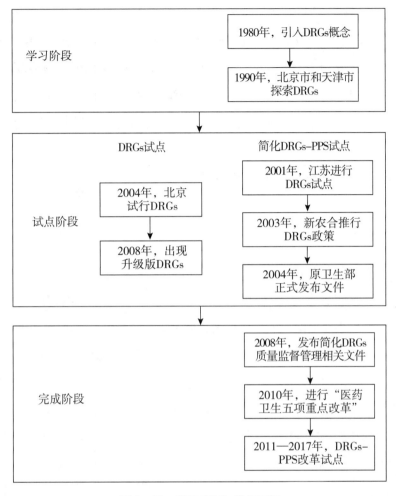

**图 6-11 我国 DRGs 发展历程**

第一阶段（1980—2001 年）为"DRGs 学习阶段"，主要探索 DRGs 的相关理论知识。
第二阶段（2001—2008 年）为"DRGs 支付制度改革试点阶段"。2001 年江苏省开始进
行 DRGs 支付制度改革试点，并实施简化的按疾病诊断相关分组预付费制度（DRG-
based Prospective Payment System，DRG-PPS）；2004 年北京市也开始进行 DRGs 支付制
度改革试点。我国卫生部（现卫生健康委）发布的《关于在 2004 年实施简化的按疾病
诊断相关分组预付费的通知》正式宣布 DRG-PPS 在河南、山西、山东、黑龙江、天
津、辽宁和青海等地展开试点工作。进过各地试点工作，DRGs 得到了不断修正和完
善，并于 2008 年出现了升级版的 DRGs。第三阶段（2008—2017 年）为"DRG-PPS
试点完成阶段"。2008 年我国发布了简化 DRGs 质量监督管理相关文件，此后卫生部

（现卫生健康委）颁布政策并完善简化 DRG – PPS 质量控制指标。"十三五"期间，我国重点推进 DRGs 收付费改革，率先在北京市、云南省玉溪市、云南省禄丰县、福建省三明市、浙江省金华市等地展开试点。相关研究表明，通过 DRGs 支付制度改革，达到了"患者看病负担减轻、平均住院日降低、住院人次均费用下降、医疗保险基金增长可控、医疗费用不合理增长得到控制、医生的医疗服务行为得到规范"等效果。

## 三、国外典型国家 DRGs 的发展现状

### （一）美国

第一代 DRGs 诞生于美国，耶鲁大学的 Mill（米尔）等学者从新泽西州、康涅狄克州及宾夕法尼亚州采集了 70 万份出院病例，通过主要诊断条目和第一诊断、第二诊断、主要手术和年龄等分组要素，将疾病分成 492 个诊断组，经过近 10 年研究于 1976 年完成。此后经历数次发展，自 2000 年起美国卫生系统开始使用由 3M 公司研制出的第六代 DRGs，费用支付依然采用预付款制度。美国的实践证明，DRGs 能起到调控住院费用、降低平均住院日等作用，所以许多国家也尝试使用 DRGs 解决卫生领域的相关问题。北欧的瑞典、挪威等国家和西欧的葡萄牙等国家直接引进与美国版本完全一致的 DRGs 方案应用于本国，而更多的国家则制订了符合本国情况的病例组合方案。

### （二）英国

英国的 DRGs 研究工作开始于 1986 年，逐渐形成适用于本国的卫生保健资源分类法（HRGs）。该方法到 1997 年已发展到第三代，并且可以用于卫生资源管理和医疗评价。目前施行的 HRGs 不仅可以将住院病人进行分类，也适用于门急诊病人。实践证明，HRGs 制度的实施取得了良好效果，有效地控制了英国医疗费用不断上升的趋势。

### （三）澳大利亚

澳大利亚于 1988 年引进 DRGs 用于医院内部评估和医院间评估，并于 1993 年研究出了具有澳大利亚特点的疾病诊断相关分组（AN – DRG v1.0）。1998 年 AN – DRG 被改为更为完善的澳大利亚改良版疾病诊断相关分组（AR – DRG v3.0），此后每两年修

订一次，并沿用至今。

## （四）德国

德国政府借鉴了美国和澳大利亚的 DRGs 系统，并在深入研究后于 2000 年推出德国版本 G – DRG 系统。为了配合 G – DRG 的机制运行，由德国的国家医疗保险协会、商业医疗保险协会和医院协会共同发起，在体制上还建立了"医院赔付系统研究中心"（简称 DRG 研究中心）。G – DRG 系统的实施取得了减缓缩短住院时间、医疗费用增速和提升医院成本管理水平、促进医院间服务平衡、提高服务质量等一系列成果，但同时也逐渐暴露出医院费用超支越发普遍、进入分组系统的病种数量难以应对疾病的日益多样化等问题。

## （五）日本

日本根据不同疾病类别的平均住院日，通过研究日本医疗体制特点和保险制度，制定了与 DRGs 相似的诊断程序分组/按日付费系统（DPC/PDPS）。该系统于 1990 年开始试运行，于 2003 年推广至各综合性医院。该系统被认为合理分配了卫生资源利用，有效降低了疾病负担，积极控制了病人的住院天数，但并没有明显地提升医疗质量作用。

## （六）韩国

韩国学者则在耶鲁大学 DRGs 基础上进行改良，通过混合预付与补偿基本医疗成本，使得韩国版本的 DRGs 支付系统更加有效。韩国学者还通过多年实践得到了"有效施行 DRGs 改革要以质量监督信息系统的功能完善为前提，同时 DRGs 的支付标准应尽可能多地包含各类医疗服务"的运行经验。

## 四、DRGS 分组设计思路

各国 DRGs 的分组设计思路大致相同，目前世界各国所使用的诊断编码均是在 WHO 颁布的 ICD – 10 编码基础上构建的本土临床版本；操作编码在国际上则没有统一规定，澳大利亚使用 ACHI，美国使用 ICD10 – PCS，德国使用 OPS，我国使用 CCHI，各国纳入 ADRGs 的操作数量也有所不同。

不同版本 DRGs 的区别主要体现在分组设计的细节和编码使用上。例如，对于 MDC（多重描述编码）的划分，美国和法国将"HIV 感染"和"多发性创伤"单独设立了两个 MDC，澳大利亚和德国则将这两类疾病分别放在了"感染及寄生虫疾病"和"损伤、中毒及药物的毒性反应"两个 MDC 中。另外，在诊疗方式分类上，AP – DRGs 将 DRGs 分为内科类和外科类，AR – DRGs、G – DRGs、C – DRGs 除内外科划分外，还将非手术室手术的病例单列为一类 DRGs。

## 五、DRGs 应用效果评价指标

### （一）DRGs 效果评价指标

美国国家老年人医疗保险咨询管理委员会（Medicare Payment Advisory Commission，MeD – PAC）、德国"医院赔付系统研究中心"（Institute for the Payment system in Hospitals，InEk）、澳大利亚病例组合临床委员会（Australian Case Combination Clinical Committee，ACCC）等 DRGs 研究机构，以及许多学者从医疗质量、医疗效率、医疗效果、医疗费用控制和医生满意度等多维度，选择再入院率、死亡率、患者转院率、人均抗生素使用率、与手术相关的并发症发生率、平均住院日、住院 30 天患者死亡率、门诊量、手术量以及医生服务意愿和医生绩效指数（Physician Performance Index，PPI）等指标进行评价。

我国学者从供方可负担性、医疗质量、服务能力和服务效率四方面，选取项目费用与定额支付费用比、两周再住院率、难度系数、平均住院日等指标进行评价；从费用管理效果和费用管理过程两个角度选取费用消耗指数、按照 DRGs 病组预付费结算率、时间消耗指数、住院药占比、住院人头人次比等指标进行评价；从经济性、效率性、效果性三方面选用人均费用、出院总人次、床位周转率、住院病人药占比等指标进行评价。

### （二）国外 DRGs 应用效果

#### 1. 控制医疗费用增长

以美国为例，住院总费用增长速度从 1983 年的 18.5% 降至 1990 年的 5.7%，体现出良好的控费效果。

**2. 缩短平均住院日**

美国将 DRGs 应用于医疗保险支付后，平均住院日从 1980 年的 10.4 天降至 1995 年的 6.7 天。国外学者针对 DRGs 实施与医疗服务质量的关系进行实证研究，美国 DRGs－PPS 在平均住院日缩短的基础上，尚未发现由其引发的医疗质量问题。德国 G－DRGs 在 750 家医院试行后，试点医院平均住院日缩短了 30%。日本将预付制推广至综合性医院后，平均住院日降幅达 4.5%。韩国推行 DRGs 试点后，平均住院日下降了 3.0%。

**3. 降低医疗成本**

DRGs 付费模式下，医院为获得更大的利润必须主动降低服务成本，如韩国 DRGs 支付方式改革数据显示，试点医院的平均医疗成本下降了 8.3%，同时住院患者抗生素使用量下降了 29.6%。

因此 DRGs 旨在将以医院投入为支付依据的回顾性结算方式，改革为以医疗产出为支付依据的预付费方式，通过定额包干模式对医院医疗资源的消耗给予合理补偿，进而控制医疗费用不合理增长。

## 六、DRGs 的优势与弊端

### （一）DRGs 的优势

DRGs 从理论上而言有着许多得天独厚的优势。①基于成本的结算模式有利于医院加强医疗质量管理，迫使其获得利润的方式由既往的增加产出变成成本控制，进而缩短平均住院日，降低患者的诱导性医疗消费，控制医药费用不合理增长。②同质化的支付体系可使得医院注重管理病人的诊疗过程，促进疾病的规范化诊疗，进而促使医疗机构提升医疗质量。③基于国际通用编码体系（如 ICD－9 和 ICD－10）的 DRGs 可激励医院进行管理标准化和卫生信息系统建设。④费用的预付制度有利于政府合理制定收支预算、拟订卫生服务计划，降低管理成本。DRGs 优势在国内外实践中也确实在不同程度上得到了体现，其中"医疗费用不合理增长得到控制"这一点最受卫生领域的学者和管理者关注，也在各国得以实现。

## （二）DRGs 的弊端

虽然 DRGs 有着得天独厚的优势，但是与其优势结伴而来的弊端也逐渐显现，疾病分组覆盖范围不全面，标准不明确导致限额外病人看病难，这一点在专科医院上体现得更为彻底，专科医院无法运用 DRGs 进行分组，导致病人没办法使用 DRGs 进行费用的结算。除不利于新医疗技术和新药品开发、增加医务人员工作负担等问题之外，DRGs 还可能诱导医院将住院患者的诊断结果向更高支付标准的疾病分组转移、将一次住院分解为多次、过度转移康复病人进而加重社区和康复服务中心负担，现阶段也对医院信息系统提出了更高的要求。

## 七、借鉴国外 DRGs 实践经验的建议

如上文所述，DRGs 尽管存在着许多可以预见的不足之处，实施起来也存在诸多限制，却不失为一种利大于弊的有效优化医疗制度的途径。中共十九大会议上，习近平主席进一步强调要深化医药卫生体制改革，全面建立中国特色基本医疗卫生制度、医疗保健制度和优质高效的医疗卫生服务体系，健全现代医院管理制度。医院应破除公立医院"逐利机制"，正确地认识绩效考核管理工作，以此为契机，积极迎接新旧机制转换，缩短"阵痛"，加强医院精细化管理程度，最终全面提升医院管理水平和医疗服务质量。针对 DRGs 的弊端，在推行 DRGs 时应注意以下几点。

**1. 进一步完善顶层组织管理体系**

开展 DRGs 相关工作应当坚持以政府为主导，按照统一的标准，分级负责，及时动态调整，持续改进，促使 DRGs 付费方式日趋合理。

**2. 研发 DRGs 分组器国家版本**

DRGs 的推广应用是一项长期的系统工程，需要持续更新。目前，DRGs 分组器还不完善，存在病例前后传输进入不同组的问题，建议尽快出台国家版本，地方以国家版本为蓝本进行适当调整，以降低改革成本。建立 DRGs 分组定价协商机制，卫生行政部门、医保基金管理部门和医疗机构应建立 DRGs 分组定价协商机制，有效避免医院服务质量降低，医疗服务提供者工作积极性下降。

**3. 加强医疗行为监管**

加强行政监管，聘请第三方专业机构对医院医疗行为进行评价，及时纠正不当的医疗行为。

**4. 评价指标多样化**

从国内外 DRGs 支付制度改革评价维度和指标来看，主要可以分为医院、政府和患者 3 个层面。此外，DRGs 支付制度的实施对于包括医院、政府、患者在内的利益相关者产生重要影响，这与刘钰曦、李鹏锟等学者的研究结果一致。

**5. 医院明确医疗成本消耗的最高限额**

DRGs 支付制度改革中，DRGs 支付标准作为向医院预付费用的依据，医院在提供医疗服务前明确医疗成本消耗的最高限额，尽量将医疗消耗控制在 DRGs 支付标准以内。该标准的制定成为医院医疗服务项目盈亏的临界点，从而调动了医生和医院在提供医疗卫生服务过程中，完善成本核算，深化医院精细化管理，控制医疗费用的不合理增长的积极性。

**6. 政府积极促进 DRGs 支付制度改革**

实施 DRGs 支付制度改革，首先，可以减少大量的医疗资源浪费，从根本上解决患者"看病贵"的问题；其次，可以对公立医院的医疗服务资源和资金进行合理分配；再次，通过对医院成本的核算，政府可以得知医疗服务的真实成本，从而科学地制定支付医院费用的预算价格；最后，可促进公立医院间的公平竞争，从而评估出医疗质量好、服务效率高的医院。

# 第四节　国外典型国家应急管理体系建设现状

应急物流是指为了应对可能出现的突发事件做好相应的预案，当应急事件发生后，必须以最快的速度将救援物资送往事件发生地（灾区），整个过程包括物资的采购、保存、运输、分发，应用到应急管理、物资存储管理、最优路线运送等相关学科知识。应急物流的建设对于国家和地区的稳定与发展具有重大的意义。建立一个高效、合理、科学的应急物流管理体系是一个循环渐进的过程。从目前来说，我们应从战略的角度出发不断完善当前的政策法规以及运作模式。对于目前最具代表性的美国、日本和德国经验，我们应当去糟取精。

## 一、德国疫情防护机制

2011 年 5—7 月，德国出现席卷全国的肠出血性大肠杆菌（EHEC）疫情，并蔓延了十几个国家。截至当年 6 月底，全球共报告 4137 例感染病例，50 例死亡。

德国疫情防护机制由各级卫生部门、罗伯特·科赫研究所、联邦食品安全部门等组成。罗伯特·科赫研究所是德国官方疾病防控机构，它的判断是德国政府进行决策的基础。为更好地运转疫情防护机制，德国还制定了防止感染保护法案，详细规定从实验室、医疗部门到地方及州卫生部门向该研究所报告信息的时间限制。

德国疫情防护机制还突出开放性。在应对 EHEC 疫情过程中，德国政府第一时间聚集各方资源，与欧盟和美国疾控中心等机构协同收集病例，研究病毒来源和治疗手段。德国政府把疫情信息及时公布在网站上，引导公众进行预防。

德国的溯源管理制定于 20 世纪初，此前德国出现过多起大规模食物中毒事件。以鸡蛋为例，现在德国超市销售的每一枚鸡蛋上都有一行红色数字，如 2 – DE – 0508684，"2"代表圈养；"DE"表示德国出产；"0508684"则代表母鸡所在的养鸡场、鸡舍或鸡笼的编号。这串数字意为：德国北威州某一家饲养场某一个鸡舍圈养母鸡的鸡蛋。开展溯源调查期间，德国各大病毒研究所配合进行可疑批次芽、苗、种子的微生物学等分析，有利于确定菌种血清类型。罗伯特·科赫研究所牵头收集各种治疗信息，并提供给各医疗部门。

德国设立有联邦民事保护与灾难救助局，下设危机管理与灾难救援中心、危机准备及国防事务规划中心等 7 个中心，在全国各地设有数百个分支机构。如果疫情演变成公共危机事件，该机构会借用近 8 万名志愿者，提供医生、紧急救援服务人员、危机干预专家等人才支持。

尽管德国的疫情管理受到国际社会肯定，但德国国内及一些相关国家的批评声仍很大。比如，在 EHEC 疫情中，德国民众批评政府措施不果断，导致危机恶化。疫情暴发后，俄罗斯禁止进口欧盟食品，结果西班牙农民不得不遗弃农产品。欧盟与俄罗斯、西班牙与德国大打"口水仗"。

## 二、美国公共卫生事件应急管理的经验

### （一）"国家—州—地方"突发公共卫生事件三级应对体系

美国建立了"国家—州—地方"突发公共卫生事件三级应对体系，以联邦疾病控制与预防系统、地区/州医院应急准备系统和地方城市医疗应对系统为主体，形成一个立体化、多层次的综合性应急网络。对于重大突发事件，当总统宣布启动"联邦反应计划"时，联邦应急管理局成为全部应急事件总协调，一切信息汇入该机构。

在该体系中，CDC（美国疾控中心）是整个体系的核心和协调中心，负责全国范围内的疾病监测及发布、制定全国疾病控制和预防战略、公共卫生领域的管理人员培训、资源整合、突发事件应对，以及对国际疾病预防和控制予以支持。

美国公共卫生应急反应体系应对SARS危机的机构与运作机制如图6-12所示。

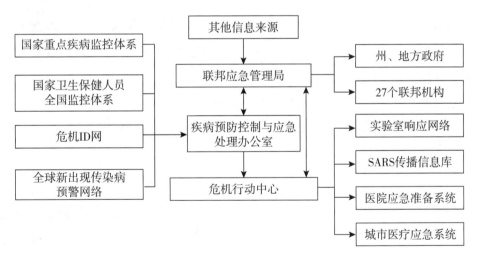

**图6-12　美国公共卫生应急反应体系应对SARS危机的机构与运作机制**

卫生资源和服务管理局（HRSA）实行分区管理，在全国设10个区，各区以州为单位进行联动。主要负责流行病学报告、卫生统计、疾病检查及食品安全检查、实施公共卫生服务项目等，同时州卫生局还要定期制定卫生条例和地方机构标准。

美国地方性公共卫生机构（MMRS）在全国有3000多个，该机构与民众联系最为紧密，也是最重要的执行机构，负责的事务直接关系民生，包括临床预防、儿童保健、

餐馆卫生状况检查、污水排放体系干预等。另外，大多数相关机构建立了完善的传染病通报体系，在公共卫生危机事件发生的 48 小时内城市能够应对，因此 MMRS 通常具有完善的医疗反应体系和详细的应对操作计划。

## （二）横向子系统完善管理体系

在纵向三级系统的运作中，还有五个子系统对其进行支撑。其中，美国的全国公共卫生信息系统包含大都市症状检测系统、国家应急行动中心和电子网络疾病检测报告系统；全国公共卫生实验室快速诊断应急网络系统主要用于实用检验，按联邦、州、地方分为三级，为现场调查服务，全国互通；全国大都市医学应急网络系统有联邦政府拨款用以补贴各大医院，范围覆盖境内所有城市，在出现疫情时，这些医院须在政府要求时间内即刻转为应急医院；另外，还有现场流行病调查机动队和网络系统、全国医药器械应急物品救援快速反应系统作为支撑保障。

## （三）跨部门协作

美国的三级政府管理体制为机构和系统协作提供了良好基础，在危机发生时，联邦政府的国防部、联邦调查局、联邦卫生部、联邦应急管理局、联邦环境保护局和联邦能源部共同建立危机应对体系，发挥联邦层面强有力的指挥功能。地方政府根据联邦卫生部需要，由各州成立突发事件应急委员会，建立综合协调、战略管理、系统评估等机制以应对突发事件。

## （四）国际协作

在美国 CDC 的紧急事件运作中心，由流行病学家、医学专家、微生物学家以及处理传染疾病和国际事件的公共卫生专业等专业人员组成国际联合小组。在平时，该中心负责危机情态的国际交流，就重大疾病的流行趋势、疾病控制和病原学检测进行国际间的技术交流，同世界卫生组织等国际机构实现即时信息共享。在事件发生时，该中心负责为现场协同供应物资和设备、监控响应体系并向州和地方公共卫生部门提供资源。

美国 CDC、国土安全部等分别据此出台本部门的具体响应和操作手册。这套应对机制经历了 2005 年的甲型 H5N1 流感病毒、2009 年的 H1N1 病毒、2010 年的 NDM－1

病毒、2014 年的埃博拉病毒和 2016 年的寨卡病毒的检验。

### （五）应对流感的三大支柱

一是准备和沟通。联邦政府所有相关部门，包括卫生、动植物防疫、经贸、交通等都要出台具体的实施细则；联邦与地方政府合作制订和实施流行病应对计划；立足现有医疗设施，制订跨地区医疗人员增援方案。联邦和地方政府平时还要储存充足的疫苗、防护设备、抗生素、抗病毒药物和其他装备。

二是监督与监测。建立传染病早期预警机制，通过国际合作、开发快速检测手段等，尽可能迅速地发现和报告疫情。

三是响应和遏制。一旦卫生当局发出持续的病毒人传人信号，将启动反应机制，包括限制进出疫区的人流、货物，政府发布隔离、集会限制等干预措施，实施州和地方公共卫生和医疗扩充计划等。

## 三、日本突发公共卫生事件应急管理体系

### （一）组织结构

1998 年，日本政府新增了由首相任命的内阁危机管理总监一职，设立危机管理中心。突发公共卫生事件应急管理体系以厚生劳动省及其派驻地区的分局为核心，负责处理突发公共卫生事件。

从国家层级来看，日本的检疫所、国立大学医学系和附属医院、国立医院、国立疗养院、国立传染病研究所，构成独立的国家突发公共卫生事件应急管理系统；从地方层级来看，都道府县（东京都、北海道、大阪府和京都府、43 个县，其行政级别类似我国的省级）的卫生试验所、保健所、县立医院，以及市町村（类似我国的县级）的保健中心组成地方应急管理系统。

日本除"三级政府、两大系统"外，还建立了纵向行业系统和分地区管理的衔接，与地方政府、警察、消防部门、医师协会等建立协调关系，国立传染病研究所感染信息中心进行法定的传染病发生动向跟踪监视调查，每周上报情况并在网上公开，构成了全国的突发公共卫生事件应急管理网络（见图 6-13）。

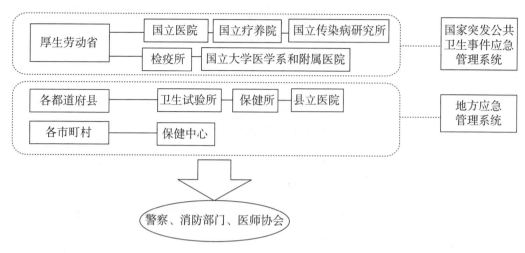

图6-13 日本突发公共卫生事件应急管理网络

当发生疑似传染病疫情时，厚生劳动省和国立传染病研究所负责及时收集疾病最新情况和科学研究等信息。对于国外发生的传染病，各部门分别从WHO、各国有关部门、GOARN（全球疫情警报与反应系统）以及国外研究所等处收集信息；对于国内发生的传染病，分别从检疫所、地方自治团体、国立传染病研究所等收集信息。应收集的信息包括起源地、出现时间、公布时间、确诊情况、健康危害情况、传染扩大情况、当地的对策、市民的反应、信息来源等。收集途径广泛、信息内容细致，确保信息及时、准确（见图6-14）。

| | 国外发展情况 | 国内发展情况 |
|---|---|---|
| 应收集的信息 | ·起源国家/地区<br>·出现时间/公布时间<br>·确认情况<br>·健康危害情况（症状、程序等）<br>·传染扩大的情况（家人以外的感染等）<br>·当地的对策（初期处理的内容）<br>·市民的反应<br>·各国、WHO等相关机构的动向<br>·信息来源与可信度等 | ·起源地<br>·出现时间/报道公布的情况<br>·确认情况<br>·健康危害情况（症状、程度等）<br>·传染扩大的情况（家人以外的感染等）<br>·当地的对策（初期处理的内容）<br>·市民的反应<br>·信息来源 |
| 内容来源 | ·WHO<br>·各国有关部门<br>·GOARN<br>·研究所 | ·检疫所<br>·地方自治团体<br>·国立传染病研究所 |

图6-14 日本突发公共卫生事件应急管理系统信息收集来源

## （二）日本公共卫生应急管理体系具体制度介绍

传染人数到达峰值再逐渐回落是其自身规律，日本的相关部门认为，制定防控对策的主要目的体现在两个方面。一是尽可能减少传染，保护国民生命健康。推迟传染人数高峰的到来，为扩充医疗设施和疫苗研发争取时间，控制峰值时的患者总数以减轻医疗负担，让患者获得必需的治疗，减少重症病例和死亡病例。二是将对国民生活和国民经济的影响降至最低。

日本厚生劳动省将流感等传染病的发生阶段分为未发生期、海外发生期、国内发生早期、国内感染期、好转期五个阶段，此外还存在复发期，不同阶段采取不同应对措施，同时根据各地区情况，由地方自治团体和公共团体灵活应对（见图6－15）。

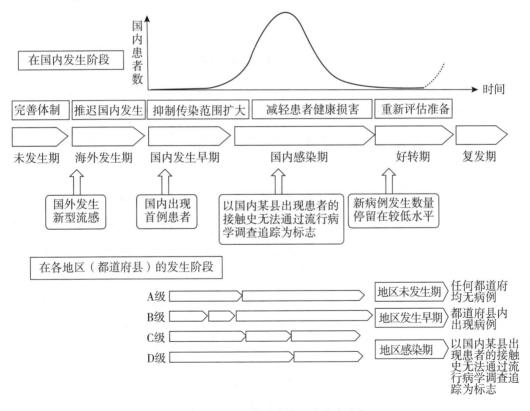

**图6－15　流感/传染病的五个发生阶段**

以下，我们重点介绍五个阶段中的海外发生期、国内发生早期和国内感染期三个阶段。

**1. 海外发生期**

海外发生期制定对策的主要目的是尽量推迟传染病进入国内的时间；加强医疗体制建设，以防疫情蔓延至国内。当海外发生流感等传染病时，内阁危机管理总监会和有关部门召开对策会议，收集、分享、分析信息，讨论决定政府的最初行动方针，并及时公开，各都道府县成立对策总部。

国家和各都道府县紧密合作，根据《传染病法》，做好患者治疗、入院的准备，对患者同居者、密切接触者采取居家隔离、健康观察、对症指导等相关措施。

当WHO将流感等级提升至4级或有急速蔓延的可能性时，外务省会及时发布传染病危险警报，提醒前往海外游客注意防范，要求各单位取消不必要的出差，出差人员尽快回国。实施"水际对策"，即防止流感进入日本国内的措施，如加强机场港口检查，向游客分发健康问诊单，加强询问，必要时可限制入境。

**2. 国内发生早期**

国内发生早期制定对策的主要目的是尽可能抑制传染病在国内扩大的趋势，向患者提供得当的医疗服务，充实医疗体制以应对传染范围扩大。针对国内发生早期，厚生劳动省提出了三条防止传染范围扩大的对策。

（1）根据《传染病法》，要求患者入院治疗，同居者和密切接触者实施居家隔离和健康观察。

（2）国家和各都道府县要求市民和企业做到佩戴口罩，打喷嚏时捂住口鼻，勤洗手，避免前往人群密集处，鼓励错峰上下班；各单位做好办公室内防止传染对策；根据病毒毒性和传染性，要求各学校根据《学校保健安全法》临时停课。公共交通部门呼吁乘客佩戴口罩并采取其他防治措施。

（3）要求医院、养老院等基础疾病患者集中的场所和居民密集场所特别加强防治措施。

**3. 国内感染期**

进入国内感染期后，防止传染范围扩大已变得十分困难，制定对策的出发点由早期的防止传染范围扩大转向降低患者健康损害，维持现有医疗体制，尽量减小对国民生活和国民经济的影响。除延续国内发生早期的三条对策外，原则上会停止患者密切接触者的抗病毒药物用药。为减轻医疗资源负荷，会建议轻症患者在家治疗，密切接触者居家隔离。

当然，日本的政策也不是一成不变的，在政策实施过程中，也会结合实际情况，发现存在问题或漏洞时，及时作出调整。

此次新冠肺炎疫情中，日本国立传染病研究所在 2020 年 2 月 7 日公布信息，为应对此次新冠肺炎疫情完善了国内的监测体系和医疗体系。关于医疗体系，2020 年 1 月 31 日厚生劳动省设"回国人员/接触人员门诊和咨询中心"，并通知各都道府县，使新冠病毒疑似感染病例能在诊疗体制完备的医疗机构接受诊断。有症状人士需联系"回国人员/接触人员门诊和咨询中心"，由中心进一步联系合适的医疗机构，如无中心介绍患者无法自行入院。此举是借鉴了 2009 年新型流感时的经验，如果只设门诊，会导致所有人员无差异就诊，挤占重症患者的医疗资源。

## （三）坚持依法适度防疫

建立健全公共卫生和传染病防疫的法律法规体系。日本除了《传染病法》等法律层面的规定，还制定了《综合推进传染病预防的基本方针》《新型流感对策政府行动计划》等具体措施，既包括医疗措施，也包括物资调配等其他相关措施，内容具体细致，把法律制度落实到每一个细节，避免宏观指导有余、细节规范不足。

日本非常重视"依法防止突发事件"、公共卫生突发事件应对等关系国计民生的重大事项，都纳入了法制化轨道予以规范。日本政府先后颁布了《灾害对策基本法》《灾害救助法》《建筑基准法》《大规模地震对策特别措施法》《地震保险法》等一系列法律法规。同时，注重公民权利的保护，厚生劳动省制定的《综合推进传染病预防的基本方针》第 3 条规定如下所示。

（1）预防传染病和保障权利并举是基本原则，基于此观点，应努力创造良好的环境，尊重患者个人的想法和人权，使每个人都可以放心地回归社会，同时获得优质且适当的医疗服务，如其住院的话则需要使其尽早康复。

（2）在传染病防护中，要充分注意保护个人信息。此外，为了消除对传染病的歧视和偏见，需通过包括向报道机构寻求帮助在内的各种方式，努力普及正确的知识。

日本认为，传染病政策应适度进行。此次新冠肺炎疫情期间，日本政府根据《传染病法》和《检疫法》，将新冠肺炎规定为"指定传染病"和"检疫传染病"，按规定仅能对有症状者进行强制隔离，对于没有症状的人员不能强制隔离，不随意扩大隔离的条件和范围，防疫的同时注意对公民个人自由的保护，坚持适度原则。

### （四）紧急物资储备和稳定物价制度

在物资储备上，《灾害对策基本法》和《新型流感等对策特别措施法》都有相关规定。《新型流感等对策特别措施法》第50条规定，为应对新型流感等紧急事态，如果储备物资器材不足，都道府县知事可向指定行政机关或指定地方行政机关请求提供物资和器材，市町村长可向所在都道府县的知事请求提供物资和器材。"物资和器材"除了疫苗和抗流感病毒药物，还包括消毒药剂、口罩等卫生器材和食品等。该法第55条规定，都道府县的知事认定必要时，可以要求药品、食品等其他法律法规规定的特定物资的持有者（如生产商、批发商、配给商、运送商等）出售特定物资。以上特定物资持有者若无其他正当理由，都道府县的知事可征用以上特定物资，也可命令其保管特定物资。

在稳定生活用品价格上，厚生劳动省要求消费者厅、农林水产省、经济产业省和其他有关部门共同合作，呼吁国民理性购买食品和生活必需品，同时防止物价高涨，要求商家不得哄抬物价、囤积物资和惜售。

在全球化时代，疫情不分国界与地域。正如日本捐献物资上写的"山川异域，风月同天"，各国命运紧密相连，休戚与共，抗击疫情逐渐成为世界各国共同的任务，相信在国际社会共同努力下，疫情定能早日结束。

## 四、对我国应急物流管理体系的启示

建立军民融合式应急物资储备体系，对于维护国家安全和保护人民生命财产安全有着十分重要的意义。我国物资储备体系经长期发展已具有相当规模，在历次应急突发事件中发挥着重要作用，但也存在着管理分散、政策不协调、储备物资结构规模难以满足需要、储备基础设施和手段较为落后、物资储备的军民融合程度比较低等问题。美国、俄罗斯、日本、德国等国家应急管理和应急物资储备方面的一些好的经验做法，值得我们学习和借鉴。立足我国的实际情况，借鉴国外好的经验做法，我们可以从建立国家储备物资统一调配组织、调整充实应急物资储备品种规模布局、创新应急物资储备管理的机制、改善应急物资储备的条件手段和建立军队为国家代储部分救灾物资的制度等方面，加快建设军民融合式应急物资储备体系。

据2019年全球健康安全指数显示，美国以83.5分位列第一，而我国以48.2分位居第51位，数据显示我国在应对重大疾病暴发方面仍存在不足。本书通过分析国外典型国家的应急管理体系的特点，指出我国现阶段体系中存在的问题，为完善我国突发公共卫生事件应急管理体系提供理论指导。

## （一）建立常设公共卫生事件应急管理机构

我国尚未建立一套成熟的危机应对机制，在事件发生时均采取临时领导小组的方式，不利于在危机后总结经验，同时加长了各机构间协调所需要的时间。我国应建立从中央到地方的疾病预防控制体系、建立常设公共卫生事件应急管理机构，在必要时协调不同政府机构应对突发事件。以国家疾病控制中心为主，各省、市、县建立疾病预防控制中心，一般时期向国家报告不同疾病病例数量等信息。加强各级单位的联动协作，形成快速反应网络。

## （二）加强公共卫生动态管理

我国在SARS疫情发生后建设了突发公共卫生事件应急预案体系，但存在操作性不足、更新不及时等问题。突发公共卫生事件存在较多不确定性，动态更新显得尤为重要。我国可在已有基础上，建立全天候的危机应对中心，集协调指挥、快速反应、应急处理于一身，利用信息化技术，形成覆盖全国范围的应急指挥与决策系统网络，实现应急信息化、指挥网络化、决策智能化。

## （三）完善部门协调与风险沟通机制

美国在应对禽流感时，CDC可及时得到卫生部门和农业部门的技术支持，同时互派协调员展开有效工作。我国现已建立了多部门合作机制，卫生部门也与各部门建立了信息通报相关工作机制，还应在此基础上围绕公共卫生安全深化部门合作，实现资源快速协调、信息即时互通。另外，我国可借鉴美国CDC的风险沟通机制，在应对突发事件时成立临床医生沟通组，加强为临床医生提供信息服务，同时充分利用新媒体资源与公众互通。

## （四）加强流行病学队伍建设

我国应建设一支拥有丰厚经验、过硬技术且经过有素训练的突发疫情快速反应队伍，包括医生、护士、传染病相关专家学者、社会工作者等，直属中央管辖，实行半军事化管理。该队伍应分阶段组建，第一阶段整合全国卫生人才资源，人员的选拔、培训和再教育要制度化、程序化；第二阶段该队伍应进行定期培训和演练，提高人员开展现场紧急救治工作的能力，通过大量案例的实地演练强化队伍的监测与应急反应能力；第三阶段由中央形成检查组，参照《卫生应急队伍装备参考目录（试行)》，提高队伍的装备水平，评估队伍的建设情况。

# 附　录

## 一、2019—2020 年 5 月医改主要政策一览

附表 1　　　　　　　　　2019—2020 年 5 月医改主要政策一览

| 序号 | 发布时间 | 发布部门 | 文件名 |
|---|---|---|---|
| 1 | 2019 - 1 - 10 | 国家中医药管理局办公室 | 《关于实施风温肺热病（重症肺炎）等 95 个中医优势病种中医临床路径和中医诊疗方案的通知》 |
| 2 | 2019 - 1 - 17 | 国家卫生健康委、国家中医药局 | 《关于进一步加强公立医疗机构基本药物配备使用管理的通知》 |
| 3 | 2019 - 1 - 17 | 国务院办公厅 | 《国家组织药品集中采购和使用试点方案》 |
| 4 | 2019 - 1 - 25 | 国家卫生健康委办公厅 | 《关于做好国家组织药品集中采购中选药品临床配备使用工作的通知》 |
| 5 | 2019 - 1 - 28 | 国家药品监督管理局 | 《关于公开征求〈化学仿制药参比制剂遴选与确定程序〉意见的通知》 |
| 6 | 2019 - 1 - 28 | 工业和信息化部办公厅、国家卫生健康委办公厅、国家发展改革委办公厅、国家药品监督管理局综合司 | 《关于公布第一批小品种药（短缺药）集中生产基地建设单位名单的通知》 |
| 7 | 2019 - 1 - 15 | 国家药品监督管理局 | 《关于发布仿制药参比制剂目录（第二十批）的通告》 |
| 8 | 2019 - 3 - 13 | 国家医疗保障局 | 《2019 年国家医保药品目录调整工作方案（征求意见稿）》 |
| 9 | 2019 - 7 - 22 | 国家医疗保障局 | 《关于建立医疗保障待遇清单管理制度的意见（征求意见稿)》 |
| 10 | 2019 - 3 - 19 | 国家药品监督管理局综合司 | 《关于开展药品零售企业执业药师"挂证"行为整治工作的通知》 |

| 序号 | 发布时间 | 发布部门 | 文件名 |
|---|---|---|---|
| 11 | 2019 – 11 – 28 | 国家医疗保障局 | 《关于将 2019 年谈判药品纳入〈国家基本医疗保险、工伤保险和生育保险药品目录〉乙类范围的通知》政策解读 |
| 12 | 2019 – 6 – 6 | 国家医疗保障局 | 《关于开展医保基金监管"两试点一示范"工作的通知》 |
| 13 | 2019 – 3 – 28 | 国家药品监督管理局 | 《关于第二批临床急需境外新药的公示》 |
| 14 | 2019 – 3 – 25 | 国家药品监督管理局 | 《关于发布化学仿制药参比制剂遴选与确定程序的公告》 |
| 15 | 2019 – 3 – 29 | 国家卫生健康委办公厅 | 《关于持续做好抗菌药物临床应用管理工作的通知》 |
| 16 | 2019 – 3 – 25 | 海关总署、国家药品监督管理局 | 《关于〈进口药品通关单〉等3种监管证件扩大实施联网核查的公告》 |
| 17 | 2019 – 4 – 2 | 国家药品监督管理局 | 《关于规范〈进口药品通关单〉等药品进出口证件申请表填写要求的公告》 |
| 18 | 2019 – 4 – 2 | 国务院办公厅 | 《关于同意建立疫苗管理部际联席会议制度的函》 |
| 19 | 2019 – 4 – 4 | 国家药品监督管理局综合司 | 《再次公开征求〈关于进一步完善药品关联审评审批和监管工作有关事宜的公告（征求意见稿）〉意见》 |
| 20 | 2019 – 4 – 2 | 国家药品监督管理局 | 《关于药物临床试验数据自查核查注册申请情况的公告》 |
| 21 | 2019 – 4 – 4 | 国家医疗保障局 | 《关于开展医保药品、医用耗材产品信息维护的通知》 |
| 22 | 2019 – 4 – 9 | 国家卫生健康委 | 《关于开展药品使用监测和临床综合评价工作的通知》 |
| 23 | 2019 – 10 – 16 | 国家医疗保障局 | 《关于印发疾病诊断相关分组（DRG）付费国家试点技术规范和分组方案的通知》 |
| 24 | 2019 – 4 – 12 | 国家卫生健康委 | 《中国抗菌药物管理和细菌耐药现状报告（2016—2018 年）》 |
| 25 | 2019 – 7 – 15 | 国家医疗保障局办公室 | 《关于做好医疗服务项目分类与代码网上维护确认工作的通知》 |

| 序号 | 发布时间 | 发布部门 | 文件名 |
|---|---|---|---|
| 26 | 2019-4-28 | 国家药品监督管理局 | 《关于取消36项证明事项的公告》 |
| 27 | 2019-4-28 | 国家药品监督管理局 | 《关于发布〈药品信息化追溯体系建设导则〉〈药品追溯码编码要求〉两项信息化标准的公告》 |
| 28 | 2019-5-6 | 国家药典委员会 | 《国家药用辅料标准起草复核工作规范》（试行） |
| 29 | 2019-8-22 | 国家医疗保障局 | 《国家基本医疗保险、工伤保险和生育保险药品目录解读》 |
| 30 | 2019-5-16 | 国家药品监督管理局综合司 | 《公开征求〈疫苗追溯基本数据集（征求意见稿）〉等3项信息化标准意见》 |
| 31 | 2019-5-16 | 市场监督管理总局 | 《进口药材管理办法》 |
| 32 | 2019-5-17 | 国家药品监督管理局综合司 | 《公开征求〈药品注册现场检查管理规定（征求意见稿）〉意见》 |
| 33 | 2019-5-29 | 国家药品监督管理局 | 《关于发布第二批临床急需境外新药名单的通知》 |
| 34 | 2019-5-31 | 国家药品监督管理局 | 《2018年度医疗器械注册工作报告》 |
| 35 | 2019-6-5 | 国家医疗保障局、财政部、国家卫生健康委、国家中医药管理局 | 《关于印发按疾病诊断相关分组付费国家试点城市名单的通知》 |
| 36 | 2019-6-6 | 国家医疗保障局、财政部 | 《关于切实做好2019年跨省异地就医住院费用直接结算工作的通知》 |
| 37 | 2019-6-6 | 国家医疗保障局、人力资源和社会保障部 | 《国家基本医疗保险、工伤保险和生育保险药品目录》 |
| 38 | 2019-6-13 | 国家药品监督管理局 | 《关于发布仿制药参比制剂目录（第二十一批）的通告》 |
| 39 | 2019-6-18 | 国家药品监督管理局 | 《关于发布〈上市药品临床安全性文献评价指导原则（试行）〉的通告》 |
| 40 | 2019-6-20 | 国家卫生健康委 | 《第一批鼓励仿制药品目录建议清单》 |
| 41 | 2019-6-25 | 国家药品监督管理局 | 《关于发布临床急需境外新药标准复核检验用资料及样品要求的通告》 |
| 42 | 2019-9-16 | 国家医疗保障局、财政部、国家卫生健康委、国家药品监督管理局 | 《关于完善城乡居民高血压糖尿病门诊用药保障机制的指导意见》 |

续　表

| 序号 | 发布时间 | 发布部门 | 文件名 |
|---|---|---|---|
| 43 | 2019 - 10 - 17 | 国家医疗保障局、财政部、国家卫生健康委、国务院扶贫办 | 《关于坚决完成医疗保障脱贫攻坚硬任务的指导意见》 |
| 44 | 2019 - 6 - 27 | 国家医疗保障局 | 《医疗保障标准化工作指导意见》 |
| 45 | 2019 - 6 - 30 | 全国人民代表大会常务委员会 | 《中华人民共和国疫苗管理法》 |
| 46 | 2019 - 6 - 30 | 国家医疗保障局 | 《2018 年全国基本医疗保障事业发展统计公报》 |
| 47 | 2019 - 7 - 1 | 国家卫生健康委办公厅、国家中医药管理局办公室 | 《关于印发第一批国家重点监控合理用药药品目录（化药及生物制品）的通知》 |
| 48 | 2019 - 7 - 1 | 国家药品监督管理局 | 《2018 年度药品审评报告》 |
| 49 | 2019 - 7 - 4 | 国家药品监督管理局、国家卫生健康委 | 《关于发布〈定制式医疗器械监督管理规定（试行）〉的公告》 |
| 50 | 2019 - 7 - 4 | 国家药品监督管理局 | 《关于批准注册 158 个医疗器械产品的公告》 |
| 51 | 2019 - 7 - 10 | 国家药品监督管理局 | 《关于医疗器械电子申报有关资料要求的通告》 |
| 52 | 2019 - 7 - 10 | 国家药品监督管理局 | 《关于发布〈医疗器械产品注册项目立卷审查要求（试行）〉等文件的通告》 |
| 53 | 2019 - 7 - 12 | 国家药品监督管理局 | 《关于发布〈医疗器械生产质量管理规范附录独立软件〉的通告》 |
| 54 | 2019 - 7 - 16 | 国家药品监督管理局 | 《关于进一步完善药品关联审评审批和监管工作有关事宜的公告》 |
| 55 | 2019 - 7 - 17 | 国家医疗保障局 | 《国家医疗保障局关于印发医疗保障定点医疗机构等信息业务编码规则和方法的通知》 |
| 56 | 2019 - 7 - 18 | 国务院办公厅 | 《关于建立职业化专业化药品检查员队伍的意见》 |
| 57 | 2019 - 9 - 24 | 人力资源和社会保障部 | 《关于建立全国统一的社会保险公共服务平台的指导意见》 |
| 58 | 2019 - 7 - 25 | 国家卫生健康委 | 《医疗机构短缺药品分类分级与替代使用技术指南》 |
| 59 | 2019 - 7 - 29 | 国家中医药管理局、国家卫生健康委 | 《关于在医疗联合体建设中切实加强中医药工作的通知》 |

| 序号 | 发布时间 | 发布部门 | 文件名 |
|---|---|---|---|
| 60 | 2019 - 7 - 30 | 国家药品监督管理局 | 《关于宣传贯彻〈中华人民共和国疫苗管理法〉的通知》 |
| 61 | 2019 - 7 - 31 | 国务院办公厅 | 《治理高值医用耗材改革方案》 |
| 62 | 2019 - 8 - 1 | 国家药品监督管理局 | 《关于扩大医疗器械注册人制度试点工作的通知》 |
| 63 | 2019 - 8 - 2 | 国家药品监督管理局 | 《关于仿制药质量和疗效一致性评价工作中药品标准执行有关事宜的公告》 |
| 64 | 2019 - 8 - 5 | 国家医疗保障局 | 《关于国家组织药品集中采购和使用试点扩大区域范围有关工作安排的通知》 |
| 65 | 2019 - 8 - 6 | 国家药品监督管理局、公安部、国家卫生健康委 | 《关于将含羟考酮复方制剂等品种列入精神药品管理的公告》 |
| 66 | 2019 - 8 - 7 | 国家药品监督管理局综合司 | 《关于启用新版〈药品生产许可证〉等许可证书的通知》 |
| 67 | 2019 - 8 - 19 | 国家药品监督管理局 | 《药品质量抽查检验管理办法》 |
| 68 | 2019 - 4 - 11 | 国家医疗保障局 | 《医疗保障基金使用监管条例（征求意见稿）》 |
| 69 | 2019 - 6 - 27 | 国家医疗保障局 | 《医疗保障信息业务编码标准数据库动态维护窗口开通试运行》 |
| 70 | 2019 - 8 - 26 | 全国人民代表大会常务委员会 | 《中华人民共和国药品管理法》 |
| 71 | 2019 - 8 - 27 | 国家卫生健康委、工业和信息化部、国家药品监督管理局 | 《第三批鼓励研发申报儿童药品清单》 |
| 72 | 2019 - 8 - 27 | 国家药品监督管理局 | 《关于发布〈药品追溯系统基本技术要求〉等3项信息化标准的公告》 |
| 73 | 2019 - 8 - 27 | 国家药品监督管理局 | 《仿制药参比制剂目录（第二十二批）》 |
| 74 | 2019 - 8 - 27 | 国家药品监督管理局 | 《医疗器械唯一标识系统规则》 |
| 75 | 2019 - 8 - 28 | 国家药品监督管理局 | 《化学仿制药参比制剂目录（第二十三批）》 |
| 76 | 2019 - 8 - 30 | 国家药品监督管理局 | 《药品检验检测机构能力建设指导原则》 |
| 77 | 2019 - 9 - 2 | 国家药品监督管理局 | 《关于〈疫苗上市后生产工艺变更研究技术指导原则〉征求意见的通知》 |
| 78 | 2019 - 9 - 4 | 国家药品监督管理局 | 《有关疫苗追溯标准规范的解读》 |

| 序号 | 发布时间 | 发布部门 | 文件名 |
|---|---|---|---|
| 79 | 2019 - 9 - 5 | 国家药品监督管理局 | 《医疗器械检验工作规范》 |
| 80 | 2019 - 9 - 6 | 国家药典委员会 | 《关于〈中国药典〉2020 年版四部通则增修订内容（第二十二批）的公示》 |
| 81 | 2019 - 9 - 6 | 中国药学会 | 《关于发布第五批过度重复药品提示信息的公告》 |
| 82 | 2019 - 9 - 11 | 国家药品监督管理局 | 《关于公开征求〈药品生产企业追溯基本数据集（征求意见稿）〉等 5 个标准意见的通知》 |
| 83 | 2019 - 9 - 12 | 中国药学会 | 《医疗机构静脉用细胞毒性药物调配操作质量管理工作规范》 |
| 84 | 2019 - 9 - 16 | 国家药品监督管理局 | 《化学仿制药参比制剂目录（第二十四批)》 |
| 85 | 2019 - 9 - 17 | 国家药品监督管理局综合司 | 《公开征求〈药品监管系统现有证明事项拟保留目录（征求意见稿）〉意见》 |
| 86 | 2019 - 9 - 17 | 国家药品监督管理局 | 《关于公开征求〈eCTD 申报指南〉意见的通知》 |
| 87 | 2019 - 9 - 23 | 国家药典委员会 | 《关于 2020 年版〈中国药典〉一部拟新增和修订品种医学内容的公示》 |
| 88 | 2019 - 9 - 24 | 国家卫生健康委 | 《关于开展医疗乱象专项整治行动的通知》 |
| 89 | 2019 - 9 - 25 | 国家药品监督管理局 | 《关于〈临床试验数据监查委员会指导原则〉和〈非劣效设计临床试验指导原则〉征求意见的通知》 |
| 90 | 2019 - 9 - 25 | 国家药品监督管理局 | 《关于学习宣传贯彻〈中华人民共和国药品管理法〉的通知》 |
| 91 | 2019 - 9 - 29 | 国家药典委员会 | 《中国药典一部拟公开处方的中成药品种名单公示》 |
| 92 | 2019 - 9 - 30 | 国家医疗保障局等九部门 | 《关于国家组织药品集中采购和使用试点扩大区域范围的实施意见》 |
| 93 | 2019 - 9 - 30 | 国家药品监督管理局综合司 | 《公开征求〈药品注册管理办法（修订草案征求意见稿）〉〈药品生产监督管理办法（修订草案征求意见稿）〉〈药品经营监督管理办法（征求意见稿）〉意见》 |
| 94 | 2019 - 10 - 10 | 国家医疗保障局 | 《〈关于完善城乡居民高血压糖尿病门诊用药保障机制的指导意见〉政策解读》 |

| 序号 | 发布时间 | 发布部门 | 文件名 |
|---|---|---|---|
| 95 | 2019 - 10 - 9 | 国家卫生健康委办公厅、科技部办公厅、工业和信息化部办公厅、国家药品监督管理局综合司、国家知识产权局办公室 | 《关于印发第一批鼓励仿制药品目录的通知》 |
| 96 | 2019 - 12 - 14 | 国家医疗保障局 | 《国家医疗保障局政府信息公开暂行办法》 |
| 97 | 2019 - 12 - 16 | 国家医疗保障局、国家卫生健康委 | 《关于做好 2019 年国家医保谈判药品落地工作的通知》 |
| 98 | 2019 - 10 - 11 | 国务院办公厅 | 《关于进一步做好短缺药品保供稳价工作的意见》 |
| 99 | 2019 - 10 - 15 | 国家药品监督管理局 | 《关于药物临床试验数据自查核查注册申请情况的公告》 |
| 100 | 2019 - 10 - 15 | 国家市场监督管理总局 | 《关于〈药品注册管理办法（征求意见稿）〉〈药品生产监督管理办法（征求意见稿）〉〈药品经营监督管理办法（征求意见稿）〉公开征求意见的通知》 |
| 101 | 2019 - 10 - 15 | 国家药品监督管理局综合司 | 《公开征求〈化学药品注射剂仿制药质量和疗效一致性评价技术要求（征求意见稿）〉〈已上市化学药品注射剂仿制药质量和疗效一致性评价申报资料要求（征求意见稿）〉意见》 |
| 102 | 2019 - 10 - 15 | 国家药品监督管理局 | 《关于做好第一批实施医疗器械唯一标识工作有关事项的通告》 |
| 103 | 2019 - 11 - 22 | 国家医疗保障局、人力资源和社会保障部 | 《关于将 2019 年谈判药品纳入〈国家基本医疗保险、工伤保险和生育保险药品目录〉乙类范围的通知》 |
| 104 | 2019 - 10 - 21 | 国家药品监督管理局 | 《关于中药保护品种的公告（延长保护期第 2 号）》 |
| 105 | 2019 - 4 - 26 | 国家医疗保障局、财政部 | 《关于做好 2019 年城乡居民基本医疗保障工作的通知》 |
| 106 | 2019 - 10 - 26 | 国家中医药管理局 | 《一图读懂〈关于促进中医药传承创新发展的意见〉》 |
| 107 | 2019 - 10 - 20 | 中共中央、国务院 | 《中共中央 国务院关于促进中医药传承创新发展的意见》 |
| 108 | 2019 - 11 - 1 | 国家药品监督管理局 | 《关于发布辅助生殖用胚胎移植导管等 3 项注册技术审查指导原则的通告》 |

| 序号 | 发布时间 | 发布部门 | 文件名 |
|---|---|---|---|
| 109 | 2019 - 11 - 5 | 国家药品监督管理局 | 《关于公开征求〈化学药品注射剂仿制药（特殊注射剂）质量和疗效一致性评价技术要求（征求意见稿）〉意见的通知》 |
| 110 | 2019 - 11 - 6 | 国家药品监督管理局综合司 | 《公开征求〈药品抽样原则及程序（征求意见稿）〉意见》 |
| 111 | 2019 - 11 - 8 | 国家药典委员会 | 《关于中药配方颗粒品种试点统一标准的公示》 |
| 112 | 2019 - 11 - 8 | 国家药品监督管理局 | 《关于〈突破性治疗药物工作程序〉和〈优先审评审批工作程序〉征求意见的通知》 |
| 113 | 2019 - 11 - 8 | 国家药品监督管理局综合司 | 《公开征求〈中药配方颗粒质量控制与标准制定技术要求（征求意见稿）〉意见》 |
| 114 | 2019 - 11 - 8 | 国家药品监督管理局 | 《关于再次公开征求〈临床急需药品附条件批准上市技术指导原则〉意见的通知》 |
| 115 | 2019 - 11 - 8 | 国家药品监督管理局 | 《关于公开征求〈药物临床试验登记与信息公示管理制度〉和〈研发期间安全性更新报告要求及管理规定〉意见的通知》 |
| 116 | 2019 - 11 - 8 | 国家药品监督管理局 | 《关于公开征求〈已上市化学药品药学变更研究技术指导原则〉意见的通知》 |
| 117 | 2019 - 11 - 13 | 国家药品监督管理局 | 《关于公开征求〈药物临床试验过程中一般风险管控及责令暂停、终止工作程序〉意见的通知》 |
| 118 | 2019 - 11 - 18 | 工业和信息化部等四部门 | 《第二批小品种药（短缺药）集中生产基地建设单位名单》 |
| 119 | 2019 - 11 - 18 | 国家市场监督管理总局 | 《关于〈生物制品批签发管理办法（修订草案征求意见稿）〉公开征求意见的通知》 |
| 120 | 2019 - 11 - 26 | 国家药品监督管理局 | 《关于公开征求〈药品注册审评结论争议解决程序〉意见的通知》 |
| 121 | 2019 - 4 - 17 | 国家医疗保障局 | 《关于公布〈2019年国家医保药品目录调整工作方案〉的公告》 |
| 122 | 2019 - 2 - 26 | 国家医疗保障局 | 《关于做好2019年医疗保障基金监管工作的通知》 |
| 123 | 2019 - 12 - 2 | 国家药品监督管理局 | 《关于贯彻实施〈中华人民共和国药品管理法〉有关事项的公告》 |
| 124 | 2019 - 11 - 29 | 国家药品监督管理局 | 《关于发布药品上市许可持有人药物警戒年度报告撰写指南（试行）的通知》 |

| 序号 | 发布时间 | 发布部门 | 文件名 |
|---|---|---|---|
| 125 | 2019 - 11 - 29 | 国家药品监督管理局、国家卫生健康委 | 《关于发布药物临床试验机构管理规定的公告》 |
| 126 | 2019 - 11 - 29 | 国务院深化医药卫生体制改革领导小组 | 《关于以药品集中采购和使用为突破口进一步深化医药卫生体制改革若干政策措施》 |
| 127 | 2019 - 12 - 3 | 国家发展改革委 | 《关于〈中华人民共和国招标投标法（修订草案公开征求意见稿）〉公开征求意见的公告》 |
| 128 | 2019 - 12 - 6 | 国家医疗保障局 | 《关于做好当前药品价格管理工作的意见》 |
| 129 | 2019 - 12 - 10 | 国家市场监督管理总局 | 《关于〈药品生产监督管理办法（征求意见稿）〉〈药品经营监督管理办法（征求意见稿）〉公开征求意见的公告》 |
| 130 | 2019 - 12 - 10 | 国家市场监督管理总局 | 《关于〈药品注册管理办法（征求意见稿）〉公开征求意见的公告》 |
| 131 | 2019 - 12 - 12 | 国家药品监督管理局综合司、国家卫生健康委办公厅 | 《关于做好疫苗信息化追溯体系建设工作的通知》 |
| 132 | 2019 - 12 - 17 | 国务院办公厅 | 《关于全面推进生育保险和职工基本医疗保险合并实施的意见》 |
| 133 | 2019 - 12 - 18 | 国务院办公厅 | 《降低社会保险费率综合方案》 |
| 134 | 2019 - 12 - 19 | 国家卫生健康委办公厅 | 《关于进一步做好国家组织药品集中采购中选药品配备使用工作的通知》 |
| 135 | 2019 - 12 - 19 | 国家药品监督管理局 | 《关于启用新版药品和药材进口备案管理系统的公告》 |
| 136 | 2019 - 12 - 20 | 国家药品监督管理局 | 《关于发布医疗器械附条件批准上市指导原则的通告》 |
| 137 | 2019 - 12 - 24 | 国家药品监督管理局 | 《关于发布预防用疫苗临床可比性研究技术指导原则的通告》 |
| 138 | 2019 - 12 - 29 | 国家组织药品集中采购和使用联合采购办公室 | 《关于发布〈全国药品集中采购文件（GY - YD2019 - 2）〉的公告》 |
| 139 | 2020 - 1 - 2 | 国家卫生健康委办公厅 | 《有关病种临床路径（2019年版）》 |
| 140 | 2020 - 1 - 2 | 国家卫生健康委 | 《医疗机构内部价格行为管理规定》 |
| 141 | 2020 - 1 - 2 | 国家卫生健康委办公厅 | 《紧密型县域医疗卫生共同体建设专家组人员名单和工作职责》 |

续　表

| 序号 | 发布时间 | 发布部门 | 文件名 |
|------|----------|----------|--------|
| 142 | 2020 – 1 – 3 | 国家药品监督管理局综合司 | 《首次药品进口口岸评估标准》 |
| 143 | 2020 – 1 – 3 | 国家卫生健康委 | 《开展产前筛查技术医疗机构基本标准》《开展产前诊断技术医疗机构基本标准》 |
| 144 | 2020 – 1 – 6 | 国家药品监督管理局 | 《国家药品监督管理局重点实验室管理办法》 |
| 145 | 2020 – 1 – 6 | 国家卫生健康委办公厅 | 《关于设立全国罕见病诊疗协作网办公室的通知》 |
| 146 | 2020 – 1 – 6 | 国家药品监督管理局 | 《关于发布真实世界证据支持药物研发与审评的指导原则（试行）的通告》 |
| 147 | 2020 – 1 – 6 | 国家卫生健康委办公厅 | 《原发性肝癌诊疗规范（2019 年版）》 |
| 148 | 2020 – 1 – 6 | 国家药品监督管理局 | 《国家药品监督管理局重点实验室管理办法》 |
| 149 | 2020 – 1 – 7 | 国家药品监督管理局、海关总署 | 《关于增设沈阳航空口岸为药品进口口岸的公告》 |
| 150 | 2020 – 1 – 7 | 国家药品监督管理局 | 《关于发布仿制药参比制剂目录（第二十三批）的通告》 |
| 151 | 2020 – 1 – 7 | 国家卫生健康委、财政部、工业和信息化部、国家药品监督管理局 | 《关于国家免疫规划脊髓灰质炎疫苗和含麻疹成分疫苗免疫程序调整相关工作的通知》 |
| 152 | 2020 – 1 – 7 | 国家药典委员会 | 《关于确认拟在 2020 年版〈中国药典〉公开的中成药标准处方（量）、制法等内容的通知》 |
| 153 | 2020 – 1 – 8 | 国家药品监督管理局药品评价中心 | 《关于发布〈上市许可持有人药品不良反应报告表（试行）〉及填表说明的通知》 |
| 154 | 2020 – 1 – 8 | 国家药品监督管理总局药品审评中心 | 《关于〈注射用紫杉醇（白蛋白结合型）仿制药研究技术指导原则〉（征求意见稿）公开征求意见的通知》 |
| 155 | 2020 – 1 – 8 | 国家药品监督管理局 | 《关于发布仿制药参比制剂目录（第二十四批）的通告》 |
| 156 | 2020 – 1 – 13 | 国家卫生健康委办公厅 | 《第一批日间手术病种手术操作规范（试行）》 |
| 157 | 2020 – 1 – 15 | 国家卫生健康委办公厅 | 《关于进一步做好儿童重大疾病救治管理工作的通知》 |
| 158 | 2020 – 1 – 15 | 国家卫生健康委办公厅 | 《神经系统疾病和肾病专业医疗质量控制指标（2020 年版）》 |

续　表

| 序号 | 发布时间 | 发布部门 | 文件名 |
|---|---|---|---|
| 159 | 2020 - 1 - 16 | 国家医疗保障局、国家卫生健康委、国家药品监督管理局、工业和信息化部、中央军委后勤保障部 | 《关于开展第二批国家组织药品集中采购和使用工作的通知》 |
| 160 | 2020 - 1 - 17 | 国家药品监督管理局综合司 | 《关于启用首次进口药材行政许可相关印章的通知》 |
| 161 | 2020 - 1 - 17 | 国家药品监督管理局药品审评中心 | 《关于完善原料药登记系统相关功能的通知》 |
| 162 | 2020 - 1 - 18 | 国家卫生健康委药政司 | 《关于〈国家短缺药品清单管理办法（试行）（征求意见稿）〉公开征求意见的公告》 |
| 163 | 2020 - 1 - 19 | 国家卫生健康委统计信息中心 | 《关于征求〈紧密型县域医共体信息化建设指南及评价标准〉意见的函》 |
| 164 | 2020 - 1 - 19 | 国家卫生健康委医政医管局 | 《公布加速康复外科骨科试点医院及病种（手术）并部署有关工作要求》 |
| 165 | 2020 - 1 - 20 | 国家药品监督管理局 | 《国家药品监督管理局工作年度报表（2019 年度）》 |
| 166 | 2020 - 1 - 20 | 国家药品监督管理局 | 《国家药品监督管理局监管年度报表（2019 年度）》 |
| 167 | 2020 - 1 - 20 | 国家医疗保障局医药管理司 | 《关于基于卫生技术评估（HTA）的医保目录调整决策支持体系建设研究子项目"项目管理支持"征询意向公告》 |
| 168 | 2020 - 1 - 20 | 国家医疗保障局医药管理司 | 《关于基于卫生技术评估（HTA）的医保目录调整决策支持体系建设研究子项目"用于支持医保目录调整等决策的 HTA 技术标准应用研究"征询意向公告》 |
| 169 | 2020 - 1 - 20 | 国家卫生健康委医政医管局 | 《关于做好加速康复外科骨科试点有关工作的通知》 |
| 170 | 2020 - 1 - 20 | 国家卫生健康委员会 | 《新型冠状病毒感染的肺炎纳入法定传染病管理》 |
| 171 | 2020 - 1 - 21 | 国家药品监督管理局 | 《关于推荐适用〈Q8（R2）：药品研发〉等 4 个国际人用药品注册技术协调会指导原则的公告》 |
| 172 | 2020 - 1 - 21 | 国家药品监督管理局 | 《关于适用〈Q2（R1）：分析方法论证：正文和方法学〉等 11 个国际人用药品注册技术协调会指导原则的公告》 |

| 序号 | 发布时间 | 发布部门 | 文件名 |
|------|----------|----------|--------|
| 173 | 2020 - 1 - 22 | 国家药品监督管理局 | 《关于省级中药饮片炮制规范备案程序及要求的通知》 |
| 174 | 2020 - 1 - 22 | 国家医疗保障局 | 《〈医疗机构医疗保障定点管理暂行办法（征求意见稿）〉和〈零售药店医疗保障定点管理暂行办法（征求意见稿）〉公开征求意见》 |
| 175 | 2020 - 1 - 22 | 国家药典委员会 | 《关于做好2020年度国家药品标准提高工作的通知》 |
| 176 | 2020 - 1 - 22 | 国家卫生健康委疾病预防控制局 | 《新型冠状病毒感染的肺炎防控方案（第二版)》 |
| 177 | 2020 - 1 - 23 | 国家医疗保障局、财政部 | 《关于做好新型冠状病毒感染的肺炎疫情医疗保障的通知》 |
| 178 | 2020 - 1 - 23 | 人力资源和社会保障部、财政部、国家卫生健康委 | 《关于因履行工作职责感染新型冠状病毒肺炎的医护及相关工作人员有关保障问题的通知》 |
| 179 | 2020 - 1 - 23 | 国家卫生健康委办公厅 | 《新型冠状病毒实验室生物安全指南（第二版)》 |
| 180 | 2020 - 1 - 23 | 国家医疗保障局、财政部 | 《关于做好新型冠状病毒感染的肺炎疫情医疗保障的通知》 |
| 181 | 2020 - 1 - 23 | 国家卫生健康委办公厅 | 《医疗机构内新型冠状病毒感染预防与控制技术指南（第一版)》 |
| 182 | 2020 - 1 - 23 | 国家卫生健康委办公厅 | 《关于加强新型冠状病毒感染的肺炎重症病例医疗救治工作的通知》 |
| 183 | 2020 - 1 - 23 | 国家卫生健康委办公厅、国家中医药管理局办公室 | 《新型冠状病毒感染的肺炎诊疗方案（试行第三版)》 |
| 184 | 2020 - 1 - 25 | 国家卫生健康委 | 《关于加强新型冠状病毒感染的肺炎疫情社区防控工作的通知》 |
| 185 | 2020 - 1 - 26 | 国家卫生健康委办公厅 | 《关于加强基层医疗卫生机构新型冠状病毒感染的肺炎疫情防控工作的通知》 |
| 186 | 2020 - 1 - 27 | 国家医疗保障局办公室、财政部办公厅、国家卫生健康委办公厅 | 《关于做好新型冠状病毒感染的肺炎疫情医疗保障工作的补充通知》 |
| 187 | 2020 - 1 - 27 | 国家卫生健康委办公厅、国家中医药管理局办公室 | 《新型冠状病毒感染的肺炎诊疗方案（试行第四版)》 |

| 序号 | 发布时间 | 发布部门 | 文件名 |
|---|---|---|---|
| 188 | 2020 - 1 - 27 | 国家卫生健康委 | 《新型冠状病毒感染的肺炎疫情紧急心理危机干预指导原则》 |
| 189 | 2020 - 1 - 27 | 国家医疗保障局办公室、财政部办公厅、国家卫生健康委办公厅 | 《关于做好新型冠状病毒感染的肺炎疫情医疗保障工作的补充通知》 |
| 190 | 2020 - 1 - 28 | 国家卫生健康委办公厅 | 《新型冠状病毒感染的肺炎防控方案（第三版）》 |
| 191 | 2020 - 1 - 28 | 国务院应对新型冠状病毒感染的肺炎疫情联防联控机制 | 《近期防控新型冠状病毒感染的肺炎工作方案》 |
| 192 | 2020 - 1 - 28 | 国家卫生健康委办公厅 | 《关于做好新型冠状病毒感染的肺炎疫情防控工作中表现突出个人和集体即时性表彰的通知》 |
| 193 | 2020 - 1 - 28 | 国务院应对新型冠状病毒感染的肺炎疫情联防联控机制 | 《关于做好老年人新型冠状病毒感染肺炎疫情防控工作的通知》 |
| 194 | 2020 - 1 - 28 | 国家卫生健康委办公厅 | 《新型冠状病毒感染的肺炎病例转运工作方案（试行）》 |
| 195 | 2020 - 1 - 28 | 国家卫生健康委办公厅 | 《关于进一步加强县域新型冠状病毒感染的肺炎医疗救治工作的通知》 |
| 196 | 2020 - 1 - 29 | 国家卫生健康委办公厅、国家中医药管理局办公室 | 《关于做好应对 2020 年春节假期后就诊高峰工作的通知》 |
| 197 | 2020 - 1 - 29 | 国务院应对新型冠状病毒感染的肺炎疫情联防联控机制 | 《公共交通工具消毒操作技术指南》 |
| 198 | 2020 - 1 - 30 | 国务院办公厅 | 《关于组织做好疫情防控重点物资生产企业复工复产和调度安排工作的紧急通知》 |
| 199 | 2020 - 1 - 30 | 民政部、国家卫生健康委 | 《关于进一步动员城乡社区组织开展新型冠状病毒感染的肺炎疫情防控工作的紧急通知》 |
| 200 | 2020 - 1 - 30 | 国务院应对新型冠状病毒感染的肺炎疫情联防联控机制 | 《关于进一步做好农村地区新型冠状病毒感染的肺炎疫情防控工作的通知》 |
| 201 | 2020 - 1 - 31 | 国家卫生健康委、国家中医药管理局 | 《诊所改革试点地区中医诊所和中医（综合）诊所基本标准（2019 年修订版）》 |
| 202 | 2020 - 1 - 31 | 国家卫生健康委基层卫生健康司 | 《关于进一步做好基层医疗卫生机构防控新型冠状病毒感染的肺炎疫情工作的通知》 |

续　表

| 序号 | 发布时间 | 发布部门 | 文件名 |
|------|----------|----------|--------|
| 203 | 2020 - 1 - 31 | 国家卫生健康委疾病预防控制局 | 《公共场所新型冠状病毒感染的肺炎卫生防护指南》 |
| 204 | 2020 - 1 - 31 | 国家卫生健康委疾病预防控制局 | 《新型冠状病毒感染不同风险人群防护指南》《预防新型冠状病毒感染的肺炎口罩使用指南》 |
| 205 | 2020 - 2 - 1 | 国家医疗保障局、直属机关党委 | 《关于认真贯彻落实习近平总书记重要指示精神为打赢疫情防控阻击战提供坚强政治保证的通知》 |
| 206 | 2020 - 2 - 1 | 国家卫生健康委办公厅、民政部办公厅、公安部办公厅 | 《新型冠状病毒感染的肺炎患者遗体处置工作指引（试行）》 |
| 207 | 2020 - 2 - 2 | 国家医疗保障局办公室 | 《关于优化医疗保障经办服务推动新型冠状病毒感染的肺炎疫情防控工作的通知》 |
| 208 | 2020 - 2 - 2 | 国家卫生健康委妇幼健康司 | 《关于做好儿童和孕产妇新型冠状病毒感染的肺炎疫情防控工作的通知》 |
| 209 | 2020 - 2 - 4 | 国家卫生健康委办公厅 | 《关于加强疫情期间医用防护用品管理工作的通知》 |
| 210 | 2020 - 2 - 5 | 国家卫生健康委办公厅、国家中医药管理局 | 《新型冠状病毒感染的肺炎诊疗方案（试行第五版)》 |
| 211 | 2020 - 2 - 5 | 国家卫生健康委办公厅 | 《关于加强信息化支撑新型冠状病毒感染的肺炎疫情防控工作的通知》 |
| 212 | 2020 - 2 - 5 | 国家卫生健康委办公厅 | 《关于加强重点地区重点医院发热门诊管理及医疗机构内感染防控工作的通知》 |
| 213 | 2020 - 2 - 5 | 国家卫生健康委办公厅 | 《新型冠状病毒感染的肺炎防控中居家隔离医学观察感染防控指引（试行）》 |
| 214 | 2020 - 2 - 7 | 国务院应对新型冠状病毒感染肺炎疫情联防联控机制 | 《关于切实为基层减负全力做好新型冠状病毒感染的肺炎疫情防控工作的通知》 |
| 215 | 2020 - 2 - 7 | 国家卫生健康委办公厅 | 《关于在疫情防控中做好互联网诊疗咨询服务工作的通知》 |
| 216 | 2020 - 2 - 7 | 国家卫生健康委办公厅、国家中医药管理局办公室 | 《关于推荐在中西医结合救治新型冠状病毒感染的肺炎中使用"清肺排毒汤"的通知》 |
| 217 | 2020 - 2 - 7 | 人力资源和社会保障部办公厅 | 《关于切实做好新型冠状病毒感染的肺炎疫情防控期间高校毕业生"三支一扶"计划有关工作的通知》 |

| 序号 | 发布时间 | 发布部门 | 文件名 |
|---|---|---|---|
| 218 | 2020 - 2 - 7 | 国家卫生健康委办公厅 | 《新型冠状病毒肺炎防控方案（第四版)》 |
| 219 | 2020 - 2 - 8 | 国家发展改革委办公厅 | 《关于积极应对疫情创新做好招投标工作保障经济平稳运行的通知》 |
| 220 | 2020 - 2 - 8 | 国家卫生健康委办公厅、国家中医药管理局办公室 | 《关于印发新型冠状病毒肺炎诊疗方案（试行第五版 修正版）的通知》 |
| 221 | 2020 - 2 - 8 | 国家卫生健康委最高人民法院、最高人民检察院、公安部 | 《关于做好新型冠状病毒肺炎疫情防控期间保障医务人员安全维护良好医疗秩序的通知》 |
| 222 | 2020 - 2 - 12 | 国家卫生健康委办公厅、国家中医药管理局办公室 | 《关于加强新冠肺炎首诊隔离点医疗管理工作的通知》 |
| 223 | 2020 - 2 - 12 | 国家卫生健康委 | 《关于在新型冠状病毒肺炎等传染病防治工作中建立健全中西医协作机制的通知》 |
| 224 | 2020 - 2 - 13 | 国家卫生健康委办公厅 | 《关于做好新型冠状病毒感染的肺炎疫情防控中放射诊疗安全监管服务保障工作的通知》 |
| 225 | 2020 - 2 - 13 | 国家卫生健康委、国家医疗保障局 | 《新型冠状病毒感染相关 ICD 代码》 |
| 226 | 2020 - 2 - 14 | 国家医疗保障局 | 《2020 年医疗保障工作要点》 |
| 227 | 2020 - 2 - 15 | 国家卫生健康委、国家中医药管理局 | 《关于进一步加强社会办医管理做好新冠肺炎疫情防控工作的通知》 |
| 228 | 2020 - 2 - 17 | 国家卫生健康委办公厅 | 《关于加强疫情期间医疗服务管理满足群众基本就医需求的通知》 |
| 229 | 2020 - 2 - 17 | 国务院应对新型冠状病毒肺炎疫情联防联控机制综合组 | 《新型冠状病毒肺炎疫情防控期间养老机构老年人就医指南》 |
| 230 | 2020 - 2 - 18 | 国家医疗保障局 | 《〈全国医疗保障经办政务服务事项清单〉公开征求意见》 |
| 231 | 2020 - 2 - 18 | 国务院应对新型冠状病毒肺炎疫情联防联控机制综合组 | 《关于进一步做好医养结合机构新冠肺炎疫情防控工作的通知》 |
| 232 | 2020 - 2 - 19 | 国家卫生健康委、中国红十字总会办公室 | 《关于做好新冠肺炎康复者捐献恢复期血浆招募动员服务工作的通知》 |

续　表

| 序号 | 发布时间 | 发布部门 | 文件名 |
|---|---|---|---|
| 233 | 2020－2－19 | 国家卫生健康委办公厅 | 《关于做好新型冠状病毒肺炎出院患者跟踪随访工作的通知》 |
| 234 | 2020－2－19 | 国家卫生健康委办公厅 | 《关于进一步加强疫情防控期间医务人员防护工作的通知》 |
| 235 | 2020－2－19 | 国家卫生健康委办公厅、国家中医药管理局办公室 | 《新型冠状病毒肺炎诊疗方案（试行第六版)》 |
| 236 | 2020－2－20 | 市场监管总局、国家药品监督管理局、国家知识产权局 | 《市场监管总局 国家药品监督管理局 国家知识产权局支持复工复产十条》 |
| 237 | 2020－2－21 | 国家医疗保障局、财政部、税务总局 | 《关于阶段性减征职工基本医疗保险费的指导意见》 |
| 238 | 2020－2－21 | 国家卫生健康委办公厅 | 《新型冠状病毒肺炎防控方案（第五版)》 |
| 239 | 2020－2－23 | 全国爱卫会办公室 | 《关于深入开展爱国卫生运动做好新冠肺炎疫情防控工作的通知》 |
| 240 | 2020－2－24 | 国务院应对新型冠状病毒肺炎疫情联防联控机制科研攻关组 | 《关于规范医疗机构开展新型冠状病毒肺炎药物治疗临床研究的通知》 |
| 241 | 2020－2－24 | 国家卫生健康委办公厅 | 《新冠肺炎疫情期间医务人员防护技术指南（试行)》 |
| 242 | 2020－2－25 | 国家卫生健康委基层司 | 《基层医疗卫生机构在新冠肺炎疫情防控期间为老年人慢性病患者提供医疗卫生服务指南（试行)》 |
| 243 | 2020－2－26 | 国家卫生健康委办公厅、国家中医药管理局办公室 | 《加强医疗机构药事管理促进合理用药的意见》 |
| 244 | 2020－2－26 | 国家卫生健康委办公厅、国家中医药管理局办公室 | 《新型冠状病毒肺炎重型、危重型病例诊疗方案（试行 第二版)》 |
| 245 | 2020－2－26 | 国务院应对新型冠状病毒肺炎疫情联防联控机制综合组 | 《关于开展线上服务进一步加强湖北疫情防控工作的通知》 |
| 246 | 2020－2－26 | 国务院应对新型冠状病毒肺炎疫情联防联控机制综合组 | 《关于切实做好新冠肺炎聚集性疫情防控工作的紧急通知》 |

| 序号 | 发布时间 | 发布部门 | 文件名 |
|---|---|---|---|
| 247 | 2020 – 2 – 27 | 国家卫生健康委办公厅 | 《关于进一步落实科学防治精准施策分区分级要求做好疫情期间医疗服务管理工作的通知》 |
| 248 | 2020 – 2 – 28 | 国家医疗保障局、人力资源和社会保障部 | 《关于调整规范〈国家基本医疗保险、工伤保险和生育保险药品目录〉部分药品名称等的通知》 |
| 249 | 2020 – 2 – 28 | 国家医疗保障局办公室 | 《关于全面推广应用医保电子凭证的通知》 |
| 250 | 2020 – 2 – 28 | 国家卫生健康委办公厅、国家中医药管理局办公室 | 《关于调整试用磷酸氯喹治疗新冠肺炎用法用量的通知》 |
| 251 | 2020 – 3 – 1 | 国家卫生健康委办公厅 | 《新冠肺炎重型、危重型患者护理规范》 |
| 252 | 2020 – 3 – 2 | 国家药品监督管理局综合司 | 《公开征求〈药品委托生产质量协议指南（征求意见稿）〉〈药品委托生产质量协议参考模板（征求意见稿）〉意见》 |
| 253 | 2020 – 2 – 25 | 国家药品监督管理局综合司 | 《公开征求〈药品上市许可持有人检查工作程序（征求意见稿）〉〈药品上市许可持有人检查要点（征求意见稿）〉意见》 |
| 254 | 2020 – 3 – 3 | 国家医疗保障局、国家卫生健康委 | 《关于推进新冠肺炎疫情防控期间开展"互联网＋"医保服务的指导意见》 |
| 255 | 2020 – 3 – 2 | 国家医疗保障局 | 《关于医保药品分类与代码数据（第二批公布）》 |
| 256 | 2020 – 3 – 2 | 国家卫生健康委办公厅 | 《关于基层医疗卫生机构在新冠肺炎疫情防控中分类精准做好工作的通知》 |
| 257 | 2020 – 3 – 4 | 国家卫生健康委办公厅 | 《新冠肺炎出院患者康复方案（试行）》 |
| 258 | 2020 – 3 – 4 | 国家卫生健康委办公厅、中央军委后勤保障部卫生局 | 《新冠肺炎康复者恢复期血浆临床治疗方案（试行第二版）》 |
| 259 | 2020 – 3 – 3 | 国家卫生健康委办公厅、国家中医药管理局办公室 | 《新型冠状病毒肺炎诊疗方案（试行第七版)》 |
| 260 | 2020 – 3 – 5 | 中共中央、国务院 | 《关于深化医疗保障制度改革的意见》 |
| 261 | 2020 – 3 – 5 | 民政部办公厅、中央网信办秘书局、工业和信息化部办公厅、国家卫生健康委办公厅 | 《新冠肺炎疫情社区防控工作信息化建设和应用指引》 |

| 序号 | 发布时间 | 发布部门 | 文件名 |
|---|---|---|---|
| 262 | 2020 - 3 - 6 | 国家药品监督管理局 | 《关于省级中药材标准和饮片炮制规范中标准物质有关事宜的通知》 |
| 263 | 2020 - 3 - 7 | 中央应对新型冠状病毒感染肺炎疫情工作领导小组 | 《关于进一步做好疫情防控期间困难群众兜底保障工作的通知》 |
| 264 | 2020 - 3 - 7 | 国家卫生健康委办公厅 | 《关于加强企业复工复产期间疫情防控指导工作的通知》 |
| 265 | 2020 - 3 - 7 | 国家卫生健康委办公厅 | 《新型冠状病毒肺炎防控方案（第六版）》 |
| 266 | 2020 - 3 - 6 | 国家药品监督管理局 | 《关于发布〈药品上市许可持有人和生产企业追溯基本数据集〉等 5 项信息化标准的公告》（2020 年第 26 号） |
| 267 | 2020 - 3 - 11 | 国家药品监督管理局食品药品审核查验中心 | 《关于化药仿制药质量和疗效一致性评价注册申请开展药学研制和生产现场检查有关事项的通告》（2020 年第 4 号） |
| 268 | 2020 - 3 - 13 | 国家卫生健康委办公厅 | 《关于进一步加强疫情期间医疗机构感染防控工作的通知》 |
| 269 | 2020 - 3 - 13 | 国家卫生健康委办公厅 | 《新冠肺炎出院患者健康管理方案（试行）》 |
| 270 | 2020 - 1 - 22 | 国家市场监督管理总局 | 《药品注册管理办法》 |
| 271 | 2020 - 1 - 22 | 国家市场监督管理总局 | 《药品生产监督管理办法》 |
| 272 | 2020 - 4 - 3 | 国家药品监督管理局综合司 | 《关于做好疫情防控期间药品出口监督管理的通知》 |
| 273 | 2020 - 4 - 3 | 国家医疗保障局、外交部、财政部、国家卫生健康委 | 《关于外籍新冠肺炎患者医疗费用支付有关问题的通知》 |
| 274 | 2019 - 9 - 6 | 国家医疗保障局网络安全和信息化领导小组办公室 | 《关于印发〈医疗保障信息平台云计算平台规范〉等三部标准的通知》 |
| 275 | 2020 - 4 - 24 | 国家医疗保障局 | 《国家医疗保障局行政执法事项清单（2020 年版）》 |

| 序号 | 发布时间 | 发布部门 | 文件名 |
|------|----------|----------|--------|
| 276 | 2020-4-23 | 国家药品监督管理局综合司 | 《关于医疗机构委托配制中药制剂法律适用有关问题的复函》 |
| 277 | 2020-4-24 | 国家医疗保障局办公室 | 《医疗保障基金结算清单填写规范》 |
| 278 | 2020-4-30 | 国家医疗保障局 | 《全国医疗保障经办政务服务事项清单》 |
| 279 | 2020-5-20 | 国家医疗保障局办公室、财政部办公厅、国家卫生健康委办公厅、国家税务总局办公厅、国务院扶贫办综合司 | 《关于高质量打赢医疗保障脱贫攻坚战的通知》 |

## 二、各地异地设仓政策一览

附表 2　　　　　　　　　　　各地异地设仓政策一览

| 序号 | 地区 | 发布时间 | 文件 | 相关内容 |
|------|------|----------|------|----------|
| 1 | 福建 | 2016 年 5 月 | 《福建省食品药品监督管理局关于药品批发企业异地设置仓库许可标准的通知》 | 允许省内外药品生产企业委托具有第三方药品物流资质企业储存、配送其生产的药品。委托关系经确认后，委托企业可不再设立仓库。新申请开办的药品批发企业应按规定设立药品仓库，不得委托第三方药品物流企业储存、配送其经营的药品 |
| 2 | 湖北 | 2016 年 | 《关于加强对跨区域设置仓库药品批发企业监管的通知》 | 药品上市许可持有人、药品生产企业可异地设立药品储存配送仓，但仅限于自有药品储存配送。申请跨区域变更仓库地址或新增仓库的药品批发企业，应符合新开办药品批发企业仓库设置条件，满足异地设库药品远程监管的要求，经企业注册所在地和仓库所在地的监管部门同意，并向省局提出申请 |
| 3 | 湖南 | 2015 年 3 月 | 《湖南省食品药品监督管理局关于鼓励开展第三方药品物流配送的通知》 | 第三方药品物流企业因业务需要，经省局批准可异地设置区域性药品仓库；异地设立的区域性药品仓库应当符合《药品经营质量管理规范》的规定，且必须与企业药品物流中心统一质量控制、统一管理制度、统一计算机系统，具备接受所在地食品药品监管部门电子监管的条件。申请开展第三方药品物流的药品批发企 |

续　表

| 序号 | 地区 | 发布时间 | 文件 | 相关内容 |
|---|---|---|---|---|
| 3 | 湖南 | 2015 年 3 月 | 《湖南省食品药品监督管理局关于鼓励开展第三方药品物流配送的通知》 | 业，应填报《开展第三方药品物流业务申请书》，经所在地市级食品药品监督管理局审核同意后，向省局提出申请，并提交有关资料。经省局现场检查符合要求的，发放《同意开展第三方药品物流业务确认件》，方可开展第三方药品物流业务。第三方药品物流企业开展三方物流业务范围及期限不得超出企业经营范围和许可认证证书有效期 |
| 4 | 四川 | 2017 年 4 月 | 《关于在四川省公立医疗机构药品采购中推行"两票制"实施方案（试行）的通知》《关于全面推进医疗器械第三方物流发展的意见（试行）》 | 允许药品流通企业异地建仓，在省域内跨地区使用本企业符合条件的药品仓库。鼓励并支持开展县、乡、村一体化配送 |
| 5 | 云南 | 2016 年 6 月 | 《关于开展药品生产企业异地设置药品仓库试点工作的通知》《云南省食品药品监督管理局关于药品批发企业代储代配服务有关事项通知（征求意见稿）》 | 允许省外药品生产企业在我省异地设置中转仓库或委托省局确认的具有代储代配服务能力的药品批发企业开展代储代配业务。本省药品生产企业可以异地建立药品中转仓库；或委托省局确认的具有代储代配服务能力的药品批发企业开展代储代配业务；允许省外药品生产企业在我省异地设置中转仓库或委托省局确认的具有代储代配服务能力的药品批发企业开展代储代配业务；委托方与被委托方应属同一行政区域，不得跨州、市进行委托 |
| 6 | 宁夏 | 2018 年 3 月 | 《关于支持药品经营企业转型发展的指导意见》 | 支持药品批发企业异地设库；委托与受托。医疗器械第三方物流受托方、委托方企业应规范开展经营业务，受托方、委托方企业双方应签订包含委托贮存、配送产品的范围、委托期限、数据信息管理及维护等内容的合同和质量保证协议，且附有"委托贮存配送产品目录"，明确质量责任及双方的权利义务，确保医疗器械质量安全；委托方应在委托合同签订之日起 10 日内，将委托合同及委托贮存配送产品目录在当地市场监管部门备案；委托贮存、配送的范围及委托期限不得超出受托方和委托方的经营（生产）范围和许可证书有效期，受托方不得 |

| 序号 | 地区 | 发布时间 | 文件 | 相关内容 |
|---|---|---|---|---|
| 6 | 宁夏 | 2018 年 3 月 | 《关于支持药品经营企业转型发展的指导意见》 | 进行二次委托；委托方将所有经营医疗器械全部予以委托的，可不单独设库房。支持企业委托贮存配送药品。支持药品批发企业、药品零售连锁企业将药品贮存配送业务（特殊管理药品除外）委托给区内符合《药品经营质量管理规范》（GSP）的药品批发企业。药品零售连锁企业可不设仓库，其采购的药品可委托 1~2 家药品批发企业承担贮存和连锁门店的配送业务，也可根据跨区域设立的门店需要，委托连锁门店所在地的 1 家药品批发企业承担贮存和连锁门店的配送业务。委托贮存配送业务开展前，委托方应对被委托企业贮存配送能力进行审计，符合要求的，双方签订药品委托贮存配送协议，明确配送区域、品种、期限及双方应当承担的法律责任等，并将审计报告、委托协议、委托贮存配送区域、品种等相关信息报送自治区食品药品监管局及双方企业所在地市级食品药品监管部门备案，并严格落实药品追溯责任。委托方应加强对受托方履行合同约定的管理，发现受托方存在严重违反 GSP 等规定或其他违法违规情况的，应终止委托贮存配送协议 |
| 7 | 广东 | 2017 年 9 月 | 《广东省药品现代物流技术指南（试行）》《广东省食品药品监督管理局医疗器械经营企业提供贮存、配送服务技术规定》《广东省食品药品监督管理局疫苗储存和运输监督管理办法》《广东省食品药品监督管理局关于征求〈广东省药品委托储存配送管理办法（试行）〉（征求意见稿）意见的通告》 | 药品仓储作业区域应设置与药品物流规模相适应的、符合药品储存要求的专用常温库、阴凉库和冷库（受委托开展疫苗储存、配送业务的企业应设置独立疫苗冷库），并具备收货待验、储存、分拣、集货、发货等场所，不合格药品、退货药品应设置专用的隔离存放场所。自营医疗器械应当与受托的医疗器械分开存放，不同委托方的医疗器械应当分开存放。受委托配送企业应建立疫苗入库、储存、养护、出库复核、销后退回、储运温湿度监测等记录，并保存至超过疫苗有效期 2 年备查 |

| 序号 | 地区 | 发布时间 | 文件 | 相关内容 |
|---|---|---|---|---|
| 8 | 广西 | 2010 年 6 月、2018 年 1 月 | 《药品批发企业现代物流系统设置条件（试行）》《广西壮族自治区食品药品监督管理局关于促进药品现代物流发展的意见》 | 优先支持异地设库或建设区域性药品物流配送中心 |
| 9 | 辽宁 | 2017 年 8 月 | 《关于加快药品现代物流发展的实施意见（征求意见稿)》 | 多仓协同配送：企业总部设在省内的药品现代物流企业，可使用其位于省内全资（控股）子公司仓库，开展多仓协同药品储存配送业务 |
| 10 | 陕西 | 2018 年 4 月 | 《陕西省食品药品监督管理局关于促进药品流通行业转型升级创新发展的意见（征求意见稿)》 | 鼓励具备现代物流条件的药品批发企业在本集团内企业（全资或控股子公司）实施多仓协同配送，参与协同配送的仓库数不作限制。鼓励药品批发企业异地设立仓库，对实施异地设仓的企业类别、规模不作特殊要求。委托双方在本省范围内，委托方为药品批发企业或药品生产企业销售本厂产品时，双方按照有关要求填报《药品委托储存、配送备案表》后，由委托方向省局提出申请，经省局审核确认后送委托方所在市（区）局备案 |
| 11 | 安徽 | 2018 年 12 月 | 《安徽省药品监督管理局进一步优化药品批发企业行政审批服务实施办法（征求意见稿)》 | 省内外药品生产和药品批发企业跨区域开展药品委托储存配送业务（特殊管理药品除外）的，应向省食品药品监管部门提交符合以下要求的材料：①委托、被委托药品储存配送信息报告表；②委托双方签订的《药品委托储存配送协议》及质量保证协议；③委托方对被委托方履行储存配送能力的审计报告；④委托双方建立实现收货、验收、储存养护、配送指令发送和接收的电子数据实时传递交换系统说明材料；⑤委托药品储存配送所使用的出库（配送）单式样（注明委托单位名称）；⑥委托储存配送的药品不得超出被委托企业药品经营范围，并实行专库（区）管理（仓储管理系统自动配置货位除外）。省食品药品监管部门在其官方网 |

| 序号 | 地区 | 发布时间 | 文件 | 相关内容 |
|---|---|---|---|---|
| 11 | 安徽 | 2018 年 12 月 | 《安徽省药品监督管理局进一步优化药品批发企业行政审批服务实施办法（征求意见稿）》 | 站对委托、被委托储存配送信息进行公示，涉及省外药品生产、经营企业的，定期将委托储存配送情况书面通报相关省食品药品监管部门 |
| 12 | 天津 | 2018 年 9 月 | 《关于进一步加快本市药品现代物流发展的有关意见（征求意见稿）》 | 具备药品现代物流条件的药品批发企业可在原仓库地址外异地新增药品仓库（包括新建、租用），异地设立仓库应为独立库区，仓库面积不得小于 2000 平方米，应按照 GSP 要求设置与储存范围、储存规模相适应的设施设备。异地设置仓库只能储存配送药品，不能从事药品经营活动 |
| 13 | 甘肃 | 2017 年 11 月 | 《关于甘肃省公立医疗机构药品采购"两票制"有关问题的通知》 | 支持有条件的药品生产经营企业异地设置仓库，实现多仓协同，完善企业的药品物流配送网络，保障药品流通质量和供应 |
| 14 | 江西 | 2018 年 4 月 | 《2018 年江西省药品流通监管工作要点》 | 研究加快推进药品流通创新发展的意见，适时出台批零一体、异地设仓、多仓协作、首营资料电子化等政策措施，降低企业成本，激发市场主体的活力和创新能力，鼓励和促进药品经营企业兼并重组，鼓励零售企业开展连锁经营，鼓励小型药品批发企业走专业化配送道路 |
| 15 | 江苏 | 2017 年 11 月 | 《省政府办公厅关于进一步改革完善药品生产流通使用政策的实施意见》 | 支持药品现代物流企业异地设库，扩大配送范围。接受境外委托在本省行政区域内加工出口药品的企业，应当获得《药品生产许可证》和与受委托加工药品相适应的《药品生产质量管理规范》认证证书。药品生产企业应当在签订委托加工合作后三十日内，向省药品监督管理部门备案 |
| 16 | 河北 | 2017 年 8 月 | 《河北省药品现代物流企业开展药品委托储存配送有关要求》 | 药品生产、批发、零售连锁企业委托储存、配送的申请，由受托企业将委托双方资料申报省局，符合条件的，由省局挂网公示，委托方将委托情况报所在地市局。经批准委托的省内药品批发企业要及时办理《药品经营许可证》仓库地址的变更，除自设特殊药品仓库外，不得另设仓库 |

| 序号 | 地区 | 发布时间 | 文件 | 相关内容 |
|------|------|----------|------|----------|
| 17 | 上海 | 2015 年 6 月 | 《委托、被委托储存、配送药品以及从事第三方药品物流业务的申请须知》，《关于深化"放管服"改革优化行政审批的实施意见》 | 支持药品流通企业跨区域多仓协同、异地设库等经营管理方式，探索实施跨省区市联合监管。疫苗生产企业在本市范围内开展委托配送疫苗业务的，应当将所委托的本市配送企业情况向上海市食品药品监督管理局报告 |
| 18 | 山东 | 2015 年 1 月 | 《山东省食品药品监督管理局关于促进药品现代物流发展的通知》 | 在已允许药品生产企业及外省药品批发企业将药品储存、配送业务委托给药品现代物流企业的基础上，将试点范围扩大到我省药品批发企业，允许其将药品储存、配送业务委托给本地具有开展药品现代物流业务资格的药品批发企业。原则上委托方应将经营范围内所有药品的储存、配送业务全部委托给被委托方，不得多头委托，不得单项或选项委托。特殊管理的药品、疫苗，诊断试剂专营企业不得委托储存、配送。委托储存、配送期间，委托方药品经营许可证中仓库地址变更为被委托方仓库地址。如终止委托储存、配送，委托方应按新开办标准办理仓库变更手续并重新申请 GSP 认证 |
| 19 | 贵州 | 2017 年 4 月 | 《对〈关于药品经营企业药品委托储存配送和 GSP 认证等有关问题的工作意见〉的解读》 | 委托和被委托企业在同一地区的（同一市或州），由市（州）局按程序审核批准，报省局备案；委托和被委托企业跨市（州）的，委托储存、配送的企业先将申请材料报所在地市（州）食品药品监督管理局审核，再和被委托储存、配送的企业向省食品药品监督管理局申请，经省局现场检查和审核符合要求后批准执行。允许其接受已持有许可证的药品企业委托进行药品的储存、配送服务业务。委托和被委托的药品批发企业要向省级药品监督管理部门申请。跨辖区申请委托的，委托企业和被委托企业均要向被委托企业所在地省级药品监督管理部门申请，并向委托企业所在地省级药品监督管理部门备案。委托储存、配送的药品范围 |

| 序号 | 地区 | 发布时间 | 文件 | 相关内容 |
|------|------|---------|------|---------|
| 19 | 贵州 | 2017 年 4 月 | 《对〈关于药品经营企业药品委托储存配送和 GSP 认证等有关问题的工作意见〉的解读》 | 要与委托企业的经营范围相一致。接受委托的药品经营企业必须具备委托储存、配送药品特性要求的储存、配送条件。双方应签订有效的合同，合同应包括委托储存、配送药品的范围，质量责任，委托期限等内容 |
| 20 | 西藏 | 2017 年 12 月 | 《西藏自治区食品药品监督管理局关于明确药品现代物流条件的通知》 | 具备以上药品现代物流条件的药品批发企业，可以接收药品委托储存和配送业务 |
| 21 | 重庆 | 2018 年 1 月 | 《关于药品批发企业和药品零售连锁企业跨区县设置药品仓库有关事宜的通知》 | 跨区县设置药品仓库的药品批发企业、药品零售连锁企业涉及变更仓库地址的，应按照药品经营许可和认证的有关要求进行变更 |
| 22 | 河南（已禁止） | 2017 年 6 月 | 《河南省食品药品监督管理局关于改革完善药品生产流通使用政策》《推动医药产业健康发展的意见》《河南省食品药品监督管理局关于〈停止单体法人药品批发企业开展设立全资分公司〉（非法人企业）试点工作的通知》 | 推动药品流通企业转型升级，加快形成以大型骨干企业为主体、中小型企业为补充的城乡药品流通网络，推动药品流通产业集约化、规模化发展 |

## 三、中物联医药物流分会部分会员企业抗疫事迹

附表 3　　　　中物联医药物流分会部分会员企业抗疫事迹

| 序　号 | 公司名称 | 抗疫事迹 |
|--------|---------|---------|
| 1 | 山东海王 | ①保障全省各级医疗机构 20 多亿元医药物资的正常供应，为抗疫一线做好保障工作；②先后完成部队物资紧急调运及保障任务三次，累计为医疗前线捐赠总价值 800 多万元的医用物资，包括抗病毒和抗感染类药品、医疗器械、医用防护用品、消杀用品、提高免疫力产品 |
| 2 | 易速冷链 | ①多次无偿配送，全力助力冷链药品驰援武汉，打开"生命物流通道"；②承担运输任务，将救援药品安全运抵武汉 |

| 序 号 | 公司名称 | 抗疫事迹 |
|---|---|---|
| 3 | 德利得供应链 | 面向全国提供全面的物流与医疗设备就位、安装服务，确保每一套设备安全、准时安装完成 |
| 4 | 中健云康 | 协助华大基因向全国各地运输新型冠状病毒检测试剂盒200多批次，配送范围涉及31个省（自治区、直辖市）近百家机构 |
| 5 | 人福医药集团 | 坚守在疫情防控的第一线，全力以赴支援防疫物资 |
| 6 | 福建栢合冷链仓储有限管理公司 | ①放弃春节休假，24小时待命，确保疫情防控药品和医疗器械保障储运工作的落实；<br>②将泰国曼谷东盟健康产业发展促进总会购买的10万个普通口罩送到秀屿，并将1吨次氯酸钠溶液从莆田市急救中心北岸急救分站转运至秀屿区疾病预防控制中心 |
| 7 | 湖北益丰大药房 | ①紧急向各个渠道采购和筹集口罩、酒精、消毒液、体温计等物资，并向疫情严重的地区重点投放；<br>②在武汉市封城、机动车限行的情况下，益丰仍有400多家门店坚持营业，仍有1942名员工全部投入一线 |
| 8 | 陕西天士力医药物流有限公司 | ①大年初三，第三方客户急需应急药品一批，公司从上游接货，仓储部入库、开票、出库，再到出车，仅用时40分钟；<br>②大年初五和初六，发货部值班司机驱车200多公里帮客户提货；<br>③2月2日，搭载着200件急救药品的货车，从陕西咸阳出发，驶向江西抚州，全程1400多公里，昼夜不停；<br>④2月3日，前往甘肃省庆阳市镇原县捐赠价值17万元的药品 |
| 9 | 中集冷云 | 北上广＋武汉，四地联动的应急保障方案，明确春节期间在公共条件允许的情况下，全力保障业务运营；保证冷库不停运转；保障节假日期间，每个分公司"驾驶员＋操作员"配置7×24小时待命，全力保障对症药物的运输；武汉分公司全力配合所有药品和试剂的发运和派送，优先保障与疫情相关的药品取派 |
| 10 | 奥铃 | ①设立专项救援基金1000万元给为疫情奔走的卡车司机；<br>②郑重承诺自正月初五12时起，凡是为疫情服务的中轻卡，无论任何品牌，都将免费享受奥铃"救援服务3小时达"服务。1月29日至2月5日期间，奥铃不分品牌，免费救援共65起，其中奥铃品牌救援48起，其他品牌救援17起，赢得业内好评 |
| 11 | 苏鲁海王 | ①保障了公司所在地全市医疗机构的抗击疫情用药；<br>②为医疗机构保障疫情，供应相关药品及医疗器械价值约1.2亿元，其他药品价值约1.8亿元，共计3亿多元 |

| 序 号 | 公司名称 | 抗疫事迹 |
|---|---|---|
| 12 | 佳怡集团 | ①开通了向武汉运输救援物资的绿色通道，接受地方政府、公益组织、医疗机构、企事业单位等有组织的救援团体对武汉地区的援助物资运输配送需求；<br>②接受共青团山东省委员会、山东省青年联合会委托完成从韩国进口的5万只口罩运输，2月4日佳怡集团接到由共青团捐助山东省赴武汉医疗队的1万只口罩和50套防护服紧急安排相关配送任务 |
| 13 | 嘉事堂 | ①带领一线员工连续加班苦干；<br>②春节起到疫情得以控制期间，员工没休过一天假，有力保障各级政府和医疗机构的药品物资供应，受到北京市相关单位的一致好评 |
| 14 | 华润医药 | 华润医药向湖北地区累计运送防疫药品价值约1.28亿元，防疫医疗器械累计269万件，其中各类口罩173万个、防护服175件，医用远红外温度计3453个，消杀用品及各类手套鞋套共计95万个 |
| 15 | 上海康展医药物流公司 | ①主动扛起前线医疗物资的运输责任，尽快恢复运输体系，利用航空、铁路等多渠道开展物品配送任务；<br>②在全国范围内向湖北发送应急物资将近200吨，总共33个车次；其中武汉市有12个车次，物资近100吨，包括一次性口罩、N95口罩、消毒水、防护服、消毒液；运输新型冠状病毒检测试剂盒 |
| 16 | 医链互通 | ①携手中国外运利用空运通道资源优势，开通国际医疗物资海外直提空运通道（贸易）；<br>②医链互通和中国外运充分协调业内物流资源进行积极对接，保障各个捐赠回国的物流环节，为海外华人的爱心捐赠开辟了一条顺畅的绿色通道 |
| 17 | 美菱生物医疗 | ①成立雷神山医院设备安装保障小组；<br>②从紧急调配、运输、安装、调试，到培训支持，力争第一时间驰援医护人员的抗疫战斗，全力保障了雷神山医院如期交付使用 |
| 18 | 京东物流 | ①在疫情核心区武汉的智能配送筹备工作；<br>②实现智能配送常态化 |
| 19 | 顺丰医药 | ①主动为天津微医互联网医院、海南省人民医院等多家医院，提供互联网医院"着陆"方案——"互联网+医疗"解决方案；<br>②让患者无须往返医院，"零接触"就医，助力居家防控，有效降低了医院交叉感染风险，助力疫情防控 |
| 20 | 鸿裕供应链 | 疫情初期，多个部门深夜主动请战，协同努力，并在次日凌晨与铁路系统对接，联合湖北地区防疫指挥部，后续通过直升机将紧急医疗物资送达十堰地区 |

| 序　号 | 公司名称 | 抗疫事迹 |
|---|---|---|
| 21 | 佳怡供应链企业集团 | 积极驰援湖北，利用自身供应链专业优势，整合资源，规划路线及时高效地将救援物资安全送达所需单位 |
| 22 | 派力肯 | ①将美国所有的适用箱型现货全部供给中国；<br>②使派力肯箱准时交到客户手上，确保测温仪早日在机场、铁路、地铁、医院等重点环境使用 |
| 23 | 郑州红宇专汽公司 | ①应用于重点医院医疗废物转运；<br>②先后向湖北所辖各地级市供应医疗废物转运车 3 辆 |
| 24 | 岛昌医学 | ①上线了"岛昌医学远程教学平台"；<br>②覆盖全国两百余家基层医院的六百多名病理医生 |
| 25 | 扬子江药业集团 | 为抗击疫情加班加点，24 小时待命，保障医用物资及时供应 |
| 26 | 云康健康产业集团有限公司 | 为抗击疫情加班加点，24 小时待命，保障医用物资及时供应 |
| 27 | 浙江星星冷链集成股份有限公司 | 经过协议确定独家捐助建设武汉火神山、雷神山医院餐厅、食堂前厨后厨所需的全部餐食冷链设备（包括不锈钢厨房冰箱、工作台，商用冷冻箱、冷藏展示柜等），以及设备全程配送、安装、服务等，从而为上千病友及医护人员提供安全、卫生的餐食后勤保障 |
| 28 | 凯乐士科技集团 | ①参与九州通组织的救援物资的管理配送工作；<br>②运用专业的物流知识和丰富的物流管理经验，迅速解决了医疗物资的管理和配送等难题 |
| 29 | 盛世华人 | 全国协同联动，所有管理人员进入应急"战备"状态，7×24 小时不间断坚守在岗位上 |
| 30 | 成都西部医药经营有限公司 | 带领购进、销售、物流、后勤员工做好防疫药品的供应，不分部门、工种，全力保障防疫药品供应 |
| 31 | 路凯 | ①启动防疫医疗物资"应急带板"计划；<br>②免费为全国范围内支援新冠肺炎疫情防控物资提供托盘带板支持服务 |
| 32 | 武汉市美乐维低温物流有限公司 | ①成立应急指挥小组，全体成员 7×24 小时待命；全面保障新型冠状病毒检测试剂盒和治疗药品从药厂到达各省公路与航空运输的正常运行；<br>②先后为全国 20 多个省市累计运输 130 多个车次，运输各类冷藏试剂及药品 8 万余件，为疫情的控制提供了物质保障 |

| 序　号 | 公司名称 | 抗疫事迹 |
|---|---|---|
| 33 | 英特物流公司 | ①通宵达旦组织防疫物资配送；<br>②开通药品和医用物资运输绿色通道，400 余人坚守工作岗位，每天安排 50 多个车次进行配送，做到 24 小时全天候保障 |
| 34 | 河南省医药有限公司 | ①为疫情所需药品及防护用品的采购及配送一刻不停；<br>②第一时间安排相关人员到岗上班，投入到疫情防护工作中。保障信阳市的药品供应，准确及时组织货源并实施配送 |
| 35 | 上海择诺物流有限公司 | ①全力做好配送工作；<br>②先后为全国各省市累计运输 80 多个车次，各类诊断医疗设备及诊断试剂 2 万余件 |
| 36 | 上海济和物流有限公司 | ①日常必需药品的安全运输，确保各医院药品储备量充足；<br>②累计发车 120 多个车次，各种药品累计 6 万多件，满足了上百家医院的用药需求 |
| 37 | 漱玉平民大药房 | 7 天入库商品 80 万盒，原库存 50 万盒，相关防疫产品配送 130 万盒，配送 330 多个车次，其中配送口罩 350 万个、84 消毒液近 7 万瓶、连花清瘟胶囊 30 万盒 |
| 38 | 中集冷云 | ①保障医用物资的全程冷链运输；<br>②将一批 10 万人份的新型冠状病毒检测试剂盒和配套医疗设备从广州发往武汉 |
| 39 | 华东医药供应链温州有限公司 | ①做好疫情防控相关物资的运输配送工作；<br>②主动担当应急配送，研究制订周密的运输方案，及时、精准供应口罩 170 万个，防护服 8 万套，还进行了消毒液、手术服、手套等约 1000 万元的物资采购 |
| 40 | 华东医药供应链 | 为抗击疫情加班加点，24 小时待命，保障医用物资及时供应 |
| 41 | 湘易康（尔康制药旗下原料药生产基地）、华北制药、云南省医药有限公司 | 为抗击疫情加班加点，24 小时待命，保障医用物资及时供应 |
| 42 | 圣华国际物流 | 整合全国物流资源，以最快的速度将镇咳类药品配送至云南、江西、广东等地，及时为一线的医务人员提供了有利的战"疫"武器 |

续　表

| 序　号 | 公司名称 | 抗疫事迹 |
|---|---|---|
| 43 | 科伦集团 | 开辟援鄂医疗队物资运输绿色通道，帮助全国 51 个医疗队运输紧缺防护物资 69 次 |
| 44 | 康链聚合 | 共计发车 70 个车次，累计 500 吨医疗物资驰援湖北地区 |
| 45 | 哈药集团 | 与位于武汉的战略合作伙伴九州通联手，捐赠价值 1000 万元的药品 |
| 46 | 赛诺菲 | ①通过中国红十字基金会捐赠价值 50 万元的病毒采样咽拭子；<br>②向中国红十字基金会捐赠抗疫资金 100 万元 |
| 47 | 人福医药集团 | 捐赠 120 台呼吸机和 2000 件抗病毒口服液，共价值 1000 万元 |
| 48 | 瑞康医药集团 | 向军委联勤保障部队指定医院捐赠价值 500 万元的医疗设备及诊断试剂 |
| 49 | 湖北益丰大药房 | 向武汉市蔡甸区红十字基金会捐赠 3 万个医用防护面罩，价值 60 万元 |
| 50 | 开利公司 | 向中国妇女发展基金会和中国友好和平发展基金会共捐赠抗疫资金 300 万元 |
| 51 | 富力集团 | 将 2000 万元赠予中国青少年发展基金会与广州市慈善会 |
| 52 | 海王集团 | ①为驰援抗疫第一线积极捐赠防护物资、抗疫药品、保健品等；<br>②捐赠总价值近 8000 万元的物资 |
| 53 | 美菱生物医疗 | 捐赠总价值 107 万元的医疗设备物资 |
| 54 | 复星 | ①通过复星基金会联合中国光彩事业基金会、中欧国际工商学院校友总会联合助力抗疫；<br>②将全球紧急采购的 5000 件胶条防护服、1 万个 N95 口罩、30 台医用无创呼吸机和 1 辆负压救护车等医疗物资运抵武汉雷神山医院 |
| 55 | 广东深华药业有限公司 | 捐赠总价值为 100 万元的防疫物资及药品 |
| 56 | 百洋医药 | ①联合上海慈善基金会唯爱天使基金捐赠价值 500 万元的防疫物资；<br>②向医疗机构捐赠了酒精、手套等用品，关爱一线医务工作者子女 |
| 57 | 正大天晴集团 | ①分别向湖北省红十字基金会、南京市红十字基金会、江苏省红十字基金会捐赠物资与资金；<br>②将价值 50 万元的 N95 口罩用航空速运，后追加捐赠价值 100 万元的抗感染药品和呼吸系统用药；<br>③捐赠人民币 100 万元 |
| 58 | 永恒力德国总部 | 快递 2000 个 FTPP2 标准的口罩（相当于符合 N95 标准）到中国，提供给在华员工使用 |
| 59 | 厦门美好医药 | 为武汉捐赠价值 200 多万元的物资 |

## 四、2015—2018 年医药批发百强企业经营情况

附表 4 　　　　**2015—2018 年医药批发百强企业经营情况** 　　单位：万元

| 2018 年排名 | 公司名称 | 2015 年 | 2016 年 | 2017 年 | 2018 年 |
|---|---|---|---|---|---|
| 1 | 中国医药集团有限公司 | 27764535 | 29880975 | 32143897 | 36092202 |
| 2 | 上海医药集团股份有限公司 | 9851200 | 11377099 | 12178954 | 14664664 |
| 3 | 华润医药商业集团有限公司 | 9881430 | 11459337 | 12640246 | 13205811 |
| 4 | 九州通医药集团股份有限公司 | 4958925 | 6155684 | 7372645 | 8695670 |
| 5 | 广州医药有限公司 | 3232696 | 3628497 | 3839291 | 3982426 |
| 6 | 山东海王银河医药有限公司 | 959645 | 1128205 | 1300106 | 3697620 |
| 7 | 山东瑞康医药股份有限公司 | 974553 | 1562994 | 2059221 | 3378216 |
| 8 | 南京医药股份有限公司 | 2472294 | 2662436 | 2738438 | 3119844 |
| 9 | 中国医药健康产业股份有限公司 | 2057023 | 2573999 | 3010396 | 3100604 |
| 10 | 华东医药股份有限公司 | 2172738 | 2537967 | 2783182 | 3066337 |
| 11 | 安徽华源医药集团股份有限公司 | 1767893 | 2096004 | 2022620 | 2664235 |
| 12 | 重药控股股份有限公司 | — | — | — | 2569316 |
| 13 | 浙江英特集团股份有限公司 | 1543072 | 1722086 | 1886421 | 2043149 |
| 14 | 嘉事堂药业股份有限公司 | 823724 | 1090401 | 1415696 | 1788348 |
| 15 | 云南省医药有限公司 | 1226000 | 1349000 | 1449400 | 1633900 |
| 16 | 四川科伦医药贸易有限公司 | 1554893 | 1581791 | 1593472 | 1358948 |
| 17 | 石药集团河北中诚医药有限公司 | 824115 | 964509 | 1153210 | 1302822 |
| 18 | 中国北京同仁堂（集团）有限责任公司 | 904356 | 989934 | 1123541 | 1191261 |
| 19 | 天津天士力医药营销集团股份有限公司 | 1324800 | 1348934 | 982655 | 1164655 |
| 20 | 鹭燕医药股份有限公司 | 658564 | 700097 | 832747 | 1148541 |
| 21 | 广西柳州医药股份有限公司 | 650106 | 755073 | 923254 | 1062838 |
| 22 | 回音必集团有限公司 | 241391 | 239719 | 530522 | 968711 |
| 23 | 江西南华医药有限公司 | 462311 | 612942 | 702880 | 878943 |
| 24 | 民生药业集团有限公司 | — | 1080362 | 1520781 | 775844 |
| 25 | 同济堂医药有限公司 | 552007 | 621248 | 692486 | 733173 |
| 26 | 江西汇仁集团医药科研营销有限公司 | 435453 | 514643 | 583761 | 717517 |

续　表

| 2018 年排名 | 公司名称 | 2015 年 | 2016 年 | 2017 年 | 2018 年 |
|---|---|---|---|---|---|
| 27 | 哈药集团医药有限公司 | 830323 | 896433 | 795570 | 699162 |
| 28 | 陕西医药控股集团派昂医药有限责任公司 | 440416 | 556721 | 582774 | 632436 |
| 29 | 重庆医药（集团）股份有限公司 | 2429910 | 2041624 | 2110848 | 604951 |
| 30 | 湖北人福医药集团有限公司 | — | 370502 | 510793 | 564923 |
| 31 | 江苏省医药有限公司 | 461026 | 499073 | 553343 | 562630 |
| 32 | 天津中新药业集团股份有限公司 | 665606 | 691893 | 538631 | 484087 |
| 33 | 天津医药集团太平医药有限公司 | 507614 | 498939 | 501994 | 460536 |
| 34 | 修正药业集团营销有限公司 | 368517 | 401112 | 411590 | 413246 |
| 35 | 江苏先声药业有限公司 | 239936 | 322546 | 385706 | 412397 |
| 36 | 浙江省医药工业有限公司 | 455882 | 520342 | 512130 | 409780 |
| 37 | 江苏康缘医药商业有限公司 | 246622 | 272225 | 313369 | 397147 |
| 38 | 创美药业股份有限公司 | 338881 | 369549 | 406047 | 390749 |
| 39 | 青岛百洋医药股份有限公司 | 231756 | 272739 | 308172 | 362647 |
| 40 | 云南东骏药业有限公司 | 351121 | 341697 | 341842 | 342475 |
| 41 | 葵花药业集团医药有限公司 | — | 315078 | 323233 | 342085 |
| 42 | 江苏省润天生化医药有限公司 | 197186 | 257628 | 283391 | 311748 |
| 43 | 重庆长圣医药有限公司 | 371301 | 461233 | 406584 | 304589 |
| 44 | 浙江震元股份有限公司 | 242100 | 242738 | 256401 | 284616 |
| 45 | 罗氏（上海）医药贸易有限公司 | — | — | — | 284190 |
| 46 | 广州采芝林药业有限公司 | 309247 | 343273 | 391998 | 282139 |
| 47 | 必康润祥医药河北有限公司 | — | — | — | 276154 |
| 48 | 安徽省医药（集团）股份有限公司 | 255018 | 264672 | 245384 | 275131 |
| 49 | 江西五洲医药营销有限公司 | — | — | 253901 | 269810 |
| 50 | 贵州康心药业有限公司 | 128101 | 187000 | 274261 | 267127 |
| 51 | 山东罗欣医药现代物流有限公司 | — | — | — | 263224 |
| 52 | 福建省医药集团有限责任公司 | 251460 | 228979 | 232777 | 262265 |
| 53 | 海尔施生物医药股份有限公司 | 207710 | 228481 | 250872 | 260907 |
| 54 | 北京双鹤药业经营有限责任公司 | — | — | 179781 | 258576 |
| 55 | 东北制药集团供销有限公司 | 143296 | 136880 | 190008 | 254705 |
| 56 | 山东罗欣药业股份有限公司 | 274378 | 293731 | 316774 | 252148 |
| 57 | 齐鲁医疗投资管理有限公司 | — | — | 266178 | 247072 |
| 58 | 昆药集团医药商业有限公司 | — | 232225 | 232040 | 235622 |

续　表

| 2018 年排名 | 公司名称 | 2015 年 | 2016 年 | 2017 年 | 2018 年 |
|---|---|---|---|---|---|
| 59 | 上海康健进出口有限公司 | 188985 | 19543 | 242966 | 235576 |
| 60 | 吉林万通药业集团药品经销有限公司 | — | — | — | 235161 |
| 61 | 康泽药业股份有限公司 | — | — | 234041 | 230800 |
| 62 | 浙江恩泽医药有限公司 | 172322 | 194822 | 200214 | 224707 |
| 63 | 山西亚宝医药经销有限公司 | — | — | 186824 | 220108 |
| 64 | 重庆市万州区医药（集团）有限责任公司 | — | 138372 | 176460 | 211517 |
| 65 | 厦门片仔癀宏仁医药有限公司 | — | 126235 | 167136 | 209381 |
| 66 | 吉林省天和医药科技有限公司 | 167950 | 207159 | 211708 | 206742 |
| 67 | 浙江来益医药有限公司 | 188298 | 198618 | 198110 | 206454 |
| 68 | 泰州医药集团有限公司 | 145057 | 161022 | 180289 | 204206 |
| 69 | 四川何纵药易购医药股份有限公司 | | | | 201257 |
| 70 | 重药控股安徽有限公司 | — | 275849 | 211489 | 199988 |
| 71 | 礼来贸易有限公司 | 204429 | 215954 | 197354 | 198920 |
| 72 | 湖南达嘉维康医药有限公司 | 141583 | 179376 | 186839 | 195151 |
| 73 | 山东康诺盛世医药有限公司 | 173078 | 173425 | 191861 | 191197 |
| 74 | 西藏神威药业有限公司 | 165337 | 161658 | 145637 | 186049 |
| 75 | 昆明滇虹药业销售有限公司 | — | — | — | 176540 |
| 76 | 必康百川医药（河南）有限公司 | — | — | — | 174447 |
| 77 | 浙江华通医药股份有限公司 | — | — | 160318 | 171816 |
| 78 | 上海海吉雅医药有限公司 | — | — | 136830 | 161447 |
| 79 | 四川本草堂药业有限公司 | 124930 | 131510 | 142115 | 160823 |
| 80 | 兰州强生医药有限责任公司 | 129567 | 161328 | 171532 | 160638 |
| 81 | 辽宁汇明医药有限公司 | — | 147990 | 159950 | 160594 |
| 82 | 山东康惠医药有限公司 | 170736 | 226661 | 180217 | 160226 |
| 83 | 湖南博瑞药业有限公司 | — | — | 226401 | 157134 |
| 84 | 山东新华医药贸易有限公司 | 132287 | 138768 | 151789 | 154614 |
| 85 | 贵州科开医药股份有限公司 | — | — | — | 153518 |
| 86 | 浙江嘉信医药股份有限公司 | 180475 | 189624 | 168790 | 148922 |
| 87 | 云南同丰医药有限公司 | 151720 | 155607 | 157205 | 148864 |
| 88 | 海南天祥药业有限公司 | 176264 | 135979 | 143596 | 146366 |
| 89 | 四川贝尔康医药（集团）有限公司 | — | — | — | 143169 |
| 90 | 浙江英诺珐医药有限公司 | — | — | — | 142356 |

续　表

| 2018年排名 | 公司名称 | 2015年 | 2016年 | 2017年 | 2018年 |
|---|---|---|---|---|---|
| 91 | 西安藻露堂药业集团有限责任公司 | 184307 | 183587 | 150264 | 141787 |
| 92 | 上海外高桥医药分销中心有限公司 | 182887 | 235955 | 186018 | 140217 |
| 93 | 山西天士力医药有限公司 | 146809 | 167976 | 162787 | 139427 |
| 94 | 兰州西城药业集团有限责任公司 | 117994 | 138865 | 135870 | 138006 |
| 95 | 云南医药工业销售有限公司 | — | — | 164609 | 137986 |
| 96 | 江苏恩华和润医药有限公司 | 151839 | 159589 | 153771 | 131009 |
| 97 | 江苏澳洋医药物流有限公司 | — | — | — | 130249 |
| 98 | 浙江珍诚医药在线股份有限公司 | — | — | — | 128569 |
| 99 | 浙江瑞海医药有限公司 | 147851 | 178344 | 189821 | 120486 |
| 100 | 海南康宁药业有限公司 | 150533 | 220641 | 139089 | 117637 |

## 五、2015—2018年医药零售百强企业经营情况

附表5　　　　　2015—2018年医药零售百强企业经营情况　　　　单位：万元

| 2018年排名 | 公司名称 | 2015年 | 2016年 | 2017年 | 2018年 |
|---|---|---|---|---|---|
| 1 | 国药控股国大药房有限公司 | 911115 | 1030946 | 1107951 | 1225053 |
| 2 | 老百姓大药房连锁股份有限公司 | 485167 | 688281 | 833313 | 1065200 |
| 3 | 中国北京同仁堂（集团）有限责任公司 | 605795 | 791253 | 912020 | 982966 |
| 4 | 一心堂药业集团股份有限公司 | 585863 | 687335 | 850891 | 970291 |
| 5 | 大参林医药集团股份有限公司 | 608280 | 703695 | 830838 | 966082 |
| 6 | 益丰大药房连锁股份有限公司 | 332925 | 436833 | 560087 | 770856 |
| 7 | 重庆桐君阁大药房连锁有限责任公司 | 605700 | 705000 | 725001 | 746000 |
| 8 | 甘肃众友健康医药股份有限公司 | — | — | — | 486000 |
| 9 | 上海华氏大药房有限公司 | 334195 | 359540 | 416633 | 412441 |
| 10 | 辽宁成大方圆医药连锁有限公司 | 345041 | 375136 | 362584 | 356603 |
| 11 | 湖北同济堂药房有限公司 | 186348 | 108983 | 382051 | 350819 |
| 12 | 漱玉平民大药房连锁股份有限公司 | 185179 | 194129 | 286120 | 335044 |
| 13 | 云南健之佳健康连锁店股份有限公司 | 220000 | 226329 | 257215 | 302315 |
| 14 | 好药师大药房连锁有限公司 | 71000 | 81500 | 92370 | 251900 |
| 15 | 河南张仲景大药房股份有限公司 | 120036 | 143756 | 179520 | 223977 |
| 16 | 河北华佗药房医药连锁有限公司 | 76000 | 105000 | 150000 | 217195 |
| 17 | 吉林大药房药业股份有限公司 | 106569 | 127254 | 146174 | 171026 |
| 18 | 重庆和平药房连锁有限责任公司 | 157507 | 130387 | 138992 | 167356 |
| 19 | 柳州桂中大药房连锁有限责任公司 | 53777 | 68394 | 96071 | 142929 |

| 2018 年排名 | 公司名称 | 2015 年 | 2016 年 | 2017 年 | 2018 年 |
|---|---|---|---|---|---|
| 20 | 浙江瑞人堂医药连锁有限公司 | 37249 | 60558 | 108925 | 134279 |
| 21 | 甘肃德生堂医药科技集团有限公司 | 130608 | 144690 | 186902 | 132719 |
| 22 | 江西黄庆仁栈华氏大药房有限公司 | 73500 | 83600 | 88490 | 127728 |
| 23 | 成都百信药业连锁有限责任公司 | 142533 | 159066 | 137821 | 126209 |
| 24 | 哈尔滨人民同泰医药连锁店 | 116736 | 135935 | 135106 | 124616 |
| 25 | 石家庄新兴药房连锁股份有限公司 | 69479 | 80789 | 102516 | 121060 |
| 26 | 贵州一树连锁药业有限公司 | 72876 | 80464 | 101331 | 116778 |
| 27 | 临沂市仁和堂医药（连锁）有限公司 | — | — | — | 111632 |
| 28 | 山东燕喜堂医药连锁有限公司 | 66052 | 67744 | 78550 | 100056 |
| 29 | 天济大药房连锁有限公司 | — | — | 86118 | 99451 |
| 30 | 深圳市南北药行连锁有限公司 | — | 23125 | 23796 | 98564 |
| 31 | 重庆鑫斛药房连锁有限公司 | 64748 | 77129 | 97730 | 97208 |
| 32 | 南京医药国药有限公司 | 129805 | 135517 | 139805 | 95190 |
| 33 | 重庆市万和药房连锁有限公司 | 55779 | 75670 | 81143 | 93000 |
| 34 | 湖南千金大药房连锁有限公司 | 53389 | 62139 | 76552 | 92182 |
| 35 | 上海第一医药股份有限公司 | 77926 | 78120 | 76981 | 78797 |
| 36 | 江苏润天医药连锁药房有限公司 | — | — | — | 78097 |
| 37 | 华润苏州礼安医药连锁总店有限公司 | 41529 | 47719 | 54883 | 74154 |
| 38 | 杭州九洲大药房连锁有限公司 | 68972 | 69413 | 74000 | 74100 |
| 39 | 四川太极大药房连锁有限公司 | 117372 | 58545 | 64399 | 68469 |
| 40 | 安徽丰原大药房连锁有限公司 | 47020 | 54853 | 65668 | 66684 |
| 41 | 广州健民医药连锁有限公司 | 31421 | 47498 | 50583 | 65727 |
| 42 | 浙江震元医药连锁有限公司 | 44139 | 48695 | 56012 | 63117 |
| 43 | 深圳市麦德信药房管理有限公司 | — | — | 36009 | 62835 |
| 44 | 怀化怀仁大药房连锁有限公司 | 29817 | 29600 | 55498 | 62561 |
| 45 | 廊坊市百和一笑堂医药零售连锁有限公司 | 37783 | 35269 | 62643 | 61633 |
| 46 | 成都泉源堂大药房连锁股份有限公司 | — | — | — | 59706 |
| 47 | 吉林省益和大药房有限公司 | 45702 | 61198 | 58402 | 58432 |
| 48 | 中山市中智大药房连锁有限公司 | 41514 | 45085 | 50487 | 58254 |
| 49 | 贵州一品药业连锁有限公司 | 22949 | 37358 | 46640 | 58162 |
| 50 | 陕西众信医药超市连锁股份有限公司 | 30380 | 35010 | 46625 | 53963 |
| 51 | 山东立健药店连锁有限公司 | 48061 | 28462 | 44619 | 50410 |

| 2018 年排名 | 公司名称 | 2015 年 | 2016 年 | 2017 年 | 2018 年 |
|---|---|---|---|---|---|
| 52 | 江苏大众医药连锁有限公司 | 37072 | 32895 | 44862 | 49545 |
| 53 | 云南白药大药房有限公司 | 48968 | 53236 | 52051 | 49148 |
| 54 | 康泽药业连锁有限公司 | 15490 | 19674 | 44607 | 48870 |
| 55 | 青岛德信行惠友大药房有限公司 | — | 39303 | 40467 | 47612 |
| 56 | 贵州正和祥药业有限公司 | — | — | — | 45582 |
| 57 | 杭州胡庆余堂国药号有限公司 | 38012 | 38221 | 40775 | 43809 |
| 58 | 仁和药房网（北京）医药科技有限公司 | — | 42574 | 40580 | 42987 |
| 59 | 连云港康济大药房连锁有限公司 | 22222 | 27019 | 32188 | 41958 |
| 60 | 黑龙江泰华医药连锁销售有限公司 | 19835 | 22171 | 19222 | 40505 |
| 61 | 宁波四明大药房有限责任公司 | 39224 | 39737 | 39741 | 40206 |
| 62 | 浙江英特怡年药房连锁有限公司 | — | — | 16005 | 39566 |
| 63 | 上海养和堂药业连锁经营有限公司 | 28535 | 32094 | 38323 | 37975 |
| 64 | 宁波彩虹大药房有限公司 | 22037 | 23028 | 36191 | 37337 |
| 65 | 杭州全德堂药房有限公司 | 29300 | 27544 | 27987 | 34734 |
| 66 | 杭州华东大药房连锁有限公司 | 17818 | 24171 | 29176 | 34384 |
| 67 | 上海余天成药业连锁有限公司 | 31318 | 32842 | 34721 | 34118 |
| 68 | 武汉马应龙大药房连锁股份有限公司 | 14921 | 20130 | 20162 | 34029 |
| 69 | 浙江天天好大药房连锁有限公司 | 27874 | 25361 | 33037 | 33879 |
| 70 | 深圳市万泽医药连锁有限公司 | — | — | — | 33798 |
| 71 | 广西一心医药集团有限责任公司 | 19813 | 21796 | 29846 | 33125 |
| 72 | 四川圣杰药业有限公司 | 22827 | 23946 | 28196 | 32319 |
| 73 | 四川德仁堂药业连锁有限公司 | 24414 | 25816 | 27986 | 30850 |
| 74 | 浙江华通医药连锁有限公司 | 22571 | 24870 | 26507 | 30713 |
| 75 | 湖南达嘉维康医药产业股份有限公司 | — | — | 24563 | 30345 |
| 76 | 常州人寿天医药连锁有限公司 | 21945 | 24952 | 27043 | 30327 |
| 77 | 北京德信行医保全新大药房有限公司 | — | — | — | 29216 |
| 78 | 山西荣华大药房连锁有限公司 | 33753 | 33626 | 34966 | 25791 |
| 79 | 上海得一大药房连锁有限公司 | — | — | 16140 | 26957 |
| 80 | 上海医药嘉定大药房连锁有限公司 | 22754 | 22775 | 22045 | 25933 |
| 81 | 福建惠好四海医药连锁有限责任公司 | 23829 | 25333 | 27163 | 25335 |
| 82 | 海宁市老百姓大药房有限责任公司 | — | 22603 | 23815 | 25220 |
| 83 | 苏州雷允上国药连锁总店有限公司 | 16500 | 17667 | 20505 | 24689 |

| 2018 年排名 | 公司名称 | 2015 年 | 2016 年 | 2017 年 | 2018 年 |
|---|---|---|---|---|---|
| 84 | 湖北独活药业股份有限公司 | — | — | — | 22656 |
| 85 | 河南佐今明大药房健康管理股份有限公司 | — | — | 16820 | 21695 |
| 86 | 四川杏林医药连锁有限责任公司 | 19530 | 23287 | 29475 | 21423 |
| 87 | 浙江华联医药连锁有限公司 | 16160 | 16093 | 16665 | 21010 |
| 88 | 上海南汇华泰药店连锁总店 | 15956 | 17668 | 19410 | 20847 |
| 89 | 十堰市用心人大药房连锁有限公司 | — | — | — | 20656 |
| 90 | 绵阳太极大药房连锁有限责任公司 | 19494 | 17534 | 17800 | 20589 |
| 91 | 嵊州市易心堂大药房有限公司 | 15503 | 15708 | 14454 | 20416 |
| 92 | 青岛百洋健康药房连锁有限公司 | — | — | — | 20382 |
| 93 | 西双版纳迪升药业有限责任公司 | 13212 | 15126 | 15625 | 20216 |
| 94 | 山东利民大药店连锁股份有限公司 | 15807 | 17272 | 19264 | 20186 |
| 95 | 上海雷允上药业西区有限公司 | — | — | — | 19804 |
| 96 | 武汉东明药房连锁有限公司 | 17793 | 20802 | 19003 | 19005 |
| 97 | 江西省萍乡市昌盛大药房连锁有限公司 | 18527 | 18789 | 18618 | 18802 |
| 98 | 云南省玉溪医药有限责任公司 | — | — | — | 18663 |
| 99 | 宜宾天天康大药房零售连锁有限公司 | — | — | — | 18662 |
| 100 | 北京嘉事堂连锁药店有限责任公司 | 14842 | 15959 | 16169 | 18452 |

## 六、2019 年全球处方药 50 强企业

附表 6　　　　　　　　**2019 年全球处方药 50 强企业**

| 排名 | 公司 | 总部所在地 | 2019 年处方药销售（亿美元） | 2019 年研发投入（亿美元） | 2018 年处方药销售（亿美元） | 2018 年研发投入（亿美元） | 2017 年处方药销售（亿美元） | 2017 年研发投入（亿美元） |
|---|---|---|---|---|---|---|---|---|
| 1 | Roche（罗氏） | 瑞士 | 482.47 | 102.93 | 445.52 | 98.03 | 417.32 | 91.81 |
| 2 | Novartis（诺华） | 瑞士 | 460.85 | 83.86 | 434.81 | 81.54 | 418.75 | 78.23 |
| 3 | Pfizer（辉瑞） | 美国 | 436.62 | 79.88 | 453.02 | 79.62 | 453.45 | 76.27 |
| 4 | Merck & Co.（默沙东） | 美国 | 409.03 | 87.3 | 373.53 | 79.08 | 353.70 | 75.63 |
| 5 | Bristol － Myers squibb（百时美施贵宝） | 美国 | 406.89 | 93.81 | 215.81 | 51.31 | 192.58 | 48.23 |
| 6 | Johnson & Johnson（强生） | 美国 | 400.83 | 88.34 | 388.15 | 84.46 | 343.97 | 83.60 |

| 排名 | 公司 | 总部所在地 | 2019年处方药销售（亿美元） | 2019年研发投入（亿美元） | 2018年处方药销售（亿美元） | 2018年研发投入（亿美元） | 2017年处方药销售（亿美元） | 2017年研发投入（亿美元） |
|---|---|---|---|---|---|---|---|---|
| 7 | Sanofi（赛诺菲） | 法国 | 349.24 | 60.71 | 351.21 | 62.27 | 340.78 | 61.84 |
| 8 | AbbVie（艾伯维） | 美国 | 323.51 | 49.89 | 320.67 | 50.93 | 277.43 | 48.29 |
| 9 | Glaxo Smith Kline（葛兰素史克） | 英国 | 312.88 | 55.41 | 306.45 | 49.87 | 286.68 | 49.78 |
| 10 | Takeda（武田） | 日本 | 292.47 | 44.32 | 174.27 | 30.12 | 135.77 | 29.37 |
| 11 | AstraZeneca（阿斯利康） | 英国 | 232.07 | 53.2 | 206.71 | 52.66 | 197.82 | 54.12 |
| 12 | Amgen（安进） | 美国 | 222.04 | 40.27 | 225.33 | 36.57 | 217.95 | 34.82 |
| 13 | Gilead Sciences（吉利德） | 美国 | 217.03 | 40.59 | 216.77 | 38.97 | 256.62 | 35.23 |
| 14 | Eli Lilly（礼来） | 美国 | 200.85 | 55.95 | 195.80 | 49.93 | 185.32 | 49.73 |
| 15 | Bayer（拜耳） | 德国 | 186.10 | 30.81 | 182.21 | 34.17 | 175.44 | 32.64 |
| 16 | Novo Nordisk（诺和诺德） | 丹麦 | 182.96 | 21.32 | 177.26 | 23.47 | 169.71 | 21.29 |
| 17 | Boehringer Ingelheim（勃林格殷格翰） | 德国 | 156.29 | 30.38 | 148.34 | 32.06 | 142.62 | 30.67 |
| 18 | Allergan（艾尔建） | 美国 | 151.53 | 17.09 | 147.00 | 15.75 | 149.06 | 15.99 |
| 19 | Astellas Pharma（安斯泰来） | 日本 | 114.44 | 19.76 | 110.36 | 19.09 | 108.88 | 19.93 |
| 20 | Biogen（百健） | 美国 | 113.80 | 22.81 | 108.87 | 25.87 | 103.55 | 22.54 |
| 21 | Mylan（迈兰） | 美国 | 112.00 | 5.18 | 111.44 | 5.86 | 114.54 | 6.66 |
| 22 | Teva Pharmaceutical Industries（梯瓦） | 以色列 | 110.90 | 10.10 | 131.22 | 12.13 | 182.61 | 18.48 |
| 23 | CSL（杰特环亚） | 澳大利亚 | 89.51 | 8.57 | 82.70 | 7.24 | 75.22 | 6.34 |
| 24 | Daiichi Sankyo（第一三共） | 日本 | 79.42 | 18.17 | 70.33 | 18.88 | 73.58 | 21.3 |
| 25 | Merck KGaA（默克） | 德国 | 75.16 | 18.65 | 70.01 | 19.28 | 68.80 | 18.44 |
| 26 | Otsuka（大冢制药） | 日本 | 67.11 | 18.82 | 57.26 | 18.63 | 53.24 | 14.76 |

| 排名 | 公司 | 总部所在地 | 2019 年处方药销售（亿美元） | 2019 年研发投入（亿美元） | 2018 年处方药销售（亿美元） | 2018 年研发投入（亿美元） | 2017 年处方药销售（亿美元） | 2017 年研发投入（亿美元） |
|---|---|---|---|---|---|---|---|---|
| 27 | Meiji Holdings（明治集团） | 日本 | 63.53 | 1.49 | — | — | — | — |
| 28 | Bausch Health Companies（博施健康公司） | 加拿大 | 52.95 | 4.71 | 46.31 | 4.13 | — | — |
| 29 | UCB（优时比） | 比利时 | 51.02 | 14.24 | 51.38 | 13.71 | 46.33 | 11.95 |
| 30 | Alexion Pharmaceuticals（亚力兄制药） | 美国 | 49.90 | 7.83 | 41.30 | 7.04 | 35.50 | 8.13 |
| 31 | Regeneron Pharmaceuticals（再生元） | 美国 | 48.34 | 26.07 | 41.06 | 21.86 | 37.18 | 20.75 |
| 32 | Eisai（卫材） | 日本 | 47.03 | 13.8 | 45.31 | 13.09 | 43.56 | 12.6 |
| 33 | Sun Pharmaceutical（太阳制药） | 印度 | 46.58 | 3.02 | 42.22 | 3.21 | 41.47 | 3.22 |
| 34 | Les Laboratoires Servier（施维雅） | 法国 | 46.58 | — | — | — | — | — |
| 35 | Abbott Laboratories（雅培） | 美国 | 44.86 | 1.85 | 44.22 | 1.84 | 42.87 | 1.64 |
| 36 | Grifols（基立福） | 西班牙 | 44.71 | 3.09 | 41.54 | 2.84 | 38.76 | 3.26 |
| 37 | Yunnan Baiyao Group（云南白药） | 中国 | 42.84 | 0.25 | — | — | — | — |
| 38 | Fresenius Kabi（费森尤斯卡比） | 德国 | 42.24 | 5.68 | — | — | — | — |
| 39 | Vertex Pharmaceuticals（福泰制药） | 美国 | 41.61 | 13.96 | 30.38 | 12.92 | — | — |
| 40 | Chugai Pharmaceutical（中外制药） | 日本 | 39.96 | 9.37 | 36.49 | 8.55 | 36.88 | 7.93 |
| 41 | Sumitomo Dainippon Pharma（住友制药） | 日本 | 36.23 | 8.23 | 35.43 | 7.76 | 35.28 | 7.85 |

续　表

| 排名 | 公司 | 总部所在地 | 2019年处方药销售（亿美元） | 2019年研发投入（亿美元） | 2018年处方药销售（亿美元） | 2018年研发投入（亿美元） | 2017年处方药销售（亿美元） | 2017年研发投入（亿美元） |
|---|---|---|---|---|---|---|---|---|
| 42 | Sino Biopharmaceutial（中国生物制药有限公司） | 中国香港 | 33.73 | 3.47 | 31.42 | 3.39 | — | — |
| 43 | Jiangsu Hengrui Medicine（江苏恒瑞医药） | 中国 | 33.21 | 5.18 | 25.70 | 3.34 | — | — |
| 44 | Ono Pharmaceutical（小野药品） | 日本 | 32.66 | 6.53 | — | — | — | — |
| 45 | Menarini Group（美纳里尼） | 意大利 | 32.33 | — | 33.13 | — | 30.72 | — |
| 46 | Endo International（恩多国际） | 爱尔兰 | 28.87 | 1.31 | 29.47 | 1.41 | 34.69 | 1.63 |
| 47 | Ipsen（益普生） | 法国 | 28.84 | 4.35 | 26.28 | 3.57 | — | — |
| 48 | Shanghai Pharmaceuticals Holding（上海医药） | 中国 | 28.75 | 1.95 | — | — | — | — |
| 49 | Mitsubishi Tanabe Pharma（田边三菱） | 日本 | 28.22 | 7.83 | 29.13 | 7.55 | 25.81 | 7.14 |
| 50 | Aurobindo Pharma（阿拉宾度） | 印度 | 27.87 | 1.15 | — | — | — | — |

## 七、《药品冷链物流运作规范》国家标准试点企业（截至第十二批）

1. 希杰荣庆物流供应链有限公司

2. 国药控股浙江有限公司

3. 国药集团西南医药有限公司

4. 浙江英特物流有限公司

5. 苏州点通冷藏物流有限公司

6. 九州通医药集团股份有限公司

7. 国药控股湖北有限公司

8. 国药控股安徽有限公司

9. 厦门万翔物流管理有限公司

10. 国药控股湖南有限公司

11. 国药控股扬州有限公司

12. 国药控股江苏有限公司

13. 国药控股沈阳有限公司

14. 北京盛世华人供应链管理有限公司

15. 国药控股温州有限公司

16. 国药控股河南股份有限公司

17. 北京海航华日飞天物流有限公司

18. 国药控股黑龙江有限公司

19. 天津狮桥国际物流有限公司

20. 国药控股山西有限公司

21. 国药集团医药物流有限公司

22. 华润广东医药有限公司

23. 哈药集团哈尔滨医药商业有限公司

24. 北京科园信海医药经营有限公司

25. 顺丰医药供应链有限公司

26. 上海医药物流中心有限公司

27. 广州医药股份有限公司

28. 华东医药宁波有限公司

29. 天津德利得供应链管理股份有限公司

30. 广东大翔药业有限公司

31. 安徽华源物流有限责任公司

32. 湖南融城物通天下物流有限公司

33. 北京新杰物流服务有限公司

34. 江苏省医药公司

35. 永州市邦联医药物流有限责任公司

36. 北京松冷冷链物流有限公司

37. 北京中冷物流股份有限公司

38. 昆明银翔航空货运服务有限公司

39. 民航快递有限责任公司

40. 上海广德物流有限公司

41. 山东大舜医药物流有限公司

42. 湖南盛世华人物流有限公司

43. 长沙能杰物流代理服务有限公司

44. 北京亚冷仓储有限公司

45. 呼和浩特市盛乐经济园区磐达冷藏运输有限责任公司

46. 上海百奥泉国际冷链物流有限公司

47. 河北快运集团有限公司

48. 北京华欣物流有限公司

49. 南京永和迅物流有限公司

50. 北京映急物流有限公司

51. 河北华安生物医药股份有限公司

52. 通辽东方利群药品有限公司

53. 深圳市小田物流有限公司

54. 郑州华夏易通物流有限公司

55. 沈阳储航物流有限公司

56. 北京威尔新兴物流有限公司

57. 深圳市中柱物流有限公司

58. 青岛永和迅物流储运有限公司

59. 成都市汇翔实业有限公司

60. 上药科园信海医药湖北有限公司

61. 北京格瑞纳健峰生物技术有限公司

62. 上海保事达货运服务有限公司广州分公司

63. 北京嘉和嘉事医药物流有限公司

64. 浙江震元物流有限公司

65. 上海康展物流有限公司

66. 广州鑫赟冷冻运输有限公司

67. 四川纵海物流有限公司

68. 济南大鹏物流有限公司

69. 江苏九洲医药物流有限公司

70. 国药控股陕西有限公司

71. 北京拓扑冷链物流有限公司

72. 中外运空运发展股份有限公司

73. 云南昊邦医药销售有限公司

74. 成都易速物流有限公司

75. 华东医药供应链管理（温州）有限公司

76. 华润河南医药有限公司

77. 苏州恒鼎物流有限公司

78. 上海波隆冷链物流有限公司

79. 陕西速必达冷链物流有限责任公司

80. 华东医药供应链管理（杭州）有限公司

81. 北京美康永正医药有限公司

82. 北京华盛隆昌物流有限公司

83. 上海创达物流有限公司

84. 天津大田集团有限公司

85. 创美药业股份有限公司

86. 国瑞华泰（北京）医药有限公司

87. 青岛瑞凯物流有限公司

88. 广东天图物流股份有限公司

89. 中健之康供应链服务有限责任公司

90. 西藏康健医药销售有限公司

91. 康德乐（中国）医药有限公司

92. 广东捷邦物流有限公司

93. 华润医药商业集团有限公司

94. 佛山创美药业有限公司

95. 吉林星火快递服务有限公司

96. 东港市平安物流有限公司

97. 许昌众荣冷链物流有限公司

98. 上海极冰冷链物流有限公司

99. 陕西医药控股集团派昂医药有限责任公司

100. 广东新邦物流有限公司

101. 山东威高医药有限公司

102. 山东威高医学检验技术有限公司

103. 沈阳市天顺路发冷藏物流有限公司

104. 江苏康缘医药商业有限公司

105. 云南煌家冷链物流有限公司

106. 浙江深海冷链物流有限公司

107. 北京予联达物流有限公司

108. 国药控股鲁南有限公司

109. 上海敬诚物流有限公司

110. 上药科园信海陕西医药有限公司

111. 西安医药股份有限公司

112. 大连大开国际运输有限公司

113. 江苏九州通医药有限公司

114. 南京九州通物流技术开发有限公司

115. 嘿马（厦门）城市配送有限公司

116. 河南九州通医药有限公司

117. 上海坤爱生物科技股份有限公司/亚洲医药物流（香港）有限公司

118. 北京亚冷国际供应链管理有限公司

119. 联冠物流（福建）股份有限公司

120. 国药集团山西有限公司

121. 山东海王银河医药有限公司

122. 上海晟通医药供应链管理有限公司

123. 威海中外运物流发展有限公司

124. 福建中邮物流有限责任公司

125. 易特物流有限公司

126. 福州飞速达冷链物流有限公司

127. 苏州中冷医药冷链物流有限公司

128. 嘉里大通物流有限公司

129. 国药控股广东物流有限公司

130. 上海翔鸿冷藏运输有限公司

131. 武汉东之阳生物科技有限公司

132. 武汉盛世康生物医药有限公司

133. 上海领鲜物流有限公司

134. 上海腾翼搏时国际货运代理股份有限公司

135. 陕西华氏医药有限公司

136. 苏州伟业货物运输有限公司

137. 河南东森医药有限公司

138. 北京嘉事京西医药科技有限公司

139. 北京美亚捷捷物流有限公司

140. 山西九州通医药有限公司

141. 北京九州通医药有限公司

142. 华润普仁鸿（北京）医药有限公司

143. 华润西安医药有限公司

144. 广州交通集团物流有限公司

145. 上海交运日红国际物流有限公司

146. 天津品优物流有限公司

147. 武汉美乐维低温物流有限公司

148. 广州金域达物流有限公司

149. 安得物流股份有限公司

150. 中国邮政速递物流股份有限公司

151. 中铁物流集团有限公司

152. 北京中铁迅达运输服务有限公司

153. 烟台交运集团莱阳运输有限公司

154. 江苏快而捷物流股份有限公司

155. 陕西天士力医药物流有限公司

156. 苏州上药供应链有限公司

157. 全可冷链物流（上海）有限公司

158. 上海昕联路德物流有限公司

159. 中国邮政速递物流股份有限公司连云港分公司

160. 山东瑞康医药股份有限公司

161. 重庆医药（集团）股份有限公司

162. 北京雅澳冷链物流有限公司

163. 济南三通达物流有限公司

164. 沈阳鑫运物流有限公司

165. 上海岛昌医学科技股份有限公司

166. 浙江美康达冷链物流有限公司

167. 四川东皓物流有限公司

168. 陕西大黄蜂冷链物流有限公司

169. 天津中邮物流有限责任公司

170. 康美药业股份有限公司

171. 嘉里大通物流有限公司北京分公司

172. 嘉里大通物流有限公司大连分公司

173. 嘉里大通物流有限公司东营分公司

174. 嘉里大通物流有限公司甘肃分公司

175. 嘉里大通物流有限公司杭州分公司

176. 嘉里大通物流有限公司湖北分公司

177. 嘉里大通物流有限公司江苏分公司

178. 嘉里大通物流有限公司青岛分公司

179. 嘉里大通物流有限公司厦门分公司

180. 嘉里大通物流有限公司山东分公司

181. 嘉里大通物流有限公司苏州分公司

182. 嘉里大通物流有限公司天津分公司

183. 嘉里大通物流有限公司徐州分公司

184. 嘉里大通物流有限公司烟台分公司

185. 嘉里大通物流有限公司河南分公司

186. 嘉里大通物流有限公司山西分公司

187. 嘉里大通物流有限公司重庆分公司

188. 嘉里大通物流有限公司云南分公司

189. 嘉里大通物流有限公司湖南分公司

190. 嘉里大通物流有限公司成都分公司

191. 嘉里大通物流有限公司贵州分公司

192. 嘉里大通物流有限公司海南分公司

193. 深圳市盛辉达冷链物流有限公司天津分公司

194. 湖南博瑞新特药有限公司

195. 南京美务物流有限公司

196. 广州市伟添冷链物流有限公司

197. 北京亚鑫世纪冷链运输有限公司

198. 湖南凯风物流有限公司

199. 湖南省融达医药物流有限责任公司

200. 云南盛泽医药物流有限公司

201. 济南长征货物运输有限公司

202. 山东明佳国际物流有限公司

203. 广州市威盛物流服务有限公司

204. 武汉康圣达医学检验所有限公司

205. 广州医路物流有限公司

206. 武汉捷利铁路快运服务有限公司

207. 上海虹能物流有限公司

208. 广州急行者物流有限公司

209. 广东康美物流有限公司

210. 枣庄银海医药有限公司

211. 杭州冷捷运输有限公司

212. 杭州艾迪康医学检验中心有限公司

213. 河北德若谷物流有限公司

214. 深圳市兆航物流有限公司

215. 武汉逸飞物流有限公司

216. 中集冷云（北京）供应链管理有限公司

217. 浙江华药物流有限公司

218. 徐州金开生物制品有限公司

219. 上海生生物流有限公司

220. 上海兰卫医学检验所股份有限公司

221. 河北十方医疗器械物流有限公司

222. 华润湖北医药有限公司

223. 武汉勤远冷藏物流有限公司

224. 奎恩新冷链物流（上海）有限公司

225. 北京华卫骥生物医药有限公司

226. 成都善途快运有限公司

227. 杭州润民冷链物流有限公司

228. 中昊翔保定医疗器械物流有限公司

229. 哈尔滨市鹏瑞货物运输有限公司

230. 青岛益信医学科技有限公司

231. 中国外运天津有限公司物流分公司

232. 成都银象冷藏物流有限公司

233. 成都金蓉物流有限公司

234. 杭州千麦物流有限公司

235. 瑞康医药（山东）有限公司

236. 湖南协众药品器械有限公司

237. 江苏御港物流有限公司

238. 郑州艾迪康医学检验所（普通合伙）

239. 四川瑞德药业有限公司

240. 重庆鲜易鲜供应链管理有限公司

241. 武汉瑞宁生物药业有限公司

242. 陕西新民生医药有限公司

243. 福州艾迪康医学检验所有限公司

244. 成都艾迪康医学检测实验室有限公司

245. 深圳松冷冷链物流有限公司

246. 保定联川医药有限公司

247. 云南艾迪康医学检验所有限公司

248. 宁波英特物流有限公司

249. 合肥安为康医学检验有限公司

250. 甘肃鹏润生物制品有限公司

251. 沈阳艾迪康医学检验所有限公司

252. 广东深华药业有限公司

253. 内蒙古九州通医药有限公司

254. 深圳华大临床检验中心有限公司

255. 广州艾迪康医学检验所有限公司

256. 湖北人福医药集团有限公司

257. 武汉华大医学检验所有限公司

258. 北京艾迪康医学检验实验室有限公司

259. 苏州禾伟物流有限公司

260. 华大生物科技（武汉）有限公司

261. 武汉艾迪康医学检验所有限公司

262. 济南艾迪康医学检验中心有限公司

263. 深圳海元飞来医药供应链有限公司

264. 四川甘霖冷链物流有限公司

265. 山西亚宝医药物流配送有限公司

266. 华润山西医药有限公司

267. 合肥艾迪康临床检验所有限公司

268. 成都西部医药经营有限公司

269. 江苏施坦威医药供应链管理有限公司

270. 江西汇仁集团医药科研营销有限公司

271. 江西康捷物流有限公司

272. 河南省康信医药有限公司

273. 山东先锋物流有限公司

274. 北京人福医疗器械有限公司

275. 河南省医药有限公司

276. 福建栢合冷链仓储管理有限公司

277. 诚域集团陕西雅福康医药有限公司

278. 杭州同益冷链物流有限公司

279. 山东华潍医药有限公司

280. 重庆军卫医药物流有限公司

281. 江西五洲医药营销有限公司

282. 广州医优行冷链物流有限公司

283. 江西天添发物流运输有限公司

284. 山东交运兔兔快运有限公司

285. 杭州云呼冷链物流有限公司

286. 山东康源生物技术有限公司

287. 浙江嘉信元达物流有限公司

288. 陕西华虹医药有限公司

289. 陕西科信医药有限责任公司

290. 合肥千麦医学检验所有限公司

291. 成都千麦医学检验所有限公司

292. 南昌千麦医学检验实验室有限公司

293. 上海千麦博米乐医学检验所有限公司

294. 武汉千麦医学检验所有限公司

295. 天津世纪纵横国际物流有限公司

296. 成都市云集药业有限公司

297. 广西来宾市怡毅运输有限公司

298. 长沙艾迪康医学检验所有限公司

299. 三明艾迪康医学检验所有限公司

300. 西安艾迪康医学检验所有限公司

301. 南昌艾迪康医学检验实验室有限公司

302. 上海艾迪康医学检验所有限公司

303. 吉林艾迪康医学检验所有限公司

304. 天津艾迪康医学检验所有限公司

305. 南京艾迪康医学检验所有限公司

306. 天津信鸿医疗科技股份有限公司

307. 四川金域医学检验中心有限公司

308. 江西南华医药有限公司

309. 华润湖南医药有限公司

310. 湖南天润生物医药有限责任公司

311. 武汉七曜航网物流有限公司

312. 山东万泽冷链股份有限公司

313. 北京泰德制药股份有限公司

314. 上海骐芯物流有限公司

315. 天津中邮物流有限责任公司

316. 上海雷速物流有限公司

317. 上海友旗物流有限公司

318. 济南千麦医学检验有限公司

319. 长春千麦医学检验实验室有限公司

320. 湖南千麦君盛医学检验所有限公司

321. 广东通用医药有限公司

322. 驻马店市灵生医药有限公司

323. 北京钥途冷运物流有限公司

324. 郴州凯程医药有限公司

325. 广州申飞仕冷链物流有限公司

326. 河南省德建药业有限公司

327. 兰州航路货运服务有限公司

328. 淄博众生医药有限公司

329. 安徽省医药（集团）股份有限公司

330. 河北盛宇物流有限公司

331. 福建省韩廷冷链有限公司

332. 重庆豪应商贸物流有限公司

333. 国药控股海南有限公司

334. 哈尔滨市非凡物流有限公司

335. 昆明银翔航空货运服务有限公司

336. 上海择诺物流有限公司

337. 天津市丰泽弘医药有限公司

338. 青岛百洋医药股份有限公司

339. 西安康易达物流有限公司

340. 陕西卓裕医药供应链服务有限公司

341. 四川高芯数康生物医药有限公司

342. 郑州千麦贝康医学检验实验室有限公司

343. 安徽天星医药集团有限公司

344. 福建铁泓冷链物流有限公司

345. 新疆诺聆维信医药有限公司

346. 西安金域医学检验所有限公司

347. 南京金域医学检验所有限公司

348. 海南金域医学检验中心有限公司

349. 济南金域医学检验中心有限公司

350. 合肥金域医学检验实验室有限公司

351. 天津金域医学检验实验室有限公司

352. 北京金域医学检验实验室有限公司

353. 湖南德荣医疗器械物流配送服务有限公司

354. 湖南德荣医疗健康产业有限公司

355. 济南千麦医学检验有限公司

356. 长春千麦医学检验实验室有限公司

357. 合肥千麦医学检验实验室有限公司

358. 上海千麦博米乐医学检验所有限公司

359. 内蒙古蒙东医药现代物流有限公司

360. 小鹰冷运物流有限公司

361. 上海盈顺物流有限公司

362. 天津艾迪康医学检验所有限公司

363. 南京艾迪康医学检验所有限公司

364. 大连大开国际运输有限公司

365. 浙江美康达冷链物流有限公司

366. 山西万美医药科技有限公司

367. 北京铭诚物流有限公司

368. 北京去来冷链科技有限公司

369. 常州市南瑞物流有限公司

370. 东莞兰卫医学检验实验室有限公司

371. 国药控股长沙有限公司

372. 杭州施必达科技有限公司

373. 合肥艾迪康医学检验实验室有限公司

374. 山东卫康医学检验有限公司

（本名单包括达标企业 115 家，示范企业 15 家）

## 八、《药品冷链物流运作规范》国家标准达标企业（截至第八批）

1. 山东大舜医药物流有限公司

2. 江苏省医药公司

3. 九州通医药集团物流有限公司

4. 安徽华源物流有限责任公司

5. 浙江英特物流有限公司

6. 北京科园信海医药经营有限公司

7. 顺丰医药供应链有限公司

8. 广东大翔药业有限公司

9. 华润广东医药有限公司

10. 天津德利得供应链管理股份有限公司

11. 民航快递有限责任公司

12. 华东宁波医药有限公司

13. 上海医药物流中心有限公司

14. 海航冷链控股股份有限公司

15. 国药集团医药物流有限公司

16. 北京盛世华人供应链管理有限公司

17. 广州医药有限公司

18. 希杰荣庆物流供应链有限公司

19. 松冷（武汉）科技有限公司

20. 北京嘉和嘉事医药物流有限公司

21. 上海康展物流有限公司

22. 北京华欣物流有限公司

23. 北京映急物流有限公司

24. 苏州点通冷藏物流有限公司

25. 华润河南医药有限公司

26. 华东医药供应链管理（温州）有限公司

27. 陕西医药控股集团派昂医药有限责任公司

28. 云南昊邦医药销售有限公司

29. 江苏九洲医药物流有限公司

30. 国药控股陕西有限公司

31. 华润医药商业集团有限公司

32. 浙江震元物流有限公司

33. 华东医药供应链管理（杭州）有限公司

34. 河北华安生物药业有限公司

35. 国药控股河南股份有限公司

36. 深圳市中柱物流有限公司

37. 西藏康健医药销售有限公司

38. 通辽东方利群药品有限公司

39. 康德乐（中国）医药有限公司

40. 国药集团山西有限公司

41. 武汉盛世康生物医药有限公司

42. 武汉东之阳生物科技有限公司

43. 上药科园信海医药湖北有限公司

44. 广东天图物流股份有限公司

45. 西安医药股份有限公司

46. 创美药业股份有限公司

47. 佛山创美药业有限公司

48. 山东海王银河医药有限公司

49. 连云港康缘医药商业有限公司

50. 国药控股广东物流有限公司

51. 河南东森医药有限公司

52. 康美药业股份有限公司

53. 华润西安医药有限公司

54. 北京嘉事京西医药科技有限公司

55. 华润普仁鸿（北京）医药有限公司

56. 哈药集团哈尔滨医药商业有限公司

57. 陕西华氏医药有限公司

58. 苏州恒鼎物流有限公司

59. 嘿马（厦门）城市配送有限公司

60. 陕西天士力医药物流有限公司

61. 江苏九州通医药有限公司

62. 北京华卫骥生物医药有限公司

63. 上海晟通医药供应链管理有限公司

64. 江西汇仁集团医药科研营销有限公司

65. 河南九州通医药有限公司

66. 浙江迪安深海冷链物流有限公司

67. 武汉瑞宁生物药业有限公司

68. 河南省康信医药有限公司

69. 中国邮政速递物流股份有限公司连云港市分公司

70. 上药科园信海陕西医药有限公司

71. 上海生生物流有限公司

72. 武汉市美乐维低温物流有限公司

73. 湖北人福医药集团有限公司

74. 湖南博瑞药业有限公司

75. 上海创达物流有限公司

76. 广东康美物流有限公司

77. 国药控股湖北有限公司

78. 苏鲁海王医药集团有限公司

79. 上海百奥泉国际冷链物流有限公司

80. 华润湖北医药有限公司

81. 宁波英特物流有限公司

82. 国药控股湖南有限公司

83. 浙江华药物流有限公司

84. 河南省医药有限公司

85. 陕西华虹医药有限公司

86. 瑞康医药（山东）有限公司

87. 瑞康医药股份有限公司

88. 中集冷云（北京）供应链管理有限公司

89. 湖南省融达医药物流有限责任公司

90. 广州金域达物流有限公司

91. 成都易速物流有限公司

92. 湖南天润生物医药有限责任公司

93. 重庆军卫医药物流有限公司

94. 北京人福医疗器械有限公司

95. 武汉华大医学检验所有限公司

96. 天津予联达冷链包装技术有限公司

97. 保定联川医药有限公司

98. 山西九州通医药有限公司

99. 华润湖南医药有限公司

100. 重药控股陕西医药有限公司

101. 广东通用医药有限公司

102. 重庆豪应商贸物流有限公司

103. 山东华潍医药有限公司

104. 淄博众生医药有限公司

105. 诚域集团陕西雅福康医药有限公司

106. 天津信鸿医疗科技股份有限公司

107. 北京泰德制药股份有限公司

108. 郴州凯程医药有限公司

109. 福建栢合冷链仓储管理有限公司

110. 河北德若谷物流有限公司

111. 昆明银翔航空货运服务有限公司

112. 陕西卓裕医药供应链服务有限公司

113. 上药控股四川生物制品有限公司

114. 四川高芯数康生物医药有限公司

115. 苏州上药供应链有限公司

（以上排名不分先后，本名单包括示范企业 15 家）

## 九、《药品冷链物流运作规范》国家标准示范企业（截至第二批）

1. 上海医药物流中心有限公司

2. 国药集团医药物流有限公司

3. 华东宁波医药有限公司

4. 浙江英特物流有限公司

5. 广州医药有限公司

6. 华润广东医药有限公司

7. 九州通医药集团物流有限公司

8. 北京科园信海医药经营有限公司

9. 上药科园信海（湖北）医药供应链管理有限公司

10. 哈药集团哈尔滨医药商业有限公司

11. 陕西医药控股集团派昂医药有限责任公司

12. 国药控股陕西有限公司

13. 陕西华氏医药有限公司

14. 广东大翔医药集团有限公司

15. 国药控股河南股份有限公司

（以上排名不分先后）

# 致　谢

本报告的出版得益于众多业内专家、企业高管的大力支持，特此感谢。
名单如下（按姓氏笔画排序）：

石书生　顺丰医药供应链有限公司市场产品处负责人

孙宏雷　赛诺菲巴斯德生物医药有限公司高级业务营运及开发经理

李柄楠　华润医药商业集团有限公司物流中心运营经理

吴　冕　九州通医药集团物流有限公司自营业务事业部总经理

吴远开　国药控股物流规划与管理部部长

余大建　瑞康医药集团股份有限公司信息部总经理

邵　清　北京药赋能科技有限公司 CEO

高丽娜　哈药集团哈尔滨医药商业有限公司副总经理

黄少杰　瑞康医药集团股份有限公司物流事业部物流仓储总监

黄志鹏　上海康展物流有限公司副总经理

韩志莹　吉祥天（杭州）医药科技有限公司产研厅高级经理

覃　拥　益丰大药房连锁股份有限公司全国管理机构物流总监

# 主动式制冷+被动式制冷·移动单元化冷链装备

上海力统冷链科技有限公司拥有一支由数名博士、硕士组成的研发团队，与多家科研机构紧密合作，是一家集生产、销售、技术开发、技术应用为一体的高新技术企业。上海力统冷链科技有限公司掌握世界领先的隔热控温技术，在断热材料开发、绝热结构设计及冷链装备生产等方面有深入的研究。我们为客户提供的不仅是优质的冷链包装装备，还有全面、专业的冷链技术解决方案。

15000L

单元集装箱

材料研发
+
产品生产
+
设备租赁
+
测试验证
+
人才培养

冷链包装装备解决方案综合服务

6L
17L
27L

VIP单元化系列

36L
70L
120L

EVIP单元化系列

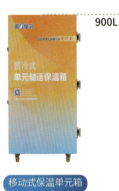

900L

移动式保温单元箱

900L

移动式智能控温单元箱

750L

移动式快速预冷箱

信息化

规范化

标准化

单元化

☎ 021-32528708
🌐 www.ltcoldchain.com
📍 上海市金山区金山工业区定业路9号
4 幢一层

華人供應鏈管理 **Sino S.C.M.**

# 冷链安全，"药"选华人

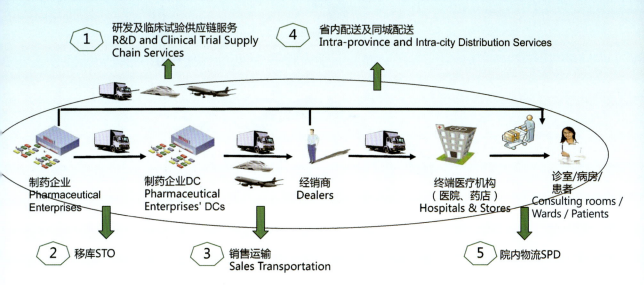

1 研发及临床试验供应链服务
R&D and Clinical Trial Supply Chain Services

4 省内配送及同城配送
Intra-province and Intra-city Distribution Services

制药企业
Pharmaceutical Enterprises

制药企业DC
Pharmaceutical Enterprises' DCs

经销商
Dealers

终端医疗机构（医院、药店）
Hospitals & Stores

诊室/病房/患者
Consulting rooms / Wards / Patients

2 移库STO

3 销售运输
Sales Transportation

5 院内物流SPD

## 药品全生命周期供应链管理服务

## 一站式冷链物流解决方案

从冷链验证方案设计与实施，到医药产品的物流解决方案，使您的产品在高质量标准的前提下，享受一站式服务！

## 核心产品

冷藏车整车运输、冷链零担运输（24小时、48小时、72小时门到门）、冷链验证、冷藏箱租赁、常温运输、储存服务等！

## 盛世华人助力您打造更敏捷的药品供应链！

北京盛世华人供应链管理有限公司

北京总部：北京市经济技术开发区经海二路22号B座

联系方式：010-87927585

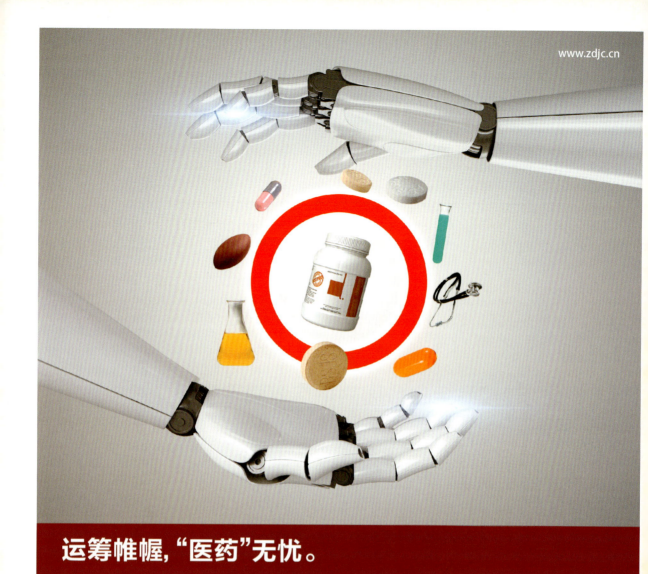

www.zdjc.cn

# 运筹帷幄，"医药"无忧。

## 中鼎集成"智能医药物流系统"

"智能"，让生活更精彩；"集成"，让物流更精彩。"精彩"，是集成的智慧。

中鼎集成是中国著名的物流自动化立体仓储集成商，拥有坚实的技术与30多年丰富的经验，成功案例超过700个，以善于解决客户的问题著称，赢得客户的一致赞扬，在国内已拥有片仔癀、天士力、济川药业、华仁药业、上药集团、国药集团、九州通等诸多优质客户群体。旗下产品已通过ISO 9001国际体系认证和国家高新技术产品认证，其中立体仓库最核心设备（直接决定立库运行效率和稳定性）——有轨巷道堆垛机技术水平和市场占有率稳居全国第一。

"让生活更精彩"是中鼎集成智能仓储系统该有的智慧。 (数据均出自中鼎集成)

无锡中鼎集成技术有限公司
营销研发中心：江苏省无锡市滨湖区鸿桥路801号现代国际工业设计大厦12B
生产基地一：江苏省无锡市惠山区洛社镇双庙工业园大枫路5号
生产基地二：江苏省无锡市惠山区洛社镇盛巷工业园耐雅路68号
服务热线：400 804 4498    公司传真：0510 83318379
企业邮箱：zd@zdjc.cn
www.zdjc.cn

江苏华章物流科技股份有限公司

HUAZH

拆零拣选专家

**2003年** 推出

**第一套箱式穿梭车立库**

华章专注拆零拣选**十七年**

成就电商、医药、商超、汽车等行业

**35个1000万元以上各类拆零拣选案例**

### 2008年

某新华物流中心项目

**第一个货到人拆零拣选系统**

### 2017年

某知名电商亚洲一号无人仓项目

**第一个机器人拆零拣选系统**

### 2019年

某世界知名汽车电子物流项目

**第一个混合拆零拣选系统**

☎ +86-025-8509 6101

📞 +86-17368688798

✉ sales@huazh.com

凭借全球领先的人工智能、三维感知和机器人操控技术优势，提供更高效、更准确、更易部署的视觉拣选机器人产品。

## 1 拆垛工作站

| 参数 | XYZ机器人 |
|---|---|
| 拣选节拍 | 4.5秒/件 |
| 工作时长 | 24小时/天 |
| 识别准确率 | 100% |
| 最大料垛尺寸 | 1200mm(L)×1200mm(W)×1800mm(H) |

## 2 拆零拣选工作站

| | 1入库料框对4出库料框 | 1入库料框对输送线 |
|---|---|---|
| 拣选节拍 | 900件/小时(<350g)<br>700件/小时(350~1500g)<br>400件/小时(1500~3000g) | 1500件/小时(<350g)<br>1000件/小时(350~1500g)<br>600件/小时(1500~3000g) |
| 工作时长 | 24小时/天 | |
| 订单准确率 | 99.9% | |
| 最大料框尺寸 | 600mm(L)×400mm(W)×400mm(H) | |

视觉免注册

SKU广覆盖

高效率拣选
拣选节拍最高
**1500** 件/小时

商品无破损
商品破损率
**0.01**%

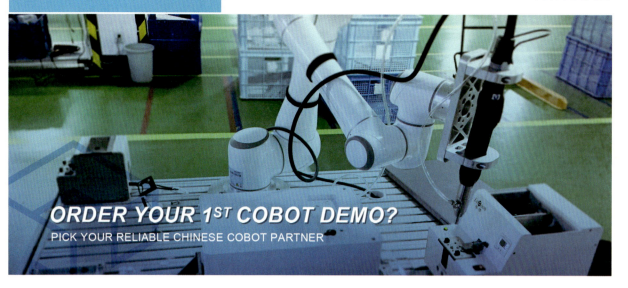

# 温度学院
## Temperature Academy

　　温度学院（Temperature Academy）是一个专业产业学习平台，依托于中物联医药物流分会、医疗器械供应链分会、冷链物流专业委员会、农产品供应链分会，具有专业、实用、丰富、高质量的知识内容，现已拥有超过3万名行业活跃用户，广受行业、企业、用户好评！

## 学习有态度　培训有温度

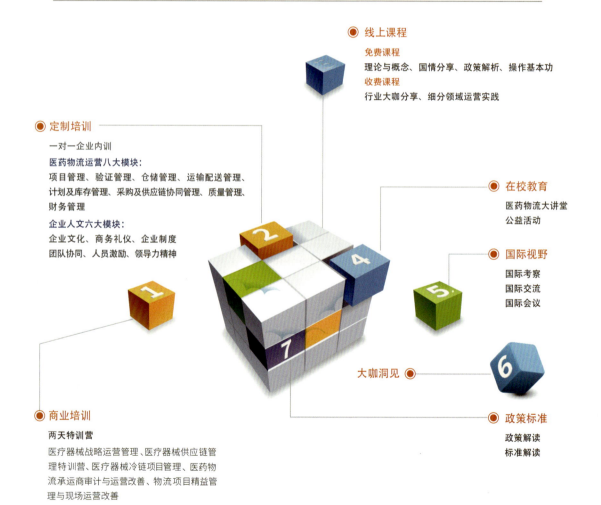

**线上课程**
免费课程
理论与概念、国情分享、政策解析、操作基本功
收费课程
行业大咖分享、细分领域运营实践

**定制培训**
一对一企业内训
医药物流运营八大模块：
项目管理、验证管理、仓储管理、运输配送管理、计划及库存管理、采购及供应链协同管理、质量管理、财务管理
企业人文六大模块：
企业文化、商务礼仪、企业制度
团队协同、人员激励、领导力精神

**在校教育**
医药物流大讲堂
公益活动

**国际视野**
国际考察
国际交流
国际会议

**大咖洞见**

**商业培训**
两天特训营
医疗器械战略运营管理、医疗器械供应链管理特训营、医疗器械冷链项目管理、医药物流承运商审计与运营改善、物流项目精益管理与现场运营改善

**政策标准**
政策解读
标准解读